CYBERSPACE SECURITY
Analysis of Problems and
Research on Technical System

网络空间安全
问题分析与体系研究

毛得明 冯 毓 张淑文/ 著

系统解析当前网络空间安全面临的**前沿技术问题**
梳理剖析体系网络空间安全技术体系和工程布局

西藏人民出版社

图书在版编目（CIP）数据

网络空间安全问题分析与体系研究：/ 毛得明，冯毓，张淑文著．-- 拉萨：西藏人民出版社，2020.7

ISBN 978-7-223-06511-5

Ⅰ．①网… Ⅱ．①毛… ②冯… ③张… Ⅲ．①计算机网络—网络安全—研究—汉、英 Ⅳ．① TP393.08

中国版本图书馆 CIP 数据核字 (2020) 第 096121 号

网络空间安全问题分析与体系研究

作　　者　毛得明　冯　毓　张淑文
责任编辑　薛　涛　黄　霞
图书策划　唐　莉
封面设计　戴　军
出版发行　西藏人民出版社（拉萨市林廓北路 20 号）
印　　刷　北京昊鼎佳印印刷科技有限公司
开　　本　710 毫米 × 1000 毫米　1/16
印　　张　17.5
字　　数　160 千字
版　　次　2020 年 11 月第 1 版
印　　次　2020 年 11 月第 1 次印刷
印　　数　01-1,000
书　　号　ISBN 978-7-223-06511-5
定　　价　58.00 元

前　言

当今世界信息技术迅猛发展，互联网已深度融入社会生活的方方面面，在国际政治、经济、外交、军事、文化等领域产生了重大影响，网络空间成为世界各国在海、陆、空、天之外的又一座竞技场，网络空间安全已经上升到国家安全的高度。

保障网络空间安全是一项复杂艰巨的系统工程，尤其是从整个国家的角度出发，与国家战略、法律法规、科研教育、组织管理等方面有着密切的联系，需要以全局的眼光进行统筹规划，平衡、理顺各个因素之间相互影响、相互制约的内在关联，不断探索网络空间的基本规律，才能实现国家的网络空间安全。

美国是目前世界上在网络安全与信息化领域处于绝对先进地位的国家，在网络空间安全的研究和实践方面建立了一套较为完整、实行时间较长并且较为行之有效的体系，对我国摸索、打造自己的网络空间安全体系有着重要的借鉴价值。同时应该看到，由于我国和美国之间客观存在的差异，决定了不能照搬美国的做法，而必须加深理解，自主创新，结合国情，探索出真正能够保卫我国网络空间的安全体系。

本书在全面分析美国网络空间安全体系建设经验的基础上，结合我国面临的威胁和实际情况，提出我国网络空间安全发展的战略选择与能力建设构想，并给出相应的发展建议。

全书由毛得明拟定内容大纲并完成了总体性的内容，冯毓、张淑文、刘斌、安鹏、信智锐、刘滋润、马晓旭、牛长喜、张玲、陈剑锋分别参与了各个章节的编写，毛作奎、司功闪、卿昱、饶志宏、张建军、王晓成、周斌、杨军对本书的内容给予了宝贵的建议，在此一并致以诚挚的感谢。

目录

CONTENTS

第一章 概述

网络空间安全是国家安全的重要基础，没有网络安全就没有国家安全。近年来，学术界在网络空间安全领域的研究成为前沿热点，各国纷纷大量投入力量，寻求建立网络空间的优势。美国在该方向早在2000年左右就率先将网络安全作为国家战略安全重点进行布局研究，并先后投入大批重点工程项目，包括爱因斯坦计划、棱镜计划、密码现代化工程等，促进其技术和产业上领先于其他国家。

围绕美国网络空间安全技术体系“解决什么问题”、“怎么做”、“做得怎么样”三个问题，本书研究并系统梳理近十几年美国网络空间安全领域每个重点问题的外延内涵、脉络现状、解决思路、技术布局、工程项目等资料，凝炼政策制定的出发点，解析战略体系关键点，探究研究方法根本点，分析其解决问题的技术架构和工程实践，将分散技术脉络通过风险管理的机理，整合归纳为国家整体发展体系，为我国研究、制定国家网络空间安全政策、计划、技术布局、落实计划和效果评估提供参考。

本书从问题出发，面向技术前沿，通过总结归纳美国和中国在网络空间安全领域的研究建设情况，结合国家科学技术委员会、国防部、国土安全部等机构的研究规划，梳理了目前中美两国面临的共性、重大关键问题。这些问题包括缺乏溯源能力、取证能力的问题，对抗内部威胁的问题，恶意软件遏制问题，僵尸网络抑制问题，隐私安全问题等互联网面临的共性问题，也探讨了漏洞缩减、安全技术效率、大规模态势感知、安全性设计、网络攻防非对称性、可信空间建立等前延性、颠覆性问题，针对每个问题，深刻剖析其含义、威胁、动机、解决挑战、解决思路和可能的衡量指标，全方位掌握目前网络空间安全最重要、最困难、最迫切的问题。

在问题的基础上，本书研究了美国的发展建设经验，讨论了其如何设置发展思路，如何确立发展方向，如何体系化地构建起网络空间安全国家能力，以及围绕能力建立了什么样的工程布局，发展了什么样的技术。这些问题的解答均是建立在其官方消息或解密的资料基础上，力求准确和可靠。在介绍上，避免了一味强调对技术路线的固化，而是从原理和本质上进行介绍，方便网络安全研究人员在此基础上保持对技术的中立性和发展空间。

另外，本书中提到的重要文献，均以附录的形式提供了全文翻译，作为正文的重要补充，希望为读者参考提供了便利。

第二章 网络空间安全问题

网络空间通过打破时空界限、变革社会网络和经济驱动方式，已经成为当代经济繁荣、技术进步、社会意识的孵化器，也造成当前社会无法停止的对网络空间的依赖性，网络空间安全问题的严重性逐渐凸显。我们在表 2.1 中对目前网络空间面临的重要问题进行了概括总结，更为详细的描述可参考附录 2。

这些问题是网络空间开发和利用带来的必然结果，也是全世界面临的难题。美国高度网络化的系统、装备和平台意味着国防能力发展的一点一滴都融入了网络与信息技术的进步。因此，网络空间安全的问题率先突显并引起了各方力量的重视。美国各个部门都投入大量力量识别其面临的网络威胁，发展网络安全防御措施，希望寻找到可靠的网络空间安全技术体系来支撑网络空间业务的稳定运转。

我们细致地分析了这些问题，认为这些问题是目前中美两国都共同面对的问题，甚至有一些对于网络空间发展相对落后的我国更为急迫。这些问题的成因有些是因为其基础技术难度大或基本体系缺失，另一些是由于目前信息系统复杂度导致难以实施，但针对这些问题可能的技术方案都需要推进技术前沿水平。这些问题的解决将对网络空间安全能力产生基础性、颠覆性的影响，抑制目前的非对称性。

这些问题在本质上也存在很多共同的特点，对技术发展也形成一些共性的基本要求。比如需要完善的理论 / 技术模型作为设计阶段输入、高可扩展性、高可组合性、有效有意义的指标体系（Metrics）、对业务系统的负载约束等。

目前，很多研究机构技术的发展已经对解决这些问题提供了基础，但还没有转化为产业实践。同时，也需要用户对于安全技术态度的转变。对这些棘手问题的完全解决必须配合实际统筹部署，如有效的激励措施与投入一定资源用于过渡研究；硬件、软件和系统工程实践，以产生更安全的信息技术；推动市场的经济力量；并且更重要的，要认识到速度和成本、质量和安全性之间的折中。

我们分析了美国信息安全研究委员会、国家安全局等发布的困难问题 、技术挑战 、重大项目，梳理出以下问题。这些问题深刻地反映了目前网络空间安全的脆弱点，也是网络空间安全领域的发展前沿。

表 2.1 网络空间安全问题

编号	重要问题	安全威胁
1	缺乏高可靠、实时的溯源能力	缺乏对恶意行为的溯源能力，恶意行为发起者可以几乎为所欲为地破坏网络空间安全，伤害网络空间利益，而不用担心被发现或追踪。缺乏溯源能力会导致只能疲于消解恶意行为，填补漏洞而无法彻底消除根源或追究责任。例如现在泛滥的勒索软件，因为分发隐蔽、追踪困难导致了无可遏制的困境。
2	缺乏具有法律效力的取证能力	目前，网络犯罪、网络攻击活动猖獗的最大原因是行为隐蔽，缺乏及时、有效的制裁。近年来，网络空间犯罪的财产数额增长极快，落网黑客却屈指可数，背后原因就是缺乏直接有效的证据。其次，网络攻击取证往往不全，其他国家经常将似是而非的网络攻击诬陷无辜的第三国，然而背后可能是外国黑客操纵第三国 IP 的“肉鸡”所为。网络空间取证是还第三国民众以清白的必要技术。
3	信息起源问题	在当前的情况下，网络空间是个人或组织获取数据信息的最主要的途径，如果没有可信的系统来保障数据的安全，在数据的源头和传递、分发的过程中，有可能被其他个人或者组织恶意篡改或者发生内部人员未经授权的修改，导致做出错误的决策。这在多种大型网络攻击事件中都有发生，通过修改监控数据，欺骗控制系统和安管系统。

编号	重要问题	安全威胁
4	内部威胁问题	由于内部人员对信息系统有较大的访问权限，可以接触到信息系统中的大量关键数据，并且有权限快速的访问、下载、复制、篡改、损坏或者删除其中的关键数据。内部人员往往能够潜伏很长的时间，并且对信息系统的部署比较了解，一旦进行破坏性的活动，可能对整个信息系统造成灾难性的危害。内部人员实施恶意活动通常分四个步骤或阶段进行。首先，破解者进入系统或网络；然后，破解者为了解易攻击处和可以花最小力气造成最大伤害的位置而调查系统或网络；第三，破解者建立工作区，恶意活动可以在其中进行；最后，实施毁灭性活动。
5	恶意软件遏制问题	如果不能够解决恶意软件问题，就无法保障目前用户最基本的网络安全需求。恶意软件是网络安全最直接、最长期的问题，是信息漏洞造成的直接后果，对未来互联网 + 的社会生活造成巨大的潜在威胁，更有武器级的恶意软件会对关键基础设施安全造成威胁。根据发展趋势，未来恶意软件活动将更加融合人工智能，“自动拟人攻击”将逐渐涌现，威胁巨大。
6	僵尸网络遏制问题	与传统网络攻击相比，僵尸网络攻击复杂且严重，传播速度极快，攻击源头隐蔽，攻击效果破坏大。2016 年的 ddos 攻击导致美国东部大面积断网，而发起的僵尸网络中有大量物联网设备。如果不能够解决僵尸网络问题，则无法应对造成 DDoS、大规模垃圾邮件等攻击的根源，无法应对随着移动互联网与物联网的高速发展而形成的更大规模的僵尸网络威胁。

编号	重要问题	安全威胁
7	隐私安全问题	对于网络空间隐私安全的威胁主要来自两个方面，一个是信息系统本身的安全隐患，一个是人为造成的安全威胁。 （1）系统本身带来的威胁 由于目前的信息系统大都采用国外的技术或者产品，缺乏自主产权，存在未知的安全隐患；信息系统的安全漏洞不可避免，恶意组织或个人对这些安全漏洞加以利用，可能造成大量的隐私数据泄露；信息系统的安全机制并不完善，存在隐私信息泄漏的可能性，容易导致隐私信息批量泄露。 （2）人为造成的威胁 由于现有的安全机制是在之前的系统上做增量的开发，在保证安全的同时降低了效率，导致内部人员可能会绕过安全机制进行操作，造成安全隐患；另外，外部组织或者个人利用各种入侵技术和系统的安全漏洞入侵信息系统，窃取隐私数据；最后，内部人员滥用权限，窃取隐私数据并且提供给外部，造成经济损失和社会影响。
8	复杂威胁下多方力量协同问题	目前很多问题都不是单一一方可解决的，政府、企业都已经认识到目前的复杂情况。以简单的电信诈骗为例，尽管警方、媒体大量警告宣传，依旧有大量群众被骗，其背后反映了目前在技术体制、管理机制等方面的问题交织存在，是典型的多方协同问题。 但是，学术界很容易陷入一个误区，认为多方协同问题是仅仅停留在制度的建立，这会导致实际的合作难以开展。而美国多项计划将多方协同问题的技术驱动因素梳理。必须发展技术保障来促进多方协同问题的解决。
9	如何减少产品漏洞的问题	如果不能解决减少系统漏洞的问题，则无法从根本上保障系统安全性。网络攻防核心就是系统漏洞的发现、利用、修复，攻击者通过利用系统漏洞攻击系统，达到访问未授权资源或破坏系统等恶意目的；防御者则通过尽早发现系统漏洞，及时进行修复，防止漏洞被攻击者利用。

编号	重要问题	安全威胁
10	现有安全技术缺乏效率和功效的问题	缺乏可用安全机制是实践中面临的最大威胁。首先，在资源受限的系统设计中，为了实现系统功能，安全机制往往被忽视或不足，导致系统存在安全风险。其次，人们使用系统来执行各种任务，以实现某些目标，除非其任务本身是与安全相关的，否则安全机制将被用户认为是其实现目标的障碍。因为安全机制通常增加了系统使用的复杂性，这往往会给用户使用造成不便。当安全控制和安全风险之间的关系不明确时，用户可能根本不了解如何在确保安全的同时与系统进行交互，即使存在一定的安全风险，也会导致用户禁用安全机制。最后，随着安全技术的发展，系统原有安全机制可能已不再适用，导致其面临新的安全威胁。
11	大规模网络安全态势感知的问题	如果不能够解决安全态势感知问题，则无法对越来越复杂多样的网络攻击威胁进行准确认识，无法科学有效应对网络攻击。虽然现有的多样的监测方式和事件报告机制已经提供了多源海量的数据，但是目前却缺乏有效的方法来融合这些数据，导致这些零散的数据根本无法提供对网络攻击威胁的准确认识，无法提供决策层面的支持，因此，难以对网络攻击进行科学有效的应对。
12	时间敏感系统的可用性保障问题	时间敏感系统面临的威胁相比传统系统更为显著。系统、网络以及企业生存性不仅仅取决于安全性要求，而且更多需要依赖于系统的可靠性、容错性以及恢复能力（能够快速从中断或在资源受限情况下能够进行系统恢复）。因此，时间敏感系统所面临的威胁是指涵盖来自内外部且不断扩散的各类攻击事件。例如，蠕虫病毒能够在几小时内使社区服务、金融网络、核电站控制等系统 / 服务中断，其传播速度已远远超过了人类的响应；此外，拒绝服务攻击通常可以在没有用户特权的情况下从外部开展，且其无法被追踪。时间敏感系统的威胁必须综合考虑硬件故障、软件故障、操作失误以及其他任何影响系统可用性的因素——如服务器、网络、人为等因素。逻辑攻击和物理攻击也都必须包含在所考虑的因素当中。特别是国家关键基础设施，若未充分解决上述威胁，其面临的风险将是巨大的。

编号	重要问题	安全威胁
13	缺乏动态评估	当前面向复杂系统攻击技术和工具不断演进的趋势与面向单设备、简单系统针对静态攻击手段的现有评估能力之间存在的差距带来了严重的安全威胁。典型问题是零日攻击，攻击者利用发现漏洞与打补丁之间的时间差轻易完成攻击，在缺乏动态评估能力的条件下，这一安全威胁将难以解决。
14	缺乏强调安全性的设计开发能力	首先，对于大多数信息系统而言，安全性优先度排在其业务功能和性能要求之后，在设计过程中甚至可能完全忽略安全性。只有系统建设完成或业务系统完成设计后，再设计安全系统作为外挂或配套支持系统，在外围增加保护。对于现在的移动通信系统、工业控制系统等这一问题非常突出。这导致了大量安全漏洞的出现，以致于严重影响了业务的安全性。其次，补丁式的安全系统会产生与业务系统不匹配，或者业务没有预留足够资源，导致安全性下降、影响业务效率等，对后续升级也有很大问题。
15	网络攻防的非对称问题	在信息化趋势势不可挡的背景下，若无法扭转网络攻防非对称的局面，将导致“信息化依赖程度越深，越是千疮百孔”的严重后果。在投入巨量资源的情况下，仍难以抵挡黑客、犯罪组织、敌对国家势力的网络攻击行动，给公民个人财产安全及国家安全造成不可估量的损失，更使得国家在战略层面进入一种“既必须发展、依赖信息化，又无法完全信赖网络空间”的进退维谷的局面。
16	缺乏灵活的可信空间构建能力	关键系统及其运行环境必须是可信的，尤其是在非协作或威胁环境下时。但目前许多传统系统都是基于存在可信的计算基础的假设建立，并在此基础上执行计算任务，然而，这个假设至今没有被证明成立。因此，传统系统多数存在各式各样的问题影响了对计算结果的可信性和功能的可信性。如何解决基于不可信部件构造相对可信的系统就成为一个基本的理论和工程问题。

编号	重要问题	安全威胁
17	缺乏企业级安全度量的问题	企业级安全度量的最大潜在威胁就是“错误指标”带来的错误引导。某些无关紧要的指标会引导用户过度在意其意义，进而引导错误行为，引发一系列重大问题。这类度量分析的普遍风险点在于，它们多是基于模糊的假设、不完备的模型、有问题的工具或指标本身的错误（多维特征空间做单维投影，很容易导致错误结果）。此外，还有一个风险点就是将指标过度关注于组件级，而没有系统级的融合。这些对技术的威胁和风险会导致错误结论，进而浪费投入的资源，并且对改善脆弱性无益。

针对上述问题，美国在发展其国家能力体系时特别注意通过政府引导全国力量的方式，建立国家能力体系，即通过多方协同的联合行动，因为任何只从单个角度开展的研究都天然的带有片面性。美国在发展思路上强调将网络威胁作为国家威胁的重要来源，将网络安全纳入国家整体安全框架统一考虑；同时，在技术上逐步将武器装备的减小受攻击面理念纳入网络安全技术发展思路；最后在发展上从政策和执行两方面发力，建立国家级网络空间安全体系。在下一章对美国 CNCI 的介绍中可以明确的看到美国在应对网络空间安全重要问题时的上述整体思路。

第三章 美国 CNCI 整体情况

国家网络安全行动计划（the Comprehensive National Cybersecurity Initiative，CNCI）是美国在网络安全的重要抓手，这项计划规划宏伟长远、范围广泛，将美国各部门的网络空间发展纳入国家整体发展体系内，堪比当年研究制造原子弹，被美国一些媒体称为网络安全的“曼哈顿计划”。研究美国网络空间安全体系，CNCI 是重要的研究对象。

3.1 CNCI 历史沿革

2007 年，布什总统启动了国家网络安全行动计划（the Comprehensive National Cybersecurity Initiative，CNCI）以期整体提高联邦部门应对当前和未来网络威胁的能力。2008 年，布什政府颁布了第 54 号国家安全总统令（NSPD-54），正式将 CNCI 列为政府法令，并对 CNCI 的具体执行指定了责任部门和执行期限。CNCI 被视为高度机密，然而，维护网络空间安全并非政府仅凭一己之力便能完成的任务，需要私营企业、研究机构、个人等社会各界的配合才能达成目的，政府的单方面保密行动的成效受到各方面的质疑；同时，以国家安全的旗号开展监听监控，侵犯公民隐私权益的事件并不罕见，CNCI 的保密工作方式十分具有争议，而更有讽刺意味的是，2013 年的斯诺登事件表明，外界对美国政府在公民隐私方面的不信任完全正确。在各方的压力之下，美国政府于 2008 年公布了 CNCI 的部分信息；2010 年，奥巴马政府解密了 CNCI 的概要部分，同年，美国政府审计办公室公布了对 CNCI 执行情况的审计报告，将 CNCI 的更多细节展现在公众面前。

3.2 CNCI 战略目标与重大行动

CNCI 制定了三大战略目标，分别是“建立网络空间前沿防线”、“防御网络空间全频谱攻击”、“准备应对未来威胁”，这三大目标分别对应近期、中期、远期部署，结合 12 项重大行动逐步实现整个国家网络空间安全能力的提升。

CNCI 包含的 12 项重大行动如下：

（1）通过可信因特网连接把联邦的企业级规模的网络作为一个单一的网络组织进行管理；

（2）部署一个由遍布整个联邦的感应器组成的入侵检测系统；

（3）寻求在整个联邦范围内部署入侵防御系统；

（4）对研发工作进行协调并重新定向；

（5）把当前的各网络行动中心相互连接起来，加强态势感知；

（6）制定和实施一个覆盖整个政府部门的网络情报对抗计划；

（7）增强涉密网络的安全；

（8）扩大网络安全教育；

（9）定义和制定能“超越未来”的持久的技术、战略与规划；

（10）定义和发展持久的遏制战略与项目；

（11）建立全方位的方法来实施全球供应链风险管理；

（12）明确联邦的角色，将网络安全延伸到关键基础设施领域。

CNCI 的 12 项重大行动与三大目标有着紧密的联系，行动（1）、（2）、（3）、（5）与“建立网络空间前沿防线”目标直接相关，行动（6）、（7）、（11）与“防御网络空间全频谱攻击”目标紧密联系，行动（4）、（8）、（9）、（10）则聚焦于“准备应对未来威胁”目标。同时，各项重大行动之间有其内在联系，例如行动（1）是行动（2）、（3）、（5）的前提和基础。

3.3 CNCI 工作思路

从 CNCI 的目标和重大行动可以看出美国政府在网络空间安全方面的工作思路，那就是“一收一放”。“收”是指，通过建立可信因特网连接，收缩联邦机构、重要行业的网络接入点，减小攻击面，降低风险并加强对风险的管控；“放”是指，网络空间安全工作拓展到全球供应链、关键基础设施领域，配合网络情报战略、网络威慑战略，扩大网络空间安全防线。CNCI 其目标和行动的设计体现了美国在网络空间的科技实力，例如，在供应链安全上其他国家即使有心也无力改变，而美国由于其在网络信息产业的优势地位，才有能力开展实质性的供应链安全行动。

尽管美国政府对 CNCI 的披露仅局限于概要部分，然而按图索骥，通过对 12 项重大行动的职责部门活动、项目工程设置、产品工具研发以及相关的财务报告、审计报告等多个侧面的情报收集和关联分析，对 CNCI 的具体细节有了更多的掌握，相关内容将在下一章详细阐述。

第四章 美国网络空间分领域发展技术体系

4.1 建立可信因特网连接（Trusted Internet Connection, TIC）

4.1.1 概念内涵

美国国家网络安全行动计划（CNCI）指出，“通过可信因特网连接（TIC）把联邦企业级[1]规模的网络作为一个单一的网络组织进行管理”。TIC为联邦行政机构基于互联网的政务和信息系统提供一套安全解决方案，将联邦机构原本相互独立的企业级网络作为一个整体的网络组织，通过一系列安全控制使原本暴露在不安全环境下的机构间连接转变为可靠的内部连接。

TIC计划将外部访问接入点控制在50个以下。更少的外部连接意味着更少的攻击面、漏洞以及更有效的管理，利于联邦政府更好地防御安全威胁。

4.1.2 发展脉络

2007年美国国家网络安全行动计划（CNCI）十二项重大活动计划将TIC计划列入其中。同年11月管理和预算办公室（OMB）推出M-08-05备忘录，向联邦各机构推行TIC计划的实施。备忘录要求联邦各机构识别和梳理外部访问接入点，提交各自申请外部访问接入点的数量和出发点，并建立各自的TIC行动计划和节点（POA&M）。

2008年1月布什总统颁布第54号国家安全总统令/23号国土安全总统令，要求OMB协调国土安全部（DHS）在90天内提交关于TIC部署实施的详细计划。OMB随后在4月发布M-08-16备忘录，为联邦各机构TIC能力需求建设提出指导意见。备忘录明确了TIC服务模式和能力需求，

1 联邦企业架构（FEA）分为三个等级，企业级（enterprise）、部门级（segment）和方案级（solution）。

要求 TIC 访问服务提供机构对自身能力进行评估，以满足 74 项安全能力需求（SOC），并向 DHS 提交相关报告。同年 6 月，DHS 对提交能力自评估的机构进行了能力评估认证和外部访问接入点数量控制。

2008 年 8 月 OMB 发布 M-08-26 备忘录，鼓励自身不具备 TIC 外部访问接入点的所有机构通过总务管理局的 Networx 合同制度与 MTIPS 运营商签订合同，购买 TIC 服务，并于 9 月再次发布 M-08-27 备忘录，对 TIC 访问服务提供商的部署行动提出指导意见，并要求所有机构提交近期的 POA&M。

DHS 于 2009 年 4 月发布第一版 TIC 参考架构（TIC Reference Architecture V1.0），架构基于 FISMA、OMB 备忘录和 NIST 标准制定，包括技术框架和能力需求，用于指导联邦各机构 TIC 建设。参考架构的更新如表 4.1 所示。

表 4.1 TIC 参考架构更新历史

Date	Version	Description	Approved by
2009/04/20	1.0	Agency feedback incorporated and released	M.A.Brown, RADM, USN DAS Cybersecurity & Communications, DHS
2011/03/24	2.0	Capabilities and architecuture updated by the TIC 2.0 Working Group. Final version prepared by DHS.	M.Coose, Director, Federal Network security, DHS
2011/09/01	2.0	Final approval by OMB and reference to M-11-11.	M.Coose, Director, Federal Network security, DHS
2013/09/16	3.0	Added Appendix H – Cloud Considerations.	M.Coose, Director, Federal Network security, DHS

4.1.3 拟解决的问题

鉴于信息安全对美国经济和国家安全利益的重要性，美国政府于 2002 年颁布了联邦信息安全管理法案（FISMA），该法案聚焦联邦机构信息系统和网络安全，为各联邦机构信息安全建设提供了一个广泛的框架。然而在多年的信息安全建设过程中，仍存在许多问题与不足：

（1）联邦各机构信息系统和网络相对独立，机构间和机构与互联网间的连接（都定义为外部连接）缺乏有效的安全控制，可靠性低，存在安全风险。亟需在各联邦机构间构建一种可靠的连接，将暴露在不安全环境下的外部连接转变为可靠的内部连接，以保护联邦机构的网络空间安全。

（2）将机构间的连接置于可靠的环境下后，机构与外部互联网的连接变成可靠空间的边界。每个外部互联网接入点都是恶意活动潜在开放的入口，初步评估有超过 4000 个外部互联网接入点，存在攻击面多、管理难的问题[1]。

统计报告指出联邦机构经常遭受普遍而又持续的网络攻击，包括国土安全部、国防部在内的联邦主要政府机构运营的网站在数天内遭到了有计划的多方面攻击，这对联邦系统和运营造成巨大影响。美国国家情报总监（DNI）表示一些国家和犯罪组织将联邦政府和私营部门网络作为目标，以获得竞争优势、秘密地进行窃取或破坏。除此之外，恐怖主义组织表示希望使用网络攻击作为手段袭击美国。

（3）美国政府自 1996 年起推行联邦企业架构（FEA）[2]，通过标准化联邦机构信息系统的架构开发和使用来提高工作效率。联邦各机构依托 FEA 框架建设的信息系统和网络各成体系，外部互联网接入点的定义和控制各有不同。具体体现在不同机构的外部互联网接入点保护策略、能力需求、服务运营管理不同，例如防火墙，规则集，入侵检测级别等。

（4）联邦机构信息系统和网络中缺乏持续监控。GAO 的审计报告[3]指出几乎所有 24 个主要联邦机构在信息安全控制方面都存在漏洞，在外部

1 GAO-08-571, Information Security Progress Reported, but Weaknesses at Federal Agencies Persist.

2 Enterprise，企业定义为组织单元、组织、或描述共享一组共同目标并且协作以向客户提供特定产品或服务的组织集合。

3 GAO-09-546, Information Security Agencies Continue to Report Progress, but Need to Mitigate Persistent Weaknesses.

互联网连接上缺乏记录审计、事件关联和监控机制。这可能导致分布式攻击等网络攻击长时间不被注意。

4.1.4 布局思路

互联网是美国网络攻防的前沿阵地，联邦行政机构大量政务和信息系统需要依托互联网运行，亟需建立一条安全防线防御来自互联网的攻击。基于实施有效防御的出发点，联邦政府需要聚焦于防线受攻击面的控制，限制流量从有限可靠的外部接入点进出，并对其进行持续监控。

遵从这一思路，美国政府于2007年11月推出了可信因特网连接(TIC)计划。根据预算管理办公室（OMB）M-08-05备忘录，隶属国土安全部(DHS)的网络空间安全与通信办公室(CS&C)作为TIC计划的总体协调方，对联邦约139个行政机构从以下三个方面进行改造布局：

（1）减少联邦机构外部访问接入点的数量，即减少攻击面。外部访问是指所有处于不可靠连接的访问，既包括联邦机构间的访问也包括机构与互联网间的访问。TIC将联邦机构原本相互独立的企业级网络作为一个整体的网络组织，将原本暴露在不安全环境下的机构间连接通过一系列安全控制转变为可靠的内部连接。并通过有计划的减少由联邦各机构自行管理的互联网接入点数量，将各机构的网络流量整合到核准的接入点上来。

（2）优化和标准化外部访问接入点。TIC对联邦机构各自运营的外部连接进行优化和标准化，通过构建联邦机构4种访问模式和4种安全连接模式，并对不同安全连接模式下的访问进行标准化规范，形成14大类74项能力需求，达到一组能力需求满足所有外部接入点安全可靠的效果，这样的外部接入被视为可信因特网连接。

（3）TIC与“爱因斯坦计划”结合部署，对进出外部访问接入点的网络流量进行持续监控，共同改善联邦机构现有的网络架构与安全态势。作为CNCI十二项重大活动计划之一的TIC计划和“爱因斯坦计划”，共同构成美国网络空间安全前沿防线。

4.1.5 技术布局

TIC计划将联邦各机构繁多杂乱的外部访问接入点整合成数量较少

的（50个）标准外部访问接入点，面临数量极少的外部访问接入点在哪里部署、机构如何共享 TIC 服务、TIC 采用何种技术架构以及如何实现不同连接下可信等问题，从外部访问接入部署方式、访问服务模式、功能技术架构、安全连接模式等方面进行技术布局。

4.1.5.1 外部访问接入点部署方式

优化和标准化后的外部访问接入点主要部署在两类机构中，分别是被指定为 TIC 访问服务提供商（TICAPs）的机构和被指定为商业化管理的可信 IP 服务（MTIPS）提供商的运营商。其他所有自身不具备 TIC 外部访问接入点的联邦机构采用总务管理局的 Networx 合同制度与 MTIPS 运营商签订合同或使用 TICAPs 访问服务。

TICAPs 由首席财政官法令中列出的 24 个联邦主要行政机构提出申请后经 OMB 认证批准产生，经过评估共有 16 个联邦主要行政机构通过认证，全面覆盖 16 个联邦关键基础设施领域中 15 个领域的 6 个归口管理机构[1]，每个机构存在若干外部访问接入点。国防部（DOD）由于机构特殊性不实施部署 TIC 计划[2]。

MTIPS 主要指美国 4 个运营商，分别为 AT&T、CenturyLink/Qwest、Sprint 和 Verizon 公司。

4.1.5.2 TIC 访问服务模式

联邦机构既可以自己作为 TIC 访问提供商，也可以从其他服务提供商处获取 TIC 服务。机构获得 TIC 访问服务主要有 4 种模式：

（1）单一服务，采用该模式的机构拥有 TIC 外部访问接入点，但只能为本机构内部的组成部门提供 TIC 服务，不能为其他联邦机构提供服务。

1 16个经评估可以提供 TIC 访问服务的联邦机构包括国土安全部（DHS）、交通部（DOT）、能源部（DOE）、财政部（DOT）、农业部（DOA）、卫生和公共服务部（HHS）、商务部（DOC）、教育部（DOE）、住房和城市发展部（HUD）、内务部（DOI）、司法部（DOJ）、国务院（DOS）、退伍军人事务部（DVA）、国家航空航天局（NASA）、人事管理办公室（OPM）、社会保障署（SSA）。上述前 6 个联邦机构作为美国关键基础设施的归口管理部门。这 16 个机构与国防部（DOD）、总务管理局（GSA）、劳动部（DOL）、环境保护署（EPA）、国家科学基金会（NSF）、小型企业管理局（SBA）国际开发署（AID）及核能管理委员会（NRC）共同组成 24 个联邦主要行政机构。

2 国防部（DOD）实施部署与 TIC 作用相似的 HBSS 计划。

有 12 个联邦机构采用该模式。

（2）多重服务，采用该模式的机构拥有 TIC 外部访问接入点，既能为本机构内部组成部门提供 TIC 服务，又可以为其他联邦机构提供服务。有 1 个联邦机构采用该模式。

（4）服务寻租，采用该模式的机构本身不具备 TIC 外部访问接入点，需要从能够提供多重服务的其他联邦机构或被指定为商业化管理的可信 IP 服务（MTIPS）提供商的运营商处获取外部访问服务。绝大多数联邦机构采用该模式。

图 4.1 所示为联邦机构 TIC 访问模式示意图。从图中可以看出 TIC 和爱因斯坦是成套部署、匹配工作的，爱因斯坦传感器对进出 TIC 的网络流量进行监视，这使得联邦各机构和外部网络（包括互联网）的交互状态完全受控于美国计算机应急响应小组（US-SERT）。

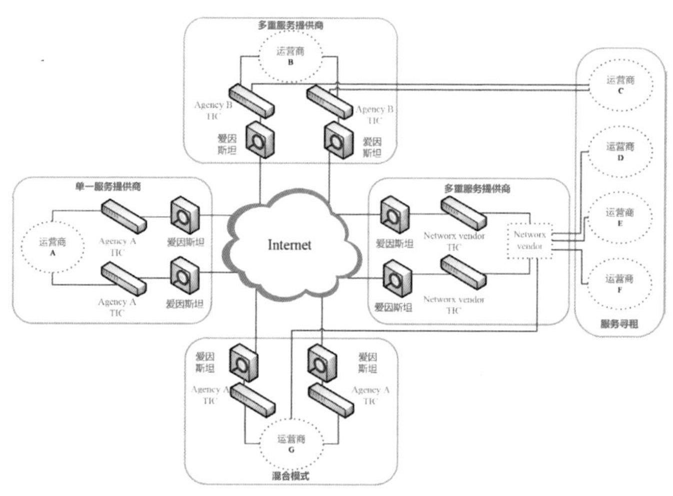

图 4.1 TIC 的四种服务模式

4.1.5.3 TIC 功能技术架构

TIC 架构由外部、机构内部和 TIC 三个信任区域组成，连接的控制能力和信任水平内到外逐渐降低，如图 4.2 所示。

（1）外部区域：组织确定的认证边界之外的信息系统或其组成部分，

组织通常不能直接控制该区域所需的安全需求或安全控制有效性的评估。该区域包含外部信息系统和服务，诸如互联网、合作伙伴和其他联邦机构、远程访问用户等。

（2）机构内部区域：组织确定的认证边界之内的信息系统或其组成部分，组织通常直接控制该区域所需的安全需求或安全控制有效性的评估。该区域包含机构内部信息系统和设备、应用和数据服务器、机构内部局域网及广域网等网络。

（3） TIC 区域：组织的内部基础设施（用户、系统、数据）和外部资源之间的边界。作为外部连接的终止点，使用一组标准的安全策略来监视、验证和过滤进出 TIC 接入点的数据流。该区域作为内外两区的隔离带，部署了一系列的安全控制设备，对进出接入点的流量进行诸如数据过滤、包捕获与过滤、存储、代理等处理，部署爱因斯坦系统进行入侵检测和防御，为外部连接提供持续的监控。TIC 区域包含一个远程访问控制子区，远程访问用户可以通过该子区对联邦机构进行单向访问，该连接只能限制性的访问机构内特定的应用和数据服务器。

TIC 系统中每个区域（外部，机构内部和 TIC）都需要应用于系统和网络的特定安全功能，以提供特定的安全能力。

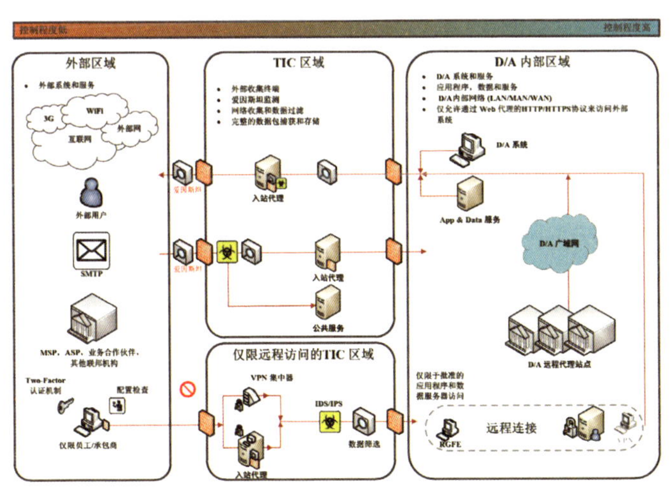

图 4.2 TIC 功能技术架构

图 4.3 所示为 TIC 区域内访问接入点的功能框图。TIC 对接入点进行多项访问控制，包括外部流量的渗入控制、内部流量的渗出控制和爱因斯坦的持续监控，同时对定义为内部访问的流量进行一定策略的访问控制。安全运行中心（SOC）、网络运行中心（NOC）及敏感分区信息设施（SCIF）共同构成了 TIC 管理系统，为整个 TIC 的正常运行提供记录、存储、分析、监控和事件响应。

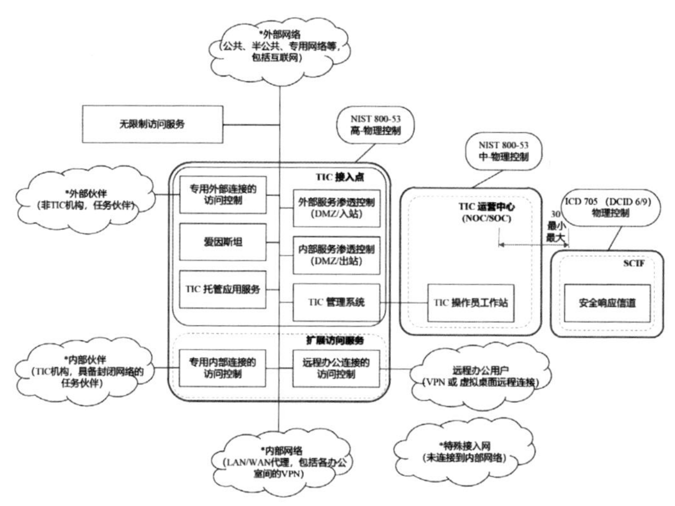

图 4.3 TIC 区域内访问接入点的功能框图

4.1.5.4 TIC 安全连接模式

在设计和实施安全可信连接时，需要考虑 TIC 的安全连接模式和不同模式下所需的所有控制。安全连接模式定义了不同类型连接的信任标准级别，据此指导所需的特定安全功能和安全能力需求。

TIC 定义了外部连接、机构间连接、机构内连接和 TIC 系统 4 种安全连接模式，4 种连接模式下系统的可信级别逐渐升高。通过外部连接进出的流量需要爱因斯坦的全程监控，而机构间和机构内连接被视为“内部连接”，无须爱因斯坦监控，只需遵守 TIC 系统一定的访问控制即可。

（1）外部连接：信息系统、网络或信息系统和网络的组件之间的物理或逻辑连接，其中一个在联邦机构建立的认证边界之外的连接，其包括：

1）该机构不能控制该外部信息系统，网络或信息系统或网络的组件上应用所需的安全需求或安全控制有效性的评估；

2）虽然该机构对所需安全需求的应用或安全控制有效性的评估进行了控制，但有明确的理由相信外部系统具有相对于内部系统明显减少的一组安全控制或明显增加的威胁态势；

3）该连接可用于与其他外部系统建立一个经由未经批准的 TIC 路由的连接。

如图 4.4 所示，每个 TICAP 必须保证外部连接由提供四种特定安全功能的 TIC 接入点保护，安全功能包括：包过滤（C）、内容过滤（C）、代理（C）、入侵检测和防御系统（C）[1]。外部连接模式下进出接入点的流量必须全程受爱因斯坦设备的监控。

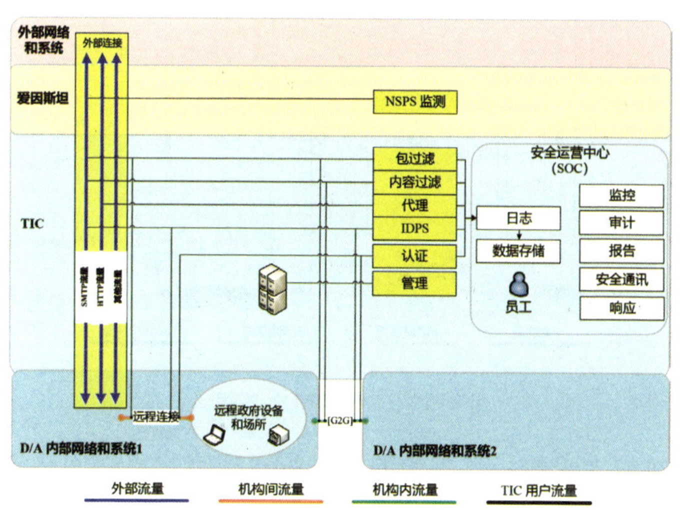

图 4.4 TIC 外部连接模式

（2）机构间连接：允许在联邦机构之间的网络流量流动以支持机构间任务目标和业务运作的连接。当机构间连接中涉及的所有机构均完全位于 TIC 接入点之内并且满足以下四个标准时，该连接可以被认为是“内部

1 TIC 参考架构将访问服务提供商的安全功能和能力需求划分为两个等级：Critical（强制实施）和 Recommend（建议实施）。

连接”， 不需要通过 TIC 接入点路由。

1）所有机构的外部连接都经由 TIC 接入点路由；

2）所有机构都执行流量包检测，确保只允许经过授权的流量在机构间传输；

3）一旦检测到可疑的行为，所有机构都有能力及时中止或暂停连接。

除此之外还建议所有机构使用以下安全功能监视进入其认证边界的连接，安全功能包括：包过滤（C）、内容过滤（R）、入侵检测和防御（R）以及鉴权（R），如图 4.5 所示。

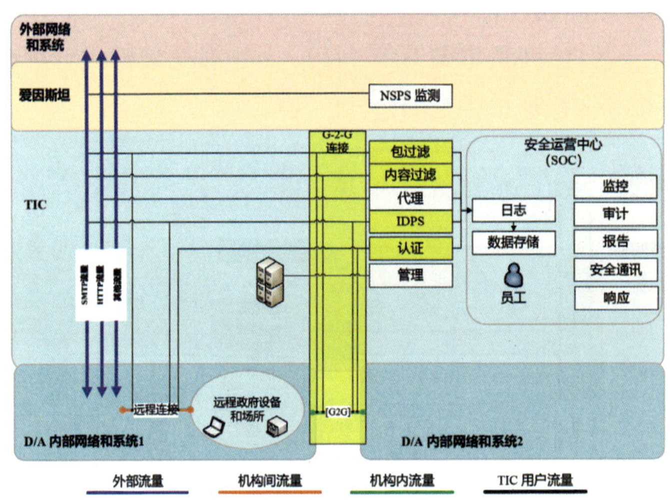

图 4.5 TIC 机构间连接模式

（3）机构内连接：在机构内部系统、网络或组件间建立的连接。针对位于机构安全范围之外的资源，通过诸如鉴权和 VPN 等所需的安全服务，可以使之成为安全范围的一部分。由于这些资源被认为是内部网络的逻辑扩展，这些类型的连接也被认为是“内部连接”。

符合以下标准的连接可以认为机构内连接，通常被视为“内部连接”，不需要通过 TIC 接入点路由。

1）在不访问全球可寻址的互联网的前提下，在一个机构内部建立的链接信息系统，网络或信息组件的安全的点对点连接；

2）通过 VPN 技术并利用安全控制建立的连接，至少符合 FIPS

140-2 和 NIST 800-53 规范，并由相应机构审核和监控。

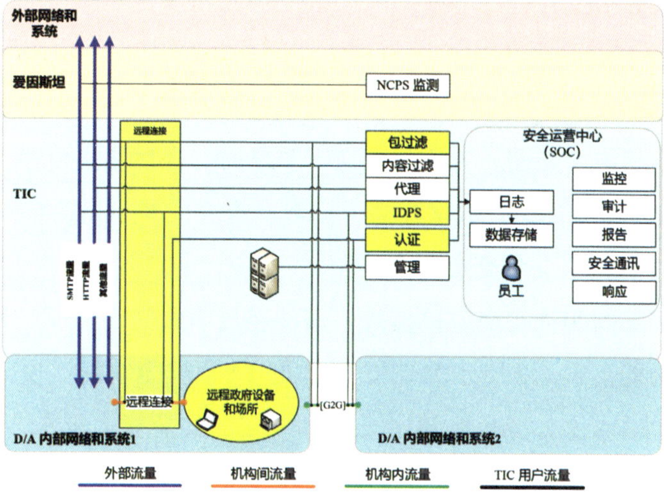

图 4.6 TIC 机构内连接模式

如图 4.6 所示，相应的安全功能包括：包过滤（C）、入侵检测和防御（R）和鉴权（R）。

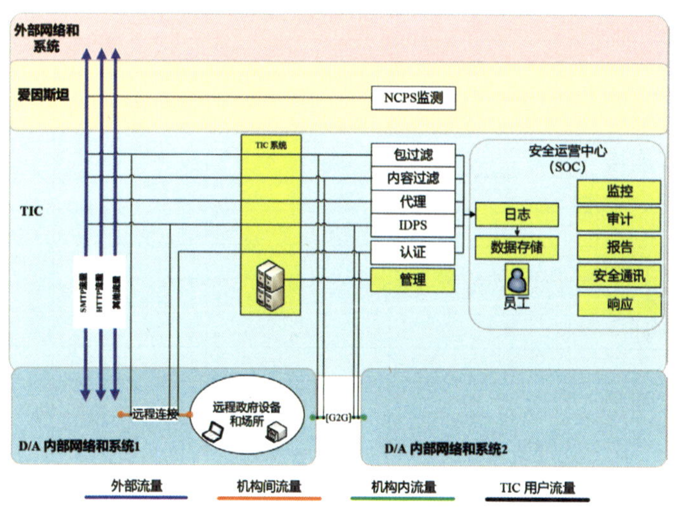

图 4.7 TIC 系统客户登录模式

（4）TIC 系统登录：TIC 系统是支持 TIC 接入点的整体安全运作和

策略的组件和服务，对自身提供安全保护，保证 TIC 正常运行，并包括收集记录、规范化和分析日志数据以及事件响应和报告中涉及的组件。这包括 TIC 组件与安全运作中心（SOC）、网络运作中心（NOC）和敏感分区信息设施（SCIF）相关联的整体管理及能力需求，并需要定期检查 TIC 运作和安全状态。如图 4.7 所示，TIC 系统的安全功能主要包括：管理、元远程连接、安全通讯、数据存储、日志、监控、审计、报告等。

4.1.5.5 TIC 安全功能及能力

TIC 定义的四种安全连接模式，每种连接模式需要实现一系列各不相同的安全功能，表 4.2 所示为 TIC 所需的 14 项安全功能。安全功能最终体现在能力需求上，TIC 构建了一组标准化的安全能力需求，共 14 大类 74 项能力。

表 4.2 TIC 14 项安全功能

	安全模式				
	外部连接	机构间连接	机构内连接	TIC 系统	
安全功能安全功能	包过滤	M	M	M	
	内容过滤	M	R		
	代理	M			
	IDPS	M	R	R	
	认证		R	R	
	远程连接				M
	管理				M
	日志				M
	数据存储				M
	监控				M
	审计				M
	报告				M
	安全通讯				M
	响应				M
M= 强制的安全功能			R= 推荐的安全功能		

（1）包过滤 (Packet Filtering)

包过滤器（也称为无状态检查防火墙）本质上是为主机地址和通信会话提供访问控制功能的路由设备。与更高级的过滤器不同，包过滤器不关心数据包的内容。它们的访问控制功能由一组被称为规则集的指令管理。分组过滤能力被内置于大多数操作系统和能够路由的设备中，纯包过滤设备的最常见示例是采用访问控制列表(NIST 800-41 rev1)的网络路由器。

包过滤功能特征依据 NIST 800-41 rev1 标准 4.1.1 章节制定。

（2）内容过滤 (Content Filtering)

内容过滤是监视诸如电子邮件和网页之类的通信，分析其可疑内容以及阻止向用户发送可疑内容的过程。两种常见类型的内容过滤是垃圾邮件过滤软件和 Web 内容过滤软件（NIST SP800-114）。

内容过滤功能特征依据 NIST 800-45 v2 标准 6.2.2.1 章节、NIST800-114 标准 5.4.3 章节和 NIST 800-41 rev15.2.2 章节标准制定。

（3）代理 (Proxy)

代理是一种“中断”客户端和服务器之间的连接的信息系统。代理接受、处理并转发进出网络的某些类型的流量。这有效地阻断了内部和外部网络之间的直接路径，使得攻击者难以获取组织内部网络的 IP 地址和其他细节。代理服务器可用于常见的 Internet 服务，例如用于 Web 访问的超文本传输协议(HTTP)代理和用于电子邮件的简单邮件传输协议(SMTP)代理（NIST 800-44 Ver2）。

代理功能特征依据 NIST SP 800-94 标准制定。

（4）入侵检测和防御 (IDPS)

入侵检测是监控计算机系统或网络中发生的事件，并分析事件是否存在违反或即将违反计算机安全策略行为的过程。入侵防御是执行入侵检测并尝试停止检测到的潜在事件的过程。入侵检测和防御系统（IDPS）侧重于识别潜在事件、记录相关信息、尝试停止进程并向安全管理员报告。

入侵检测和防御功能特征依据 NIST SP 800-94 标准、NIST 800-41 rev1 标准和 SANS Institute - Combining IDPS & Vulnerability Management 制定。

（5）认证 (Authentication)

认证是为了阻止对信息系统进行未经授权的访问，用户身份的认证通过使用密码、令牌、生物测定或在多因素认证的情况下的一些组合（NIST 800-53 Rev 3）来实现，常见的认证方法包括：

· 外部认证：信息系统可以使用外部认证服务，例如目录服务器。虽然信息系统可能包含与认证相关的一些记录，但是外部认证服务可能包含更详细的认证信息。

· 专有认证：信息系统可能有自己的认证机制，例如作为信息系统一部分的用户帐户和密码，而不是操作系统（OS）。

· 传递身份认证：传递身份认证是指将操作系统凭据（通常为用户名和密码）从操作系统未加密传递到信息系统。

· 主机 / 用户环境：在受控环境（例如，组织内的受管理工作站和服务器）中，一些信息系统可能能够依赖于由 OS 执行的以前的认证。

认证功能特征依据 NIST 800-53 Rev 3 标准和 NIST 800-14 第三章标准制定。

（6）远程访问 (Remote Access)

远程访问需要安全功能来过滤（检查）、监视和验证 D 进出机构的网络流量，网络流量的认证以及机密性通常通过已建立的 VPN 实现，并且可以与强用户认证相结合。

远程访问连接的安全控制功能特征依据 NIST SP 800-46 和 800-114 标准制定。

（7）管理 (Management)

信息系统的安全控制聚焦于风险管理和信息系统自身的安全管理。管理功能通常涉及三个子功能：

· TIC 配置：部署用于保护 TIC 接入点本身的逻辑和物理配置，包括 TIC 组件（NOC、SOC、SCIF）。

· 物理控制：物理控制规定了确保 TIC 的物理安全和运行弹性所必需的设施、物理安全和维护标准。

· TIC 系统的认证：TIC 系统和组件通过强认证控制来保护。

管理功能特征依据 NIST SP 800-18 Rev1 和 800-12 标准制定。

（8）日志 (Logging)

日志管理包括用于生成、传输、存储、分析和处理日志数据的硬件、软件、网络和介质。

· 操作系统、服务和应用程序日志

· 网络设备日志

· IDPS：IDPS 通常对与检测到事件的相关数据执行大量日志记录。

日志功能特征依据 NIST SP 800-100 标准 13.2 章节、800-92、800-12 标准 18.2.2.1 章节及 800-61 Rev 1 标准 3.6 章节制定。

（9）数据存储 (Data Storage)

系统应提供足够的数据存储空间，以根据需要将与计算机安全事件关联的日志保留比其他日志更长的时间。

日志功能特征依据 NIST SP 800-123 标准 6.1.1 章节、800-86 标准 6.3.2 章节、800-34 Rev1 及 800-92 标准 5.4 章节制定。

（10）监控 (Monitor)

为了保证系统正常运作，通常使用两种基本方法：系统审计和监控。系统审计是评估安全性的一次性或周期性事件，而监控涉及的是检查系统或用户的正在进行的活动。安全监控是寻找漏洞和安全问题的持续活动。有多种类型和方法来监控系统或用户：

· 查看系统日志

· 自动工具

· 配置管理 / 管理更改

· 文章 / 出版物 / 电子新闻

· 定期重认证。

监控的许多方法与用于审计的方法类似，但是对于某些自动化工具，更强调实时更新。

监控功能特征依据 NIST SP 800-53 Rev3 标准、800-110 标准 3.3.8 章节、800-12 标准 9.4.2.2 章节制定。

（11）审计 (Audit)

组织审查和分析信息系统审计记录，以发现不当或异常流量，并向指定的组织官员报告调查结果。系统审计记录通常用于监视和微调系统性能。应用程序审计跟踪可用于识别应用程序中的缺陷或违反信息系统中实施的安全策略。用户审核记录通常用于行为限制。

审计功能特征依据 NIST 800-53 Rev3 标准、800-12 标准 18.2.2.1 章节制定。

（12）报告 (Reporting)

当前联邦政策要求所有联邦机构（除非特别豁免此类要求）需要就安全事件类型、内容等在指定的时间内按照管理和预算办公室（OMB）规定向美国计算机紧急准备小组（US-CERT）报告。

报告功能特征依据 NIST 800-53 Rev3 标准、800-61 标准制定。

（13）安全通信 (Security Communications)

安全终端必须提供足够的物理安全性，以保护其自身及其物理环境，防止对设备的未经授权的使用，获取，访问，修改或安装。需要支持物理和逻辑访问控制、终端和用户识别系统，并且必须对授权用户进行管理。另外需要足够的密钥控制。由于终端的整个安全性基于保护密码密钥免受未经授权的公开，替换或使用，因此必须持续提供这种控制。

安全通信功能特征依据 NIST 800-57 标准 2.1 章节制定。

（14）响应 (Response)

IT 安全事件是计算机系统或网络中由安全机制故障或违反这些机制而导致的不利事件。事件处理能力可以提供对正常运行中的中断作出快速有效反应的能力。通多事件响应的六个阶段可以实现有效的事故处理：准备，识别，遏制，根除，恢复和后续行动。所有联邦机构必须确保他们的事件响应程序符合 US-CERT 的要求，并且保证程序得到正确遵循。

响应功能特征依据 NIST 800-35 标准 5.2.2 章节、800-61 标准 2.3.4 章节、3.2.7 章节制定。

4.1.6 项目进展状况

4.1.6.1TIC 项目进展

纵观从 07 年 OMB-08-05 颁布，要求各联邦机构落实 TIC 计划到 09 年 OMB-09-32 计划更新的这两年时间，联邦 TIC 计划一直处于政策发布与行动落实滚动前进的阶段，发展相对缓慢。2010 年 3 月 GAO 关于 TIC 进展状态的审计报告指出虽然联邦各机构围绕 TIC 计划采取了一系列行动，但尚无任何一个机构完全满足 TIC 计划要求的流量整合目标和能力需求，差距依然较大。

联邦 2011 财年关于 FISMA 实施情况的报告将 TIC 能力和流量整合作为 FISMA 三个优先发展方向之一，其余两个优先方向分别是持续监控和 HSPD-12 中逻辑访问控制的实施。

当前 TIC 系统根据 TIC 参考架构 V1.0 建设，与之相匹配的是爱因斯坦 2，为 TIC 提供入侵检测服务，允许 US-CERT 识别和分析联邦机构网络态势。新一代的爱因斯坦 3 正在研发当中，将具备入侵防御功能，会进一步提高联邦各机构态势感知和应急响应能力。为应对外部威胁的变化，TIC 参考架构 V2.0 将于 2012 年部署。

作为联邦机构最前端防线的 TIC 为机构外部连接提供安全服务，在 2011 财年取得进展。联邦各机构通过 DHS 进行 TIC 合规性验证评估，包括 TIC 参考架构 v1.0 的 51 个关键能力需求及通过 TIC 访问接入点的外部网络流量。与 2010 财年相比，2011 财年联邦机构外部网络流量平均整合率从 48%增加到 65%，TIC 参考架构 v1.0 关键安全能力需求平均符合率从 60%提高到 72%，如表 4.3 所示。

表 4.3 TIC 参考架构 V1.0 部署单位与安全能力平均负荷率

能力需求	FY 10	FY 11
自动化资产管理	66%	80%
自动化配置管理	50%	78%
自动化脆弱点管理	51%	77%
TIC 流量整合	48%	65%
TIC 1.0 关键能力	60%	72%

能力需求	FY 10	FY 11
PIV 逻辑访问（HSPD-12）	55%	66%
便携式设备加密	54%	83%
DNSSEC 实施	35%	65%
E-Mail 验证技术	46%	58%
远程连接认证	52%	52%
远程连接加密	72%	83%
US CERT SAR 整治	90%	97%
用户训练	92%	99%
特权用户训练	88%	92%
政府平均水平	62%	74%
威胁监测	70%	49%

鉴于网络安全是联邦机构能够为公民提供无阻碍基本服务的一个重要因素，因此在 2012 财年，继续执行上一财年行政当局确定的 3 个 FISMA 优先事项。截止到 2012 年 9 月，所有提供 TIC 服务的联邦机构及供应商均完成了 TIC 参考架构 V2.0 的部署，并进行了相应的能力需求评估。

为了加快联邦跨机构合作的进展并解决影响大多数机构的政府层面的管理问题，管理和预算办公室（OMB）在 2012 年 2 月首次推出了 Cross-Agency Priority （CAP） Goals 即跨机构优先事项目标。CAP 目标是总统优先事项的一个集合，指导跨机构协调和目标制定工作。

认识到网络安全对国家安全的重要性，联邦政府将网络安全作为 2013 财年国家 CAP Goals 中的一项重要目标。与 2011 财年以来 FIMSA 聚焦 TIC、持续监控和 HSPD-12 访问控制一致，网络安全 CAP 目标同样重点关注这三个方向，以保证联邦机构网络安全：TIC、信息安全持续监控、强认证（HSPD-12）。

在 2013 财年，DHS 联合各机构开发了聚焦云服务的 TIC V2.0 更新文件并推进了爱因斯坦 3 的部署。此外 DHS 还与首席信息官委员会合作，于 2013 年 5 月开发和发布移动安全参考架构，该文件旨在帮助联邦政府以智能、安全和可承受的方式采购和管理移动设备、应用程序和数据。

作为联邦机构最前端防线的 TIC 为机构外部连接提供安全服务，在

2013 财年取得进展。联邦各机构通过 DHS 进行 TIC 合规性验证评估，包括 TIC 参考架构 v2.0 的 60 个关键能力需求及通过 TIC 访问接入点的外部网络流量。与 2012 财年相比，2013 财年联邦机构外部网络流量平均整合率从 81%增加到 86%，TIC 参考架构 v2.0 关键安全能力需求平均符合率从 84%提高到 87%。

2014 财年 FISMA 报告提供了联邦网络安全事件的指标、针对安全事件正在采取的减灾措施，以及各机构在实施网络安全政策和计划方面的进展。2014 财年证明是朝着 2013 财年联邦政府网络安全跨机构优先目标（CAP）不断进展的一年，该目标要求联邦各机构“了解网络”（持续监控），“了解用户”（强化鉴权），“了解流量”（可信互联网连接）。

2014 财年联邦机构外部网络流量整合率目标是 95%，除退伍军人事务部（57%）、能源部（72%）和商务部（86%）外，其他机构均完成目标。与 2013 财年相比，2014 财年联邦机构外部网络流量平均整合率从 86%增加到 95%，如表 4.4 所示。

表 4.4 TIC 流量压缩效果进展（DOD 未接入 TIC）

机构	TIC 流量整合 FY 2013（%）	TIC 流量整合 FY 2014（%）
DOD*	N/A	N/A
VA	39	57
Energy	26	72
Commerce	76	86
ED	91	95
EPA	95	95
DHS	94	97
HHS	0	98
DOT	99	99
Treasury	99	99
NASA	100	99
SBA	100	99
USDA	71	100
Interior	99	100
Justice	99	100

机构	TIC 流量整合 FY 2013（%）	TIC 流量整合 FY 2014（%）
Labor	100	100
GSA	100	100
HUD	100	100
OPM	100	100
SSA	100	100
State	100	100
USAID	100	100
NRC	100	100
NSF	100	100
CFO Act AgencyAverage	86	95

2014 财年联邦机构 TIC 参考架构 v2.0 关键安全能力需求符合率目标为 100%，除劳动部、核能管理委员会、国家科学基金会和小型企业管理局外，其他机构均未完成目标。与 2013 财年相比，2014 财年 TIC 参考架构 v2.0 关键安全能力需求平均符合率从 87%增加到 92%。

从 2007 年 TIC 正式实施一直到 2014 财年这 7 年时间里，在管理与预算办公室（OMB）、国土安全部（DHS）的协调指导下和各联邦机构的共同努力下，TIC 的建设和运行逐步趋于完善。2015 财年联邦政府不再将 TIC 建设作为网络安全跨机构优先目标（CAP）之一，也意味着 TIC 计划走向成熟和常态化。

4.1.6.2 FedRAMP-TIC Overlay 示范性项目进展

日益增长的移动用户和访问量给联邦行政机构 TIC 网络带来了巨大压力和挑战，从 2013 年开始美国政府着手探寻 TIC 基于云的解决方案，DHS 联合各机构开发了关注云服务的 TIC V2.0 更新文件，文件制定了 TIC 基于云的解决方案的规范标准并罗列了供研讨所需的若干解决案例，但无法明确 TIC 与云服务融合的实现手段。

2015 年 4 月，国土安全部（DHS）与联邦风险授权管理计划（FedRAMP）计划管理办公室（PMO）合作，实施 FedRAMP-TIC覆盖示范性项目，推出“FedRAMP 前进计划”实施以来发布的第一份草案——满足 FedRAMP 要求的可信互联网连接覆盖草案（FedRAMP-TIC

Overlay）。该草案力图寻求一种平衡网络速度、数据及连接安全需求的新的架构和方法，是更新 TIC 当前参考架构迈向云服务的第一步。

2. 项目概述

目前，用户只能通过联邦机构网络连接到既符合 FedRAMP 标准又满足 TIC 要求的云服务。如图 4.8 所示，随着越来越多的移动用户连接（例如通过智能手机，平板电脑）到云服务，这些移动用户必须通过相应的联邦机构网络，由 MTIPS 或 TICAP 连接到云端。一方面这对机构网络造成了重大压力，另一方面消除了使用云服务的主要优势之一：无所不在的连接。

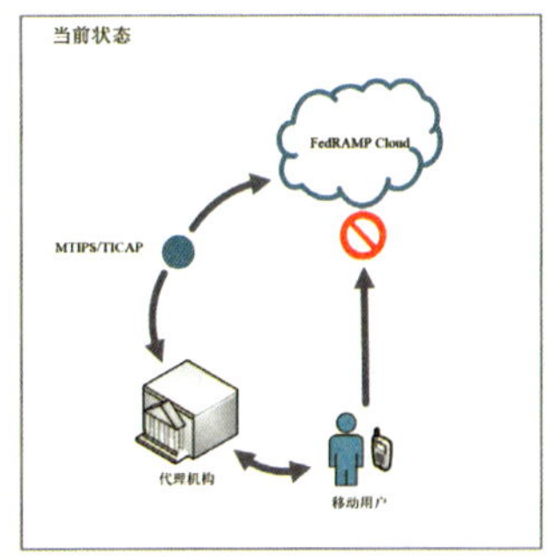

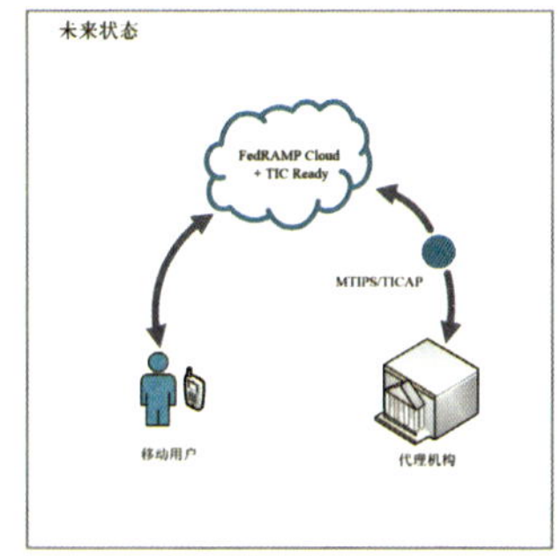

图 4.8 移动用户访问模式的转变

FedRAMP PMO 和 TIC 计划相结合，为联邦机构移动用户提供一种直接访问云服务的方式，而无需使用 TICAP 或 MTIPS 连接。这种新方法使用 FedRAMP 框架来允许云服务提供商（CSP）证明其能够提供 TIC 控制所需的能力。为此，TIC 能力需求可以通过 FedRAMP-TIC 覆盖映射到 FedRAMP 安全控制。CSP 将能够在 FedRAMP 安全评估期间使用此覆盖，以证明它们可以取代联邦机构为移动用户直接提供实施 TIC 所需能力。一旦联邦机构给予经过评估的 CSP 认证之后，CSP 所提供的云服务就被视为“TIC 就绪”，那么移动用户和联邦机构皆可独立地连接到完全执行 TIC 的云服务。一旦完成，各联邦机构将确保他们使用的云服务在满足 FedRAMP 要求的同时，具备满足 TIC 计划所需的所有能力。这将保证云环境中数据的安全性以及机构网络和云服务之间网络连接的安全性。

3. 项目进展

在 FedRAMP-TIC Overlay 发布并广泛征求各联邦机构反馈意见之后，国土安全部于 2016 年初联合 PMO、GSA 18F、FedRAMP third-party assessment organization（3PAO）及美国多个云服务提供商（CSP）共同完成了 FedRAMP-TIC 覆盖试点项目的测试实验阶段。

4.2 发展网络情报与态势感知

4.2.1 内涵外延

态势感知原指人类的心理活动，是人基于现有状态对未来形成预测的过程，其中，态势是整体和全局的概念，任何单一的情况或状态都不能称之为态势。2008 年美国环境系统研究所（ESRI）报告中定义态势感知是为“人类心理过程，可以通过了解、分析和呈现信息来增强对现有状况的理解，并预测它们将如何随着时间而改变”[1]，简单地说，态势感知是指如下情形的理解状态[2]：

（1）知道和理解周围什么事正在发生

（2）预测它将如何随时间变化

（3）与环境的动态（即与给定特定因素、变量、目标的当前环境的语境化）相统一[3]。

态势感知可以通过“从各种来源收集的信息，在传达给应急管理人员和决策者时，可以形成事件管理决策的基础”[4]。态势感知被引入作战领域后，强调对精准性的增强，美国陆军认为“在战斗背景下，为促进决策的制定对当前形势的掌握与理解，这可以提高对于评估友好、敌对或其他状

1 Using Social Media For Enhanced Situational Awareness and Decision Suripport, DHS, 2014

2 公共安全和国土安全态势感知，美国环境系统研究所（ESRI），2008.2

3 Using Social Media For Enhanced Situational Awareness and Decision Sipport, DHS, 2014

4 Using Social Media For Enhanced Situational Awareness and Decision Sipport, DHS, 2014

况的及时性、相关性和精确性”[1]。

态势感知对公共网络安全以及关键基础设施和关键资源(CIKR)来说，可以理解为：

（1）对公共赛博安全网络以及这个网络中关键基础设施和资源的精确认知。

（2）对公共赛博安全的运作以及促进公共系统总体进程的单独的关键基础设施与资源的完整的认知。

（3）对公共赛博安全网络当前行为进行适当的评估以及评估潜在的故障、薄弱区域或漏洞（可能被最大化地用以破坏公共系统）的能力。

（4）对赛博安全网络中不寻常的重大事件或偶发事件的监控。

（5）灵活地处理可能的威胁，并尽可能地减缓它们。

如图 4.9 所示，态势感知是通过对当前充分、有效的信息共享而获得的多个维度、多种渠道的数据，进而进行科学严谨地关联分析，及时实现对当前环境的认识、掌控和进一步的预测，进而为各类用户决策提供辅助和精准依据。

基于此，网络情报与态势感知体系可以分为四个层次，包括分离、共享、分析、响应，具体含义是：

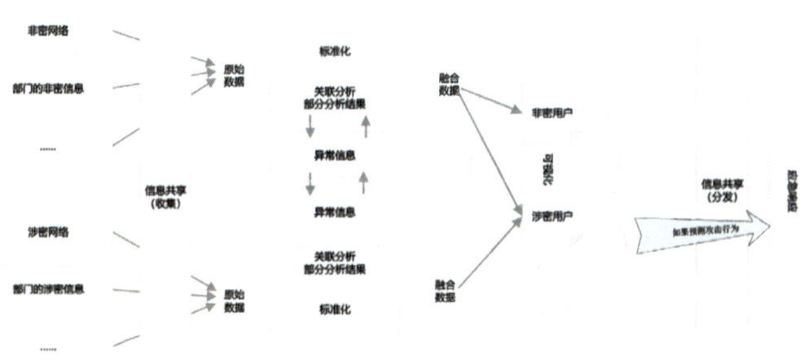

图 4.9 态势感知流程体系

1 Situational Awareness a New Way to Attack Cybersecurity Issues Rather Than Using a System Defense Approach, NIST

1）分离的数据：网络情报与态势感知的基础数据，来源于现有各个政府部门已有的信息基础设施中已有的数据以及通过主动探测手段获取的数据。各个政府部门当前已拥有的数据具有一定价值，但是由于各个部门职能不同，所获取的数据只能反映完整网络空间态势的局部，只能作为完整的网络空间安全情报与态势的组成部分。

2）数据共享：为了获得完整的网络空间安全情报与态势，需要将各个部门已有的，但是片面的网络空间安全数据进行充分地融合，因此，必须在各个部门间建立起数据共享机制，使各个部门所获取的数据所反映出的局部网络空间态势能够有益地组合成更加完整的态势。

3）数据关联分析：各个部门间的数据充分共享之后，通过数据关联分析，能够发现各个部门数据之间的内在联系性质，可能找出某些看似无关的独立数据之间的深刻联系，并由此挖掘出网络空间深层次的情报与态势。基于此，甚至可以做到对网络空间未来发展状况的准确预测。

4）提前响应：通过逐步建立起来的越来越完整，越来越准确的网络空间情报与态势，能够对网络空间未来发生的安全事件进行预测，并基于此预测结果，部署提前响应措施，防患于未然。

4.2.2 发展脉络

美国网络情报与态势感知从“基础能力建立”的“网络空间安全态势感知基本组件构建阶段”，到“被动监听感知”的“网络空间安全态势感知基本能力构建阶段”，最后到“主动探测感知”的“网络空间安全态势感知扩展能力构建阶段”的演进历程。代表了美国的国家信息安全战略从被动保障到主动威慑的变化过程。

（1）网络空间态势感知基本组件构建阶段

本阶段主要从1998年至2005 年，以1998 年白宫发布的“保护美国关键基础设施PDD-63总统令”、NSA发布的“信息保障技术框架”以及2002年司法部发布的”联邦信息安全管理法“等基本文件作为政策基石，倡导建立基本防御体系，包括基本信息安全设备、安全策略，以及相关专业人员，主要针对本土关键基础设施以及联邦政府网络。

从 1998 年至 2005 年，美国主要策略是依据 PDD-63 总统令，要求关键基础设施部署必要的信息安全设备；建立“信息安全保障框架”，主要包括部署纵深防御的硬件设备和建立一套完善的安全保障管理机制；依据联邦信息安全管理法案，要求美国联邦政府网络严格实施上述两个方案。

这一阶段，美国 DoD 还开发了信息安全领域比较重要的“彩虹系列文件”，其中的橘皮书就是现在被广泛应用的 CC 的前身（GB/T 18336）。综合这些计划，美国的总体目标就是建立应对传统信息安全威胁的技术和管理能力，这些基本能力为日后网络空间态势感知能力的构建打下了坚实基础。

（2）网络空间态势感知基本能力构建阶段

本阶段主要从 2005 年至 2010 年，以白宫在 2007 年发布的“国家网络安全综合计划（CNCI）“文件为基石，倡导在本土范围内建立完备的数据截获、分析能力，并建立国家级信息安全运营中心，对被动监控的数据进行实时的分析并展示”。CNCI 的两个建设工程也为这种数据分析能力奠定了基础。

1）TIC（Trusted Internet Connection） 计划

本计划强力推进联邦政府网络集体接入，要求各机构，无论是作为 TIC 访问服务供应商，或作为通过联邦总务局管理的商业性托管可信 IP 服务供应商”，一律参与 TIC 计划。

2）爱因斯坦计划

本计划通过对 TIC 集中接入的网络做数据捕获和深入分析，分为三个阶段：

I 阶段，联合 US-CERT，应用基于 NetFlow 的数据流分析技术进行数据分析；

II 阶段，基于 IDS 技术，应用深度包检测技术进行恶意行为发现；

III 阶段，将数据收集器前置到互联网服务运营商的数据中心中，ISP 部署了入侵防御 IPS 和基于威胁的决策判定机制，并使用 DHS 开发的恶意网络行为指示器来进行恶意行为识别，自动地对进出联邦政府机构的恶意流量进行阻断。

这一阶段，美国已经开始逐步构建自己的态势感知体系。借助第一阶段所输出的安全设备 IDS、IPS 提供的安全保障能力，将大量的日志、流量监控起来，形成基本的态势感知体系。这个阶段的感知数据源都是被动获得的。

（3）网络空间态势感知扩展能力构建阶段

本阶段主要从 2010 年至今，以 DARPA X 计划、DHS 的 SHINE 计划以及 NSA 的 TreasureMap 计划为核心，倡导进一步加固关键基础设施网络组件主动探测能力和快速响应能力。

在这个阶段，一方面发生了以 Stuxnet 等为代表的瞄准“工业控制系统”的攻击事件，另一方面，“克里米亚事件”、“美伊霍尔木兹海峡对峙”、“钓鱼岛事件”等，让战火的硝烟几度甚嚣尘上。这些事件让美国已经不满足于被动的监测和感知。所以，从 2010 年以来，为了应对局势变化，展现其大国威慑，美国接连推出了 3 个重量级计划：

1）X 计划，DAPRA 为网络战部队提供战场地图快速描绘能力，并辅助生成作战计划，从而推动网络作战效率和能力；

2）SHINE 计划，DHS 定期监测本土关键基础设施网络组件的安全状态；

3）TreasureMap 计划，NSA 形成对全球多维度信息的主动探测能力，从而形成大规模情报生产能力。

这一阶段，美国在已经初步建立的基于被动信息源的感知能力的基础上，通过集成主动探测、海外信息搜集等技术，进一步扩展其态势感知能力，形成了目前的基于主动信息源的态势感知体系。

4.2.3 拟解决问题

4.2.3.1 复杂威胁下多方力量协同问题

维基解密事件、斯诺登事件等不断发生的对网络空间安全造成重大危害的事件表明，美国网络空间安全面临不断变化的复杂威胁，网络空间面临各种形式的内外部威胁，单个机构根本无力应对复杂威胁。网络情报，通过检测与理解网络空间威胁，为网络空间安全的决策制定、网络空间安全保障以及网络空间行动提供支撑，以便有效地协同多方面力量共同应对危害网络空间安全的不断变化的复杂威胁。

4.2.3.2 网络空间环境状态理解问题

为了保护网络空间安全，首先必须对网络空间环境有准确的理解。态势感知第一个要解决的问题就是理解当前环境，察觉出环境中正在发生的事件，调查事件发生的原因，判断事件产生的影响。

4.2.3.3 网络空间环境变化预测问题

网络空间环境处于不断变化之中，为了保护网络空间安全，必须在准确理解当前网络空间环境的基础上，准确预测环境未来的情况。态势感知第二个要解决的问题就是预测环境未来情况，明晰环境变化趋势，预见环境中可能出现的安全事件。

4.2.3.4 网络空间环境未来威胁应对措施

在网络安全事件发生前做好应对措施，降低网络安全威胁的发生概率与发生后的损害，将大幅度提升网络空间的安全性。态势感知第三个要解决的问题就是提前应对，为环境的安全运行制定提前应对措施，识别出对网络空间环境有潜在威胁的角色，预测其未来活动趋势及其恶意目的。

4.2.4 布局思路

为解决上述问题，协同多方面力量共同应对危害网络空间安全的不断变化的复杂威胁、准确理解当前网络空间环境、准确预测网络空间环境未来变化情况、针对网络空间环境面临的未来威胁制定有效的提前应对措施，从网络情报与态势感知的数据分析、数据共享、关联分析和行动响应四个角度出发，提出以充分安全的信息共享以及以大数据技术为核心的解决思路。

（1）充分安全的信息共享

网络空间环境的特点就是无中心、分布式、动态变化，越来越复杂的网络空间威胁也呈现出分布式的特征，导致任何一个单独的组织机构都无法获得准确的网络空间环境与威胁信息。因此，必须协调全国多个组织机构，形成信息共享环境，才有可能全面、准确把握网络空间环境与威胁信息。

2004 年，美国国会，响应布什总统关于加强恐怖主义信息共享的行政命令 13356，启动了 ISE（Information Sharing Environment，信息共享环境）计划。ISE 计划旨在充分利用国内多个组织机构已经掌握的信息，对其进行综合分析、共享、并基于信息进行行动。ISE 是连接各个组织机构的已有系统形成的分布式、无中心的环境。2009 年奥巴马政府将政府部门间有效的信息共享与获取定为最高优先级的发展目标。

2012 年，奥巴马总统发布 NSISS（National Strategy for Information Sharing and Safeguarding，信息共享与保护国家战略）战略，平衡信息共享与信息保护，并加速 ISE 计划执行。

（2）涉密信息共享

除了非密、敏感但不涉密信息外，在信息共享的过程中很重要的一环是涉密信息的共享。很显然，在处理涉密信息时更加的复杂和严格。

2010 年夏天，维基解密对涉密信息进行非法披露后，国家安全人员组成了一个机构间委员会[1]，负责审查有关处理涉密信息的政策和做法，并建议政府采取行动以减少未来涉密信息泄露的风险。之后，高级机构官员积极制定政策和监督机制，通过可靠的信息共享和保护涉密信息以保护国家安全。从 2011 年 10 月 7 日奥巴马签署的 EO13587 中，可以看出美国对涉密信息共享和保护政策、标准的监管框架如下：

1）联邦机构承担信息共享和保护的主要责任。机构应当对政策和标准的遵守情况进行自我评估。

2）成立高级信息共享和保障指导委员会[2]以全面负责充分协调机构间工作，并确保各部门和机构对实施信息共享和保护政策和标准负责。

3）在 ISE 下设立一个涉密信息共享和保护办公室[3]，以便持续，全时

1 Fact Sheet: Safeguarding the U.S. Government's Classified Information and Networks, The White House, 2011

2 Senior Information Sharing and Safeguarding Steering Committee

3 Classified Information Sharing and Safeguarding Office

地专注于共享和保护涉密国家安全信息。该办公室咨询合作伙伴，以确保政策和标准的一致性，并努力识别潜在的问题。

4）国防部部长和国家安全局局长共同担任计算机网络涉密信息保护执行代理，制定技术保障政策和标准，并对合规性进行评估。

5）设立内部威胁工作组[1]，制定政府范围的内部威胁检测和预防计划，以改进保护并减少涉密信息潜在的脆弱性，使其免受危害或其他未经授权的披露。

（3）以大数据技术为核心

网络空间环境涉及面广、变化快、威胁复杂，对网络空间环境的理解与威胁应对面临大量数据的收集、分析等工作，不同政府组织机构间必须对网络空间攻击事件发生之前的一系列可疑行为信息进行充分共享并进行高效的关联分析，产生高价值的攻击威胁分析结果，才有可能及早发现网络空间攻击预谋并阻止。这类基于数据的广泛收集、关联分析以及预测的工作，非常适合利用当前迅速发展的大数据技术进行，以便对网络空间进行准确理解、对未来情况准确预测以及对威胁进行提前应对。

大数据技术要分析的相关数据主要包括：基础设施组成数据、威胁角色数据、事件数据、报警数据、系统脆弱性数据、事件危害程度数据、基础设施受影响评估数据、潜在风险指示数据等。

4.2.5 技术布局

美国从网络情报与态势感知的数据分析、数据共享、关联分析和行动响应四个角度出发，分解以充分安全的信息共享以及以大数据技术为核心两大技术体系，布局了数据处理相关技术簇和自动分析、决策技术簇：

4.2.5.1 数据标记融合技术

网络空间态势感知来源导致数据结构不统一，但处理时还要尊重原有数据敏感程度，因此需要统一的数据标记标准，明确不同数据处理要求在此基础上进行归一化融合操作。数据融合技术是一个多级、多层面的数据

---

1 Insider Threat Task Force

处理过程，未来必须由系统自动处理。

4.2.5.2 数据保护技术

网络空间威胁多种多样，对信息安全造成极大危害，广泛而充分的信息共享可能导致新的安全脆弱性出现。必须依靠数据保护技术，充分保护涉及网络空间中的技术、组织、人员各个因素，以应对网络空间不断发展的威胁。

4.2.5.3 大数据分析技术

应用大数据技术将上述不同种类、从不同信息源获取到的离散的数据进行不断地关联，寻找不同数据之间的关系，在数据间建立有意义的连接，组成越来越有完整意义的信息，直到能够对网络空间环境以及其中进行攻击活动进行准确识别。大数据分析中主要用到统计建模、风险建模、行为分析、异常检测等技术。

4.2.5.4 知识自动发现、融合技术

融合按信息抽象程度可分为从低到高的三个层次：数据级融合、特征级融合和决策级融合，其中特征级融合和决策级融合在态势感知中具有较为广泛的应用。知识发现为决策融合提供了基准，即从大量的、不完全的、有噪声的预处理数据中发现隐含的、规律的、事先未知的的信息和知识的技术。

4.2.6 项目情况

4.2.6.1 信息共享环境（ISE，Information Sharing Environment）

（1）ISE 为促进组织机构间恐怖主义信息共享而设立

美国在对 911 事件的反思之后发现，没能防止 911 事件的一个关键的因素是政府组织机构间没有能够充分共享他们已经获取到的信息，并对其进行深度分析，以至没有能够提前发现 911 恐怖袭击的企图。因此，2004 年，美国布什总统签署行政命令 13356“加强恐怖主义信息共享以保护美国国民”，要求联邦政府组织机构间广泛地共享恐怖主义信息，命令联邦政府内的信息系统的设计与使用的首要目标必须是满足在组织机构之间进行恐怖主义信息的共享的需求。同年，“2004 年《情报改革和恐怖主义预防法案》（ Intelligence Reform and Terrorism

Prevention Act of 2004）第1016条款（下称“1016条款”））”，充实了总统行政命令13356，提出设立ISE计划，将ISE定义为一种促进恐怖主义信息共享的方法。

（2）ISE作为美国国家信息共享与保护战略实施的关键

2009年的，奥巴马政府将政府组织间的高效信息共享与保护定为最高优先级发展目标，将信息共享与保护视为加强美国网络空间安全的关键。

2012年，奥巴马总统签署NSISS（the National Strategy for Information Sharing and Safeguarding)国家战略，要求加速ISE计划实施。ISE不再仅限于共享恐怖主义信息，其范围扩展到包括网络空间信息等多个领域，包括一切与国家安全有关的信息，全面加强国家安全保障。

（3）ISE采用分布式无中心架构

ISE采用分布式无中心架构，方便政府组织机构中的授权用户能够方便地获取他们在分析安全威胁时所需要的信息，并且方便向其它组织机构共享能够防止对网络空间安全造成危害的有用信息。ISE不采用建立中心数据库的架构，而是使政府组织机构控制并维护其已经获取到的信息，并承担起分布式信息共享的责任。国会1016条款要求ISE尽量基于政府组织机构已有信息系统建设，充分连接政府组织机构已经建立的信息系统。ISE的分布式无中心架构如图4.10所示。

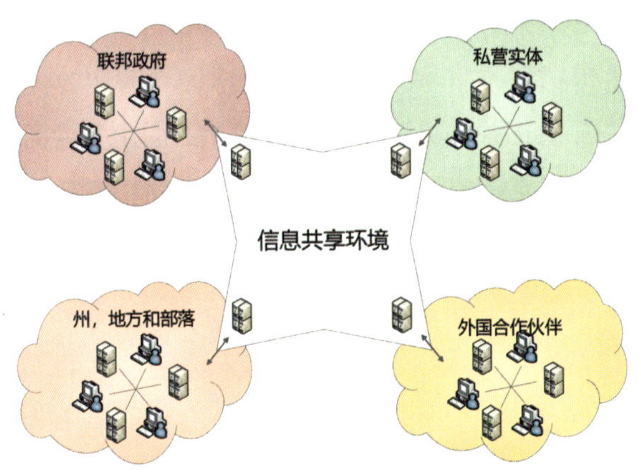

图4.10 ISE的分布式无中心架构

（4）对 ISE 的评价：ISE 价值极大，必须不断发展

从布什总统与奥巴马总统，都将信息共享定为国家战略，将 ISE 计划的落实看作政府工作的重中之重。

为高效制定科学有效的决策以应对网络空间环境所面临的不断变化的复杂威胁，保护网络空间安全，必须基于充分的信息共享基础之上。ISE 必须不断发展，才能够应对网络空间环境不断出现的新威胁。

在 2016 年 ISE 计划牵头组织提交给美国国会的年度报告中指出，ISE 计划在信息交流的互操作、分布式、无中心，协同政府组织机构间力量共同保障网络空间安全方面无法替代，必须加速发展。

4.2.6.2 信息共享框架（ISA，Information Sharing Architecture）

2003 年发布了第一版的信息共享框架（ISA）[1]。

在2010年12月，出版了Information Sharing Architecture（ISA）：Framework；

在2013年10月，出版了ISA：Shared Situational Awareness（SSA）Requirements Document v2.1。

ISA 利用已有的能力和基础设施来支持国土安全对信息的分析和传播方面的需求；提供随时可用的信息访问；为未来可确保政府乃至更大范围内互操作性的系统发展提供路线图。

ISA 在各个安全等级的基础上进行信息的相互联系和共享：绝密（Top Secret SCI）由情报界管理、秘密（Secret Collateral）由国防部管理、敏感但不涉密（Sensitive but Unclassified）由国土安全部管理。

ISA 使用以下系统提供企业级的能力来存储、管理和传播国土安全信息：

联合全球情报通信系统（JWICS）进行绝密信息的连通；

秘密互联网协议路由网络（SIPRNET）进行秘密信息的连通；

开发信息系统（OSIS）进行敏感但不涉密信息的连通。

为了在较低的安全层级上安全地传播、分析国土安全的数据，ISA 提供受控的接口。同时，对敏感信息提供管理结构。

1 Homeland Security Information Sharing Architecture, 2003,4 月

ISE 信息共享的架构图如图 4.11 所示：

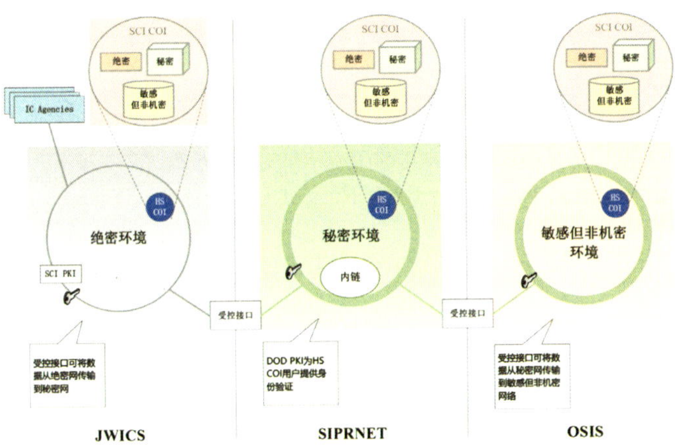

图 4.11 ISE 信息共享架构

信息密级及管理机构之间的关系图如图 4.12 所示：

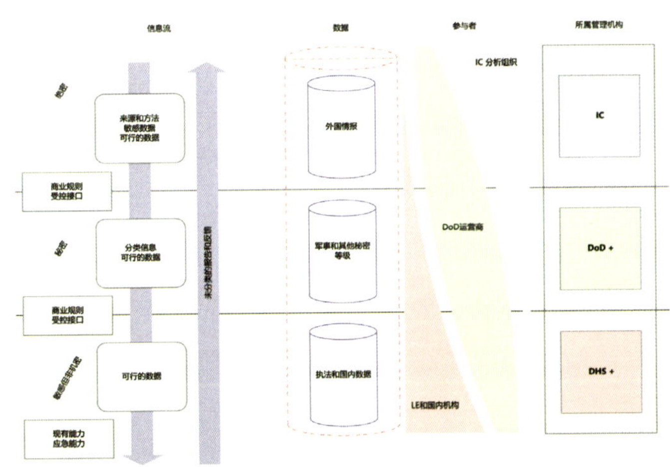

图 4.12 ISE 信息密级及管理机构关系

4.2.6.3 支撑网络

DHS 是协调联邦政府各级政府机构、私营部门和公众之间信息沟通的重要部门。为了实现其任务，DHS 部署和运行至少 12 个信息网络，如表 4.5 所示。

表 4.5 DHS 的 12 张信息网络

序号	名称	密级
1	C Local Area Network （C-LAN）	Top Secret
2	Homeland Secure Data Network （HSDN）	Secret
3	Coast Guard Data Network Plus （CGDN+）	Sensitive but Unclassified
4	Critical Infrastructure Warning Information Network （CWIN）	Sensitive but Unclassified
5	Customs and Border Protection （CBP） Network	Sensitive but Unclassified
6	DHS Core Network （DCN）	Sensitive but Unclassified
7	Homeland Security Information Network （HSIN）	Sensitive but Unclassified
8	Immigration and Customs Enforcement Network （ICENet）	Sensitive but Unclassified
9	ONENet	Sensitive but Unclassified
10	Secret Service Wide Area Network （WAN）	Sensitive but Unclassified
11	Transportation Security Administration Network （TSANet）	Sensitive but Unclassified
12	Federal Emergency Management Agency （FEMA） Switched Network	Unclassified

以 HSIN、CWIN 和 HSDN（与信息共享和网络安全关系密切）为例：

（1）国土安全信息网 HSIN（SBU）

1）建立背景：911 事件后不久，出台《2002 国土安全法案》，对新成立的 DHS 的工作任务进行部署，为了建立一个稳定可靠的传播信息的基础技术平台，能够让联邦政府、各州和各地方政府以及其他特定团体共同存取、接收和分析国土安全数据，同时可以适度发布 DHS 所掌握的信息，展开了 HSIN 的建设。

HSIN 的前身是地域联合信息交换系统 JRIES，JRIES 的起源是美国国防部的一项倡议，该倡议旨在使国防部的反恐情报中心和各州以及地方的犯罪执法情报中心的反恐信息能够实现共享。由于预算不足，低成本的互联网被选为承载这一业务系统运行的基础网络，并且所有软件应用和通信都是在加密后部署到互联网上进行。

JRIES 始建于 2002 年 12 月，2003 年 1 月试运行。2003 年 9 月，国防情报局将 HSIN 项目的管理权移交给了国土安全部。2004 年 2 月，国土安全部就对外宣布将 JRIES 进行扩展，并将其更名为“HSIN”。 2004 年 12 月，DHS 把 HSIN 扩展到全美所有的 50 个州、53 个主要城市地区、5 个美国领地、哥伦比亚特区和几个国际合作伙伴，应用范围得到了显著的扩展。

HSIN 部署在全美各地各级政府机构以及其他相关部门、大量的组织机构（执法机关、应急管理部门、消防部门、国土安全部门、反恐机构和国民警卫队等），并拥有一系列有着相互关联的机构团体的门户网站。

2）定位：HSIN 是一个安全可靠的、无等级的、基于互联网络的通信信息系统，是 DHS 主要用来实现全国性的信息共享和协作的网络。

3）总体目标：通过国土安全信息在联邦、州和地方的有效共享，达到防范和制止一切可能的恐怖活动，并能对各种自然或人为灾害以及各类突发事件进行有效的准备和应对的目的。

4）三个基本目标：能够用现有的技术和基础设施来支持有关国家安全的紧急情况信息的分析和发布；为各级执法机构提供一个可靠的信息传输和共享的通道；为确保未来开发的跨越联邦政府范围系统的互操作性提供路线图。

5）三个基本任务：清晰地传达 HSIN 的信息和观点给相关各方，明确其和其他系统之间的关系和相应联邦系统之间的集成；清楚定义 HSIN 的情报数据传播模式，向用户提供清晰的指导，告诉他们什么信息是需要的，DHS 将会对这些信息做什么以及 DHS 会提供什么样的信息；向各种类型的利益共享者提供详细的标准操作程序和用户手册，以及建立在工作流程基础上的培训，来支持国家安全信息共享。

6）HSIN 的主要功能有：协同功能、知识和信息共享功能以及协调和管理功能。

HSIN 的作业平台是基于 Microsoft sharePoint 2003 的平台，使用 DHS128 位加密的全国信息交换、通信和 IT 架构，利用强密码保护的单因子认证，HSIN 得到了权威的认证和认可，符合国土安全部的相关准则和标准。

（2）关键基础设施警报网 CWIN（SBU）

2002 年由白宫授意 NCS 建立 CWIN，由 DISA 对其进行管理。AT&T 拥有并运营 CWIN 下的专用网（dedicated network）。2003 年，DHS 接管了 CWIN。2008 年，DHS 将 CWIN 承包给 TWD & Associates 公司，TWD 管理了 CWIN4 年。在 TWD 的支持和服务下，CWIN 实现了以下几点：满足可用性，部署服务和成员支持领域所有定义的性能指标 - 99.999%的可用性和 24/7/365 操作中心；确保关键应急基础设施的弹性和应对自然灾害（如洪水，飓风或地震等可能导致通信的退化或毁坏）的准备；在合作演练和系统测试中实现了 90%的成员参与率，确保了对 CWIN 及其功能的熟悉，以及在发生攻击或灾害时快速利用；使得 CWIN 利益相关者积极参与进了国家级行动计划（测试第一响应者和支持系统的有效性）。

CWIN 是连接 DHS 与重要部门合作伙伴关键的，可生存的网络，其对于恢复国家的核心基础设施至关重要。CWIN 是 HSIN 的可生存的链接[1]。

CWIN 不连接因特网或公共交换网络，在紧急情况下仍然可以为关键决策人员提供指导和管理应急响应行动的能力。

1）总体目标：促进跨联邦，州，当地政府机构和私营行业的时间敏感的、关键的信息的交流，同时通过专用的语音和数据通信系统维护关

1 TWD CASE STUDY Maintaining National Security Communications During an Attack: The Critical Infrastructure Warning Information Network

键基础设施。

2）具体目标：在电信和互联网连接的全部或大部分丢失或中断的情况下，CWIN 旨在提供可行的“带外”通信和信息共享能力，以协调和支持基础设施恢复[1]。

3）系统架构：CWIN 使用标准的商用现货（COTS）软件，为每个用户提供较弱的（thin）客户端，显示器，手机和打印机；CWIN 使用 2 个 DHS 数据中心对应用程序和数据进行部署和执行；政府与行业之间的 CWIN 接口点应在 ISAC（信息共享和分析中心）。

（3）国土安全数据网 HSDN（SECRET）

国土安全数据网（HSDN）是美国主要的非国防军用、秘密级的涉密信息网，在适当情况下可以部署到 SLT（State，Local，and Tribal）实体[2]。HSDN 为涉及国土安全任务的联邦机构提供涉密信息。HSDN 是由 DHS、DHS 的组成部门和其他合作机构使用的涉密广域网，为情报界和联邦执法机构提供有效的互连，为 DHS 提供收集、传播和交换战术战略情报以及其它最高可达秘密级别的国土安全信息。HSDN 把 DHS 企业级的组织机构内大量的以前的秘密级涉密信息网整合在一起。

HSDN 从 2004 财年全面运行，现阶段处于系统运行和维护（O&M）阶段。HSDN 的部署实施是对美国法案的积极响应，相关法案有：2002 年国土安全法案，2004 年情报改革和预防恐怖主义法案，国土安全国家战略，2007 年 9/11 委员会法案，国家通信系统指令 3-10 等等。HSDN 为联邦、州和地方政府提供了一个全面的信息技术网络架构，以便于共享及时的、可备行动使用的涉密信息（包括情报、反恐、反毒品、移民执法、基础设施保护、应急准备和响应等）。

HSDN 提供基本的以及备份网络操作中心、安全操作中心、数据中心

1 National Infrastructure Protection Plan 2007/2008 Update

2 Classified National Security Information Program for State, Local, Tribal and Private Sector Entities Implementing Directive, 2012

和帮助台，在DHS企业数据中心（DC1、DC2）之外运行[1]。

4.2.6.4 国家网络安全中心（National Cybersecurity Center，NCSC）

CNCI中指出，国土安全部的国家网络安全中心（NCSC）将在保护美国政府网络与系统安全中扮演重要角色，它能协调和整合来自6个行动中心的信息，作出跨域的态势感知，分析和报告美国网络与系统的状态，以及推动跨部门的协同与协调。

这6个行动中心是：美国计算机应急小组，全球网络运营联合工作组，全国网络调查联合特遣部队，应急响应中心、NSAICSS威胁行动中心、国防网络犯罪中心。

2008年3月，DHS成立了NCSC。NCSC直接向DHS的部长负责。NCSC的任务是保护美国政府的通信网络。 中心将监测，收集和分享属于国家安全局，联邦调查局，国防部和国土安全部的系统的信息。

NCSC负责协调和整合信息，以提供跨域的态势感知；为DHS和国家决策者报告和分析美国网络安全的战略状态；并促进网络安全中心之间的协作和态势感知的共享。NCSC致力于提供一个跨组织的信息共享框架，以促进态势感知，并允许联合网络事件响应。 NCSC还提供分析支持和综合事件响应规划，召集和管理模拟协作模型的后行动网络事件调查能力[2]。

2009年，DHS成立 国家网络安全和通信整合中心（National Cybersecurity and Communications Integration Center，NCCIC），NCCIC整合了NCSC的能力，并整合许多其他组织如NCC、US-CERT、ISC-CERT等，提供更加广泛的信息共享和态势感知能力。

4.2.6.5 多国信息共享计划（Multinational Information Sharing，MNIS）

通过联合企业区域信息交换系统（CENTRIXS）和Pegasus（以前是GRIFFIN），MNIS计划实现了操作和情报信息的安全共享，并加强了美国部队、可信盟友和其他多国合作伙伴之间的合作。

---

1 IT Program Assessment DHS – Homeland Secure Data Network（HSDN），2012

2 National Cyber Incident Response Plan，2010

MNIS 计划是四个联盟信息共享能力的组合，旨在促进和改善美国部队和跨国合作伙伴之间的业务和情报信息共享。

（1）联合企业区域信息交换系统（CENTRIXS）

在秘密级别支持情报和涉密操作。有多个密码学隔离的 CENTRIXS 飞地，服务于各种利益团体（COI），支持跨国的信息共享，包括海外应急行动、禁毒行动等等。CENTRIXS 是区域集中并围绕作战司令部建立的。MNIS 计划通过 2 个国防企业计算中心为 40 多个 CENTRIXS 网络 / 利益团体中的 5 个提供集中式的服务和标准化解决方案的工程支持。

CENTRIXS 由许多联合的广域网组成，例如：CENTRIXS-J 连接美国和日本，CENTRIXS-K 连接美国和韩国。

（2）Pegasus（以前是 GRIFFIN）/ 改进的连接计划（ICI）

连接五眼联盟（包括澳大利亚、加拿大、新西兰、英国和美国）的全国指挥控制（C2）系统，使用商用现货安全设备和跨域的解决方案，促进态势感知和行动的规划 / 执行。

（3）联邦联合作战实验室网络（CFBLNet）

为五眼联盟国家、北约国家以及其他任务相关国家提供一种联合研究、开发、试验和评估联盟信息共享“沙箱”。这个沙箱用来评估新技术和开发策略、技术和程序，以促进有前景的技术转变为实际运营中跨国信息共享能力的增强。CFBLNet 的直接客户是五眼联盟国家的军事和情报机构。它被用于联盟战士互操作性演示，北约导弹防御计划，在部署之前由情报，监视和侦察团体来测试其功能。

（4）非密信息共享服务（UISS）

UISS 扩展了美国信息共享的能力，提供了企业级的解决方案使得作战司令部能够与其他美国政府机构、主机国家、政府间组织、非政府组织和其他合作伙伴之间共享非密信息。

值得注意的是，在 MNIS 计划中，从 2013 到 2014 财年，预算增加了 31 万美元，而这笔钱是用于支持 UISS 系统建造、测试和集成企业云计算和承载能力。在 2015 年 DISA 的 PB 2016 报告中指出，UISS 在 2014

年实现了进行云分析，从企业服务中心（ESC）环境过渡到基于云的虚拟主机；计划 2015 年将基础设施即服务（IaaS）放到云环境中；计划 2016 年执行网络系统架构设计、为商业云服务及移动发展进行开发和集成测试。不难看出，云的发展是信息共享的重要发展方向。

4.2.6.6 国家应急响应框架（National Response Framework，NRF）

为了对美国各种突发情况或紧急事件进行有效地响应，DHS 制定了国家应急响应框架（NRF）作为指导性文件。它描述了整个社会在协助应急响应努力上的重要性以及联邦政府如何组织自己应对自然灾害，恐怖袭击和其他灾难性事件。该框架使用范围极广，包括个人，家庭，社区，私人和非营利部门，宗教组织以及地方，州，部落，领土，岛屿和联邦政府。

NRF 是国家计划框架（National Planning Framework）的 5 个组成部分之一，其余 4 个为国家预防框架（National Prevention Framework），国家保护框架（National Protection Framework），国家减缓框架（National Mitigation Framework），国家恢复框架（National Recovery Framework）。

2004 年 9 月，美国国家应急响应计划（NRP）生效。

2006 年 5 月，第二版 NRP 发布。

2008 年 1 月，第一版 NRF 发布，并于同年 3 月 22 日正式取代 NRP 的功能。

2013 年 5 月，第二版 NRF 发布。

2016 年 6 月，第三版 NRF 发布。

2016 年的 NRF，这个框架始终具有有效性，并描述国家对事件作出响应的原则。其提供了整个社会如何共同工作的背景，以及应急响应的工作与国家防备的其他部分的相关性。相应行动可以在重大灾难或灾难性事件发生之前或发生时，或在发生之后的前几天之内立即进行。

NRF 由基本文档、紧急支持功能（ESF）附件和支撑附件构成。框架采用整个社会共同努力的策略来响应，如图 4.13 所示。

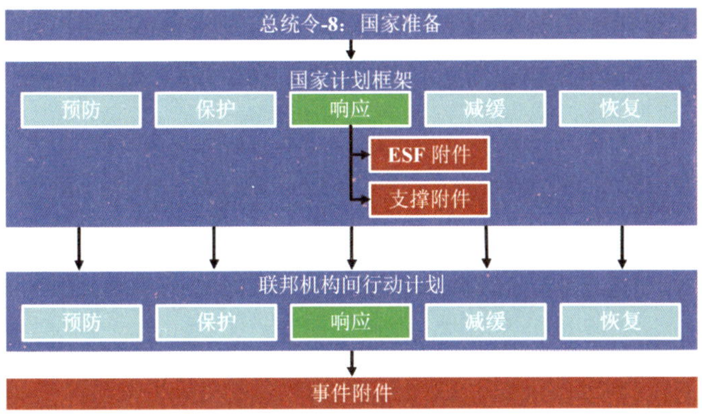

图 4.13 NRF 文档体系

2016 年第三版的 NRF 与前一版本相比，做了如下改变：原来的 NRF 有 14 个核心能力，新版增加了一个核心能力，即火灾管理与抑制；修改了 3 个核心能力的标题为物流与供应链管理、现场安全，保护和执法、公共卫生，医疗保健和紧急医疗服务；修改了 3 个核心能力的定义，包括环境反应 / 健康和安全、死亡率管理服务、物流与供应链管理；增加对科学和技术投资的附加说明，以支持发展核心能力，应对不断变化的危害。

4.2.6.7 国家网络应急响应计划（National Cyber Incident Response Plan，NCIRP）

2008 年 10 月，美国一个专家小组开始研究国家网络应急响应计划（NCIRP），并在 2009 年秋天给白宫递交了一份草案，经过联邦评审和评论，2010 年 3 月，一个草拟的过渡版发布，但是没有被认可，并不断地被奥巴马政府评审。2010 年 9 月，更新后的国家网络应急响应计划过渡版（NCIRP）发布，但是仍然没有最终确定。

CNCI 通过以下方式增强网络安全的形势：创建更鲁棒的前线防御；增强共享态势感知；增强攻击能力；支持网络防御，以及向“网络速度”响应发展。NCIRP 是根据 NRF 制定的，NCIRP 侧重于改善人员和组织对网络事件的反应，其目的是建立组织角色，责任和行动的战略框架，以准备，响应和开始协调网络事件的恢复。

NCIRP 主要侧重于建立应对重大网络事件所需的机制。重大网络事件是网络领域中需要加强国家协调的一系列条件。当国家网络风险警报级别（NCRAL）系统达到 2 级时，将引发国家协调的增加。NCRAL 主要关注网络的机密性、完整性和可用性以及威胁，漏洞和事件已察觉到的或潜在的后果。包括国家安全、公众健康与安全、国家经济、公众信任感以及以上的任意组合。NCRAL 把风险分为 4 个等级：严重的、持续的、增长的、保留的，以方便对各种情况作出相应的处理。但是，在后来对 NCRAL 的评估中，发现其不是很有效，在 2016 年，DHS 建议使用五层“Cyber Condition（CyberCon）”系统作为替代 NCRAL 的标准[1]。

NCIRP 中指出，将向国家基础设施协调中心（NICC）和国家操作中心（NOC）提供态势感知。在特殊情况下，总统或国会可授权采取军事行动来对抗对美国的威胁。DOD 将执行军事行动，而 DHS 将通过 NCCIC 来支持 DOD 的各项行动。

在之后的 6 年，NCIRP 一直是 2010 年的过渡版本。2016 年 9 月 30 日，新版的 NCIRP 草案发布，究竟其是否能够成为最终的国家网络应急响应计划，还需要美国政府进一步评审。

4.2.6.8 网络态势感知分析能力快速部署库（CSAAC-RDK）

为了更准确地对当前状态、攻击行为进行发现、分析和预测，就需要收集大量的数据。面对如此庞杂的数据，如果没有合适的大数据平台和分析工具，再多、再有价值的数据也是一堆“废料”。

为此，美国国防系统局（DISA）提出了网络态势感知分析能力快速部署库。网络态势感知分析能力（CSAAC）是一组非密和涉密网络的解决方案，提供收集，分析，可视化和共享国防部信息网络（DoDIN）和任务合作伙伴信息的能力，用于协作的 DODIN 操作和防御性网络空间操作。RDK 是一种支持数据处理，关联和可视化基础设施的大数据解决方案。它基于大数据平台（BDP），BDP 提供了一个通用的计算解决方案，能够从

---

1 HOMELAND SECURITY ADVISORY COUNCIL ,FINAL REPORT OF THE CYBERSECURITY SUBCOMMITTEE, 2016.6

DODIN 源获取，存储，处理，共享和可视化 PB 级的数据[1]。

CSAAC-RDK 是一个 DISA 开发的项目，用于摄取和存储大型数据集，构建分析和可视化结果。其主要目的是：聚合 DoD 数据以操作，保障和防御 DODIN；支持 JIE 下 JRSS 计划的数据收集和分析；启用跨 DoD 的协作分析开发；根据实际运行的需要进行相应的治理。

RDK 是政府、军方共用的手段，在 CSAAC、JRSS、ESSA 项目中均使用 RDK 作为其态势感知的大数据解决方案。关系如图 4.14 所示：

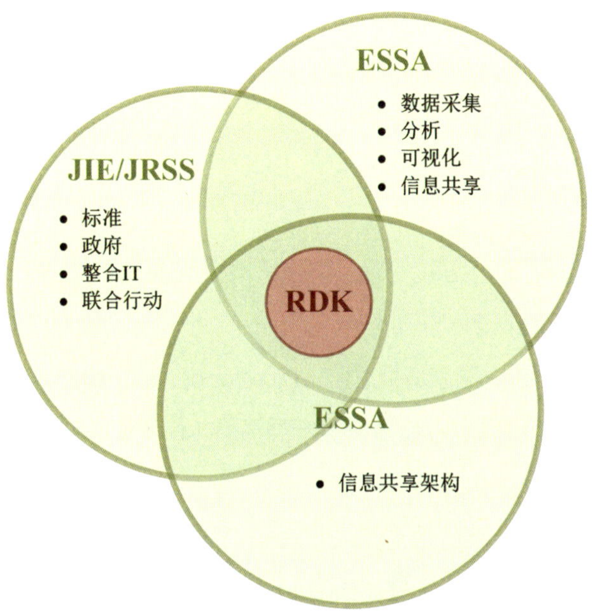

图 4.14 RDK 与政府、军队态势感知项目关系

现阶段，RDK 与 NSA 和陆军的大数据云还相对独立，在未来，将把它们与情报界云、海军战略云融合起来，形成统一的架构。

4.3 实施网络反情报

4.3.1 内涵外延

在 Executive Order 12333 中，反情报是指“包括信息搜集和反间谍

1 Cyber Situational Awareness –Big Data Solution DISA 2015

活动，以保护其他情报活动，破坏、或进行暗杀或代表外国势力的组织和人，或国际恐怖活动，但不是包括人员、物理、文件或通信安全计划。”

（Counterintelligence is “information gathered and activities conducted to protect against espionage, other intelligence activities, sabotage, or assassinations conducted for or on behalf of foreign powers, organizations or persons, or international terrorist activities, but not including personnel, physical, document or communications security programs.” ——Executive Order 12333。）

4.3.2 发展脉络

美国网络反情报方面工作的发展脉络如图 4.15 所示：

2000年 10 月，总统克林顿发布 PDD- 75：面向 21 世纪提高反情报有效性。

2002 年 11 月，布什总统签署《增强反情报法案》（The Counterintelligence Enhancement Act of 2002）。

2005 年 4 月，设立国家情报总监（Director of National Intelligence，DNI）。

2006 年 8 月，设立国家反情报执行委员会（the National Counterintelligence Executive，NCIX）。

2010 年 9 月，国家情报总监办公室（ODNI）将安全和反情报整合到国家反情报执行委员会办公室（the Office of the National Counterintelligence Executive，ONCIX）。

2011 年 10 月，奥巴马发布 EO13587，建立国家内部威胁工作组（the National Insider Threat Task Force）。

2013 年 1 月，奥巴马签署《增强国外和经济间谍处罚法案》（The Foreign and Economic Espionage Penalty Enhancement Act）。

2014 年 10 月，建立国家反情报和安全中心（National Counterintelligence and Security Center，NCSC）；领导和支持美国政府的反情报和安全活动，美国情报机构和美国私人部门实体面临外国和其他对手情报收集、渗透或攻击的危险。

美国国家反情报战略演进过程，2007 年发布《国家反情报战略 2007》。

2008 年 1 月 NSPD-54 中明确要求 DNI 根据《国家反情报战略 2007》，在 6 个月内发展网络反情报计划。

2009 年国家反情报执行委员会办公室（ONCIX），根据《国家情报战略 2009》，发布《国家反情报战略 2009》，明确反情报作为一个核心任务（第四个任务目标集成反情报），纳入情报体系。关注四个领域：检测内部威胁、渗透外国服务、集成 CI 与网络、保证供应链。

2016 年国家反情报和安全中心（National Counterintelligence and Security Center，NCSC）发布《国家反情报战略 2016》，明确阐述美国政府将如何识别、检测、利用、破坏、抵消外国情报实体（FIE）的威胁。

图 4.15 美国国家反情报战略演进过程

4.3.3 拟解决问题

美国面临敌人包括外国情报服务及其代理人、恐怖分子、网络入侵者、恶意的内部人员、跨国犯罪组织、国际工业竞争对手与已知或怀疑与这些实体之间的联系。很多使用复杂的公开、秘密和秘密方法来危害我们的国家安全。

美国于 2014 年 10 月建立国家反情报和安全中心（National Counterintelligence and Security Center，NCSC）拟解决以下

四类问题：网络安全（Cyber Security）、经济间谍（Economic Espionage）、内部威胁（Insider Threat）、供应链威胁（Supply Chain Threats）。

4.3.4 布局思路

美国将反情报（CI）作为一个核心部分，纳入国家情报体系，并将网络和反情报集成，统一考虑。美国在 2016 年《国家反情报战略》明确提出了任务和能力目标，满足反情报功能需要，应对国家的敏感信息、资产受攻击威胁。所需的五个任务目标包括识别、检测、利用、破坏、抵消国外情报实体（Foreign Intelligence Entity，FIE ）和内部威胁，维护国家资产，包括网络空间。两个能力目标为任务目标提供了基础。共同实施任务和能力目标创建一个满足 21 世纪的威胁反情报体系。

五个任务目标：

（1）深刻理解国外情报实体（FIE）针对美国国家利益、敏感信息和资产而进行的计划、意图、能力、技术、操作。

（2）瓦解国外情报实体（FIE）针对美国国家利益、敏感信息和资产而进行的能力、计划和操作。

（3）发现、制止、减缓内部人员接近敏感信息和资产而引起的威胁。

（4）保护敏感信息和资产免受国外情报实体的盗窃、操纵和利用。

（5）识别和反击国外情报实体通过美国网络尝试破坏、利用、窃取敏感信息包括个人身份信息。

两个能力目标：

（1）加强安全合作，负责任的信息共享与防护，和有效的伙伴关系。

（2）加强应对来自外国情报实体的威胁的国家计划。政府部门和机构必须计划和基金项目和活动确保 CI 从业者有合适的工具和资源来执行他们的责任。与此同时，这些任务构成我们的 CI 项目和活动必须不断回顾、精炼，以确保企业 CI 仍然是相关的、响应迅速和有效的。

4.3.5 技术布局

采用反情报技术，致使敌方情报分析得出部分或完全错误的结论。包括防御型和进攻型反情报技术。

（1）防御型反情报技术

防御型反情报技术的目的是了解对手和最小化敌手可能利用威胁；通过分析报告，可以补充整体人员、网络和信息安全。包括风险评估，确定在哪里以及敌人可能如何入侵；威慑情报分析，跟踪和了解 APT 等威胁。

（2）进攻型反情报技术

进攻型反情报技术是直接收集与对手的交互情报收集信息行动或欺骗他们。进攻型反情报技术可以利用手段，包括使用虚拟角色在网上论坛收集对手的信息情报收集行动（功能、受害者策略等），对手运营商的翻转到双重间谍渗透到敌人的行动，或发布虚假报道和信息欺骗敌人入侵企图。

4.4 保护涉密网络

4.4.1 内涵外延

涉密网保护事关国家安全。CNCI 强调，涉密网络承载美国政府最关键的涉密信息，支撑着美国战争、外交、反恐、执法、情报和国土安全行动[1]。毫无疑问，涉密网保护是网络空间安全的核心问题，直接关系到国家安全，任何削弱或中断都可能造成不可挽回的损失。

保护涉密网络工作的本质是[2]保护政府涉密网络，提高网络内数据的安全性、完整性，提升信息系统和数据对各类威胁的拒止、检测、预防、保护和响应能力，实现在授权范围内业务的连续性、可信性和可靠性。为实现这一目的，保护涉密网络应该做到：1）提供确保全面信息安全的保障框架和保护机制；2）保护数据的机密性、完整性、可用性并保证

1 The Comprehensive National Cybersecurity Initiative, 白宫 , 2009.

2 NSPD-54/HSPD-23, 白宫 ,2008

有效快捷的访问控制； 3）采取合理的措施监控和管理相关信息安全风险，阻止、降低和限制信息泄露；4）开发和维护保护信息和信息系统所需的有限度的控制措施，包括通过自动化安全工具来持续诊断和改善安全水平。

在实际实施中的可操作性限制下，针对不同级别涉密网络承载的不同层次、不同级别的国家秘密，不同涉密网络往往采用不同强度的保密措施。保护涉密网络需要考虑人、网络和操作三项核心因素，结合威胁情报知识制定和调整防御策略，并依据策略合理排布、调整防御机制；还要从设计到生产全周期保障信息安全产品的先进、健壮和有效性，确保系统的安全可靠与韧性弹性。最终，体系化、综合化、动态化地实现对国家的国防和政治安全至关重要的涉密网络保护。

4.4.2 发展脉络

4.4.2.1 背景情况

美国整合大量力量，由国防部和国家情报总监牵头对涉密网络进行防护[1]。涉密网保护问题在美国被称为“国家安全系统”保护，国家安全系统是指由美国联邦政府及其承包商使用的存储、处理机密信息，或者涉及情报活动，或者涉及密码相关活动的，有关国家安全、军事活动、武器装备的信息系统。美国涉密基础网络体系复杂、建设完备，由不同部门出于军事、情报等目的建设，主要包括国防部的联合全球情报通信系统（Joint Worldwide Intelligence Communications System， JWICS）、保密 IP 路由网（The Secret Internet Protocol Router Network, SIPRNet），国土安全部的国土安全数据网（The Homeland Secure Data Network, HSDN），能源部涉密企业安全网（Energy Scure Network, ESnet）等，详见表 4.6。

表 4.6 已知的美国国家涉密网络

1 National Security Presidential Directive 54/Homeland Security Presidential Directive 23 （NSPD−54/HSPD−23）M

部门	网络	密级	领域
DOD	保密 IP 路由网 The Secret Internet Protocol Router Network，SIPRNet	Secret	军事
DOD	联合全球情报通信网络 Joint Worldwide Intelligence Communications System，JWICS	Top-secret	军事
DOD/NSA	NSAnet	Top Secret/SCI	军事情报
DOD/DIA	PEGASUS、Stone Ghost 五眼联盟情报网络	Top Secret/SCI	军事情报
部门	网络	密级	领域
DHS	C-LAN	Top Secret / SCI	业务
DHS	国土安全数据网 Homeland Secure Data Network， HSDN	Secret	国土安全
FBI	FBI 网 Federal Bureau of Investigation Network，FBINet	Secret	情报
FBI	敏感隔离信息行动网 Sensitive Compartmented Information Operational Network，SCION	Top Secret/SCI	情报
DOE	应急通信网 /C Emergency Communication Network/C，ECN/C	Classified	应急
NRO 国家侦查办公室	NRO 政府网（NRO 管理信息网） Government Wide Area Network，also known as NRO Management Information System （NMIS），GWAN	Top Secret	情报
国务院	ClassNet	Secret	政务

国会	国会网 Intelink-P	Top Secret	情报
NRO	NRO 承包商网络 Contractor Wide Area Network，CWAN	Top Secret	情报
NGA	国家地理情报网 National Geospational intelligence Agency Network，NGAnet	Top Secret/SCI	情报
部门	**网络**	**密级**	**领域**
DOE/NNSA 国家核安全管理局	企业安全网 Enterprise Secure Network，ESnet	Classified	能源

4.4.2.2 发展脉络

（1）组织机构

为实施全面持续的涉密信息系统风险管理，美国设立国家安全系统委员会进行顶层监管，由 NSA 负责技术支撑，这是因为 NSA 在工作中掌握了大量数据保护和网络攻击的技术，并掌握大量对手网络空间攻击知识[1]；同时，由国家情报总监对情报信息进行进一步管理。1990 年第 42 号国家安全总统令授权 NSA 执行信息保障（Information Assurance，IA）使命，保护国家安全系统以及其中涉密信息。同时，2011 年奥巴马签署的 13587 号总统令进一步加强这一决定，国防部长及其下属的国家安全局局长，负责网络环境下涉密信息的保护工作[2]。因此，美国国防部 NSA 是美国涉密网络保护的核心力量和技术领导角色，而事实上，NSA 已经执行国家信息保障使命超过 50 年[3]。

由于国防部是涉密网保护的主体领导单位，NSA 提供了涉密网保护的基本技术规范，各个部门中又以国防部涉密网络体系最为庞大，因此研究以国防

1 NSA' s role in cybersecurity, NSA/IAD 官方网站 , 2015.

2 EO 13587, 奥巴马签署，2011 年 .

3 NSA' s role in cybersecurity, NSA/IAD 官方网站 , 2015.

部为样本，研究其涉密网保护发展脉络，可以推导得到美国涉密网保护的全貌。

（2）战略体系

在战略方面国防部有着严谨全面的战略架构体系，通过美国法典进行了明确规定[1]，在涉密网保护方面逐步形成并发展了全面的战略，完成由被动防御向主动防御的演进。如图 4.16 所示，根据法律，从白宫到国防部的顶层战略可以分为三个层级。全国最高战略是国家安全战略（National Security Strategy，NSS），如非特别战争事件，总统在每届任期会发布一份，明确国家安全愿景，最广泛地整合全国努力去实现。第二级是国家防务战略（National Defense Strategy，NDS）或四年国防报告，由国防部长签发，NDS 是国防部政策基石，对上支撑 NSS 建立一系列国防顶层目标，指导国防部中长期战略规划，对下指导国家军事战略制定。NDS 是四年防务评估（Quadrennial Defense Review，QDR）工作的一部分，一般是执行 QDR 安排，同时在现行 NDS 没发布时，QDR 可直接作为现行国家防御战略。第三级是国家军事战略（National Military Strategy，NMS），由参联会主席发布，代表武装力量对国家安全战略、国家防御战略的部署响应以及对现实威胁环境的应对方式。

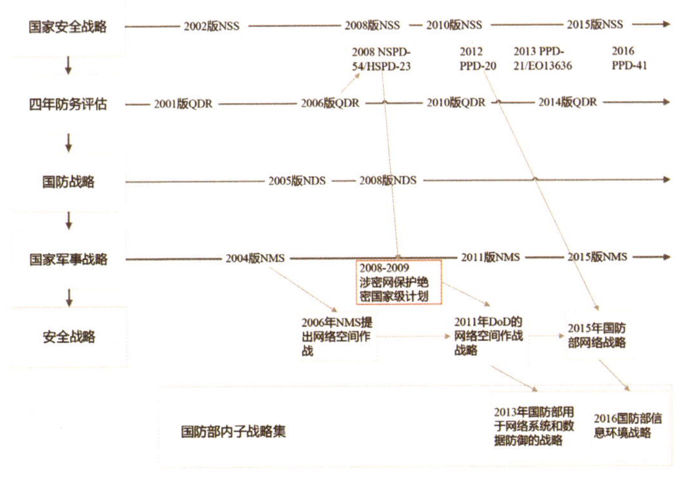

图 4.16 国防部战略演进体系

1 美国法典 10、50、153 条等明确规定了国家安全战略、四年国防报告、国家军事战略要求和关系。

国家安全战略两大部门级行动支柱是四年防务评估和四年国家政策发展评估。对于国防部来说，四年一份的 QDR 可视为其部级最高战略，也是最确切的军事发展规划。法律规定[1]，QDR 制定过程即确定国家防御战略、军队力量结构、军事现代化计划、所需的实施战略和大致预算。因此，除国家危机状态，国防部所有活动必须处于周期制定的 QDR 框架下。同时，国家安全战略作为顶级战略，会引导与之相关的基于威胁和领域的分战略，包括国家反恐战略、国家情报战略、国防部网络战略等。

关于网络空间安全，国防部 06 年以前一直没有明确的战略，只是执行国防部信息保障战略计划（DoD IA Strategy Plan，2004）。直到 2006 年，国防部在国家军事战略 2004 的规划下开始重视网络空间防御，制定的网络空间行动国家军事战略（NMS-CO），才有了国防部网络空间安全基本战略。

2008 年美国 NSPD-54/HSPD-23 总统令以及 CNCI 行动计划对涉密网保护和网络空间威胁降低两个问题做出了机密的部署，要求国防部长和国家情报总监秘密制定了机密战略计划，确定为 No Foreign 级别，意味着该信息不得由任何外国人获知无论其涉密资格。甚至 GAO 的审计报告也刻意回避了该战略计划，仅在 09 年 Cyber policy review 的秘密附件中稍提及其存在，指导 DOD 和 DNI 牵头实施的国家涉密网保护工作。NSPD-54 和该机密战略计划引导下，国防部 2011 年发布国防部网络空间行动战略[2]，继承 NMS-CO 识别风险、减少漏洞、保证赛博军事行动自由的战略主旨，将 CNCI 的扩大信息共享、态势感知、供应链安全等主题融入国防部战略中，发布时被国防部副部长称为“第一份赛博战略”。围绕该战略，国防部制定了国防部保护信息网络与数据战略，作为支撑性的战略进一步明确涉密网络保护的四大布局：建立弹性网络防御姿态、转换网络防御操作、增强网络态势感知、确保对高度复杂的网络攻击的生

1 The 2014 Quadrennial Defense Review（QDR）and Defense Strategy: Issues for Congress, 国会图书馆，2014.2.

2 与 CNCI 一样，11 年发布的国防部网络战略仅是非密版本；还有一份机密版的完整版至今没有披露。

存能力。

随着网络空间形势的快速演进,2011版网络战略已经完成了历史使命,因此2015年国防部发布新版网络战略——DoD Cyber Strategy。2011版战略称“国防部系统的脆弱性和遭受的恶意行为可以通过良好的网络卫生学方式解决”,没有确定任何特定的入侵者。相比之下,新战略强调了恶意软件扩散的风险,特别是零日漏洞的“危险和不受控制的市场”。(它没有提到美国据称是零日漏洞市场的主要购买者之一)新战略还认识到“潜在对手已经大量投资于网络”,并警示俄罗斯,中国,伊朗和朝鲜的潜在威胁,威胁姿态尽显。国防部新网络战略发布一年后,于2016年发布了最新的国防部信息环境行动战略,规划了国防部如何塑造联合信息环境,限制对手能力,通过规划了协同近期到远期的从人员、工程、政策和盟友努力,实现网络空间防御和行动优势。

(3)工程计划脉络

我们暂将2002年国防部DODD8500.1下令以纵深防御建立信息安全保障体系视作国防部涉密网防护工程部署的起点开启研究。国防部通过颁布DODD8500.2实施信息保障、2004年信息安全保障战略计划,国防部执行了GIG涉密网体系信息保障系统建设,夯实纵深防御核心。

2009年,在执行上一版IA战略计划5年之际,在国家CNCI行动框架下,国防部执行2008年国家防御战略的部署,发布新的信息安全保障战略计划——国防部赛博、身份和信息保障战略计划;重点加强了在CNCI体系内的涉密信息共享过程中的安全,通过网络防御支撑网络中心化企业架构,将纵深防御的范围扩大到武器系统和嵌入式系统。在战略规划下,DOD进行了密码现代化工程、基于主机的安全系统(Host-based Security System)工程建设、网络靶场工程建设、国防工业基础(DIB)网络安全与信息保障工程等一系列工程建设,并且完成了GIG体系的建设,取得了大量成果。

在2013年11月即上一计划执行四年,国防部在防御信息系统和数据战略中要求强化网络防御弹性,转型网络防御行动模式,增强态势感知和在大规模高精密攻击下的网络抗毁顽存性。国防部总结原有过多的防御模式本身引入了大量的脆弱性，同时，导致受攻击面过宽，防御投入太大也不利于将威胁信息和经验共享给盟友，因此 DOD 提出探索建立单一安全架构（Single Security Architecture），收缩受攻击面，整合防御力量到系统外围，最终确保系统安全迈向联合信息环境。同时，国防部改进原有的风险管理模式，将原有的国防信息保障认证流程（DIACAP）融入国防部风险管理框架（RMF），持续监控和及时纠正缺点。

2015 年，国防部 CIO 根据新版 DOD 网络战略要求，建设联合信息环境，发布“国防部网络原则建设计划”，保护国防部信息网络和国家网络空间安全，要求在原有纵深防御的理念上，建立强身份授权、巩固设备安全、缩减攻击面、增强攻击检测和共享四道防线。在工程方面，国防部信息系统局 DISA 牵头发展了区域联合安全栈（JRSS）系统，作为单一安全架构的工程实践原型，并与云和大数据分析系统结合发展态势感知能力，并与政府方面态势感知系统相结合构建全面的网络空间防线。

综上，国防部涉密网保护由纵深防御核心出发，在十余年发展建设过程中，不断丰富和补充其内涵，通过新技术的引入，稳步发展向主动防御的联合信息环境中，并逐步与政府云计算、态势感知大布局相统一。

4.4.3 拟解决问题

正如 GAO 审计报告[1]表达的对涉密网络保护的忧虑，“国防部是联邦网络威胁应对最好的部门之一，但当前仅能勉强跟上网络空间威胁增幅的步伐，而未来前景不容乐观。美国军队在陆上占主导地位，在空中所向披靡，在海洋领域几乎没有对手。然而，进入网络领域的技术和经济障碍对于对手来说要低得多，因此美国网络面临巨大的风险。”

美军各个相关部门在不同平台总结网络空间安全面临的挑战，GAO 将涉密网保护问题归纳为管理体制问题；国防部前网络安全助理部长总结为

1 GAO 11-75 Department of Defense Cyber Efforts, 2011.

身份认证和弹性恢复能力问题；DOD 防务科学委员会报告指出了授权及时性与机制多样性、恢复力、攻击防御成本不对称、供应链安全、威胁情报不足等。梳理美国涉密网保护的发展，除了基本的网络空间安全问题，其发展过程中逐步出现了一些焦点问题和技术上难题。

4.4.3.1 纵深防御模式的弱点

DARPA 将当前涉密网纵深防御的安全实践归结为 5 个步骤[1]：层叠各类异构机制的安全防御，识别入侵 / 攻击向量，隔离受影响系统，创建安全补丁以阻止特定攻击，网络范围内推广补丁纳入防线。

目前这种方式面临三个问题，一是人工修改策略、发展补丁并推广无法跟上攻击者的节奏，因此必须按照“网络相关时间[2]”去执行自动化防御；二是这种防御对于目前互联网上广泛部署的自动化攻击手段非常有效，因为自动化攻击手段或脚本攻击，一般精密程度不高，较富有技巧的黑客相去甚远[3]。但目前的 APT 攻击往往利用零日漏洞和多种复杂攻击结合，竭力绕过防御机制，攻击往往未被察觉就已生效；三是，在同一环境中堆叠大量异构技术会导致过量的管理过载，人工运维面临效率“上限”。

因此，传统的被动式纵深防御模型是存在问题的。对于涉密网这种不允许任何疏漏的网络，必须重新革新防御模式，转换为与威胁情报结合的主动防御，将传统的被动安全向主动安全和主动威慑靠拢。

4.4.3.2 密码安全和应用挑战

涉密信息的机密性、完整性保障（Assurance）是涉密网的核心内涵，现在和未来都必须依赖密码技术进行保护。目前，涉密网安全多是在保障

1 Active Cyber Defense, DARPA，第一部分论述传统防御问题。

2 Active Cyber Defense: A Vision for Real-Time Cyber Defense, NSA，Journal of Information Warfare vol 13. 2014.4. 解释了网络相关时间概念：“网络相关时间是一个有意义的模糊术语，适应战场的需要。如果战斗空间是中央处理单元（CPU）和随机存取存储器（RAM），网络相关的时间是纳秒到几微秒。如果战斗空间在物理接近的两个计算机之间，与计算机相关的时间是毫秒到秒。对于通过卫星链路通信的在世界的相对两侧的两个计算机之间的战斗空间，网络相关时间是秒。”

3 Network Infrastructure Technology Overview, DOD DISA, 2010

密码算法强度下，将保护信息转化为依赖保护密钥[1]。强密钥的生成、使用、管理需要复杂的技术来确保其安全。虽然在目前背景下密钥安全可以通过各类机制保障，托底保护了涉密网络的安全。但涉密无线网、物联网等各类使用场景对密码算法、协议和密钥生成提出了更高的要求，要求突破目前的技术障碍。

同时，量子计算的发展迅速，未来一旦大规模量子计算问世，将严重威胁到密码安全。如何发展后量子时代的密码技术，保护信息不受量子威胁和传统威胁，还要与现有技术和协议兼容，所需克服的困难重重。

4.4.3.3 身份认证、访问管理难题

前述问题的背后是省份识别与认证的难题。因特网体制的基本假设之一是用户 / 设备是可信赖的，这与现实问题大相径庭，这就需要对涉密网络的用户和设备实施强认证。目前，在技术和工程实施间存在巨大的瓶颈。

涉密网络保护和入侵对抗的关键就是涉密网络接入，传统的双因子认证、访问卡等模式都面临各类防伪问题或效率瓶颈。美军建立了世界上最大的 PKI 系统之一——CAC 卡体系，但出于防伪、效率等问题，目前也正准备实施对 CAC 卡的退役。身份标识和认证信息本身的安全性也至关重要，跨域信息交互时的认证需要维持完整可信的信道用于身份信息的传递，尤其是高安全等级区域向低安全等级区域接入时，身份信息的保护受限于较低级区域的措施和操作资源，如何建立稳定可靠的身份信息认证机制是问题的另一侧面。

同时，现有涉密网必须发展对无线接入、云接入等多种操作场景的兼容，出于计算资源和场景需求，多种身份识别体系必须被纳入同一身份识别体系内，甚至在网络或身份识别基础设施破坏状态下支持一定程度的安全认证。

4.4.3.4 防御技术验证、演练问题

防御技术在不断演进，不成熟的防御技术引入系统时，往往会引入新

1 Entropy-as-a-Service: Unlocking the Full Potential of Cryptography，NIST，2016.9

的潜在漏洞，这对于涉密网安全是不可接受的。由于涉密网信息的敏感性，实施攻击性演练在涉密网直接进行是非常冒险的。此外，新的技术在整体系统中的自动化配置和一致性需要进行整体的试验和验证。因此，建立完备的仿真、验证环境是支撑涉密网络发展的重要基础。通过演练，不但能掌握系统在特定场景下各类安全机制的作用和影响，衡量出网络的弹性和敏捷性，确定防御的有效性；还可以识别出技术和能力差距，引导进一步的研究。

网络仿真或试验环境建设分三种情况，分别是建模仿真、软件试验、原型部署，三者的真实性、扩展性、耗资、可重复性各有不同，都有不同的技术实现难点，如表 4.7 所示此外还有采样体系、指标体系建立的难题。

表 4.7 网络试验手段对比分析

	分析	建模仿真	软件试验	原型部署
真实度	低	低	中到高	高
可扩展性	高	高	中	低
成本	低	低	中	高
重用性	无	高	中到高	低
阶段	早期	早期	中期	中期到后期

（1）涉密信息互联共享过程面临的安全问题

美军涉密网络从 2004 年起建设 GIG 过程中就开始摸索和国家情报总监合作探索涉密信息协同共享机制，09 年 CIIA 战略规划正式规划发展支撑任务开展的涉密信息共享，并要求建立流畅的自动共享体系，但是又要保证涉密信息的安全。目前，发展全政府领域的网络空间态势感知包括涉密网的网络传感搜集和态势共享，要求保证数据安全的前提下，还要保证数据的可用性、多域流动、扩散范围控制、认证等技术问题。涉密信息在不同信息系统和网络间流动过程中，会暴露在攻击向量下，如何将涉密共享流量进行隐蔽和隐藏也是这一问题的另一侧面。

尽管国防部与情报总监办公室成立了统一跨域管理办公室（UCSMO）来去除跨域信息交互的不足不畅之处，但对于越来越复杂和多变的信息需求场景，问题依旧没有解决。

（2）对安全的云计算、移动办公的支持问题

如上一问题提到，涉密网本身的目的是为了满足信息化，未来发展趋势必然是对优势信息技术的兼容，这产生了对可扩展的安全性的需求问题：即如何提高数据的安全性和可用性，同时安全机制可柔性扩展，允许数据安全集中、虚拟化、无线移动化以提高效率，实现更多地点、更多用户、更多场景的使用，并适当利用云和移动技术。获得集中虚拟化和云计算的全部信息化优势不仅需要面临在涉密信息分布式和区域集中之间技术折中问题，还需要解决安全的可扩展性和可信度。

美军涉密网络对于云计算、移动办公的态度始终在开放和保留之间摇摆，一方面是高效的企业信息发展，而另一方面是安全的障碍。

（3）网络恢复能力和模式建立问题

国防部和整个国家安全领域对于网络恢复能力已经有认识，但是涉密网络恢复模式尚不完备，因此美军自 2011 年开始强调；国防部全球数据库压缩也要求恢复能力更上一层楼。国防部指挥官需要面对在通信恶化、不受信任的情况下，在敌人攻击下的网络中获取所需的信息开展工作。

目前需要摸索不同密级信息所需保障的最低界限安全，解决在不利条件下保障这些界限的持续存在。此外，涉密网络的技术复杂度和任务对涉密网络的依存度都在快速增加，导致涉密网技术脆弱性变高，恢复技术复杂度也不断增加。

4.4.4 布局思路

区别于一般互联网安全，国家安全面临的是有组织、有能力动用全部军事和情报能力去实施攻击的对手。美国已经认清目在这类高级威胁的面前，一步到位地解决所有问题是不可能的，必须转变思路，综合化地运用各类技术，实时感知对手并与之正面接触，同时提高对手行动的代价，降低对手实施行动的意愿和信心。

DARPA 和 NSA 认为[1]原有的被动反应性防御模式在基本个案是有

1 Active Cyber Defense, DARPA.mil/NSA.mil

效的，但是没有根本解决前述的涉密网存在的问题。为了保持领先于越来越复杂，隐蔽和危险的威胁，防御者必须超越传统的静态防御，以利用其 IT 系统和专业技术的自然优势，发展主动网络防御（Active Cyber Defense），综合化在防御周期中解决涉密网保护存在的保护模型弱点、互联共享、身份认证、新技术支持、恢复能力与模式、防御验证与演练等问题。

与纵深防御的“城堡理论”一样，主动防御也发源于军事，在海战、空战中成功实践，并非新创。不幸的是，当试图在“网络”背景讨论该策略时，许多人试图将其他领域的策略直接应用于网络安全。体现在“主动式网络防御”的狂热在 1994 年左右达到过一次顶峰。这一时期的特点是在信息战争的支持下进行了激烈的“炒作”讨论，多是围绕电磁杀伤为主的摧毁式反击。但受限于当时信息技术和相关热点的减少，公众讨论平息，直到 2008 年 CNCI 计划将主动网络防御的讨论重新激活。现在，关于主动防御的大多数论文都比 1994 年的早期讨论或现有计划中 “主动”成分少得多[1]，更多地围绕防御本身。

主动网络防御的策略是执行主动网络防御周期（ACD Circle），与 CNCI 所提出的动态监测、感知、响应的防御环一致。ACD 升级防线、协同识别、响应决策、行动与恢复等四个阶段来逐步解决涉密网保护存在的问题。其采取核心理论依旧是持续的风险管理。但具体执行风险管理执行有了新的含义：持续进行纵深防御，防御固有脆弱点；不断发展基于态势感知的威胁情报能力，进而发现涉密网潜在脆弱性和对手意图，进而基于国家综合威慑能力消除其攻击意图、降低自身受攻击面（单一安全架构，SSA）、提高敏感数据安全性，达到降低威胁的目的；融入全政府的共同网络空间防御体系，通过联合的应急响应和信息共享，发展弹性抗毁能力，实现后果减缓和受控，最终实现支撑国家任务成功的信息系统风险的最小化[2]，建立“一个更安全、可防御、可管理的可靠信息交

1 "Proactive Cyber Defence". Google Tech Talk. 2012.

2 Resilient Military Systems and the Advanced Cyber Threat, DOD 科技委员会，2013.1.

互环境”[1]。

4.4.5 技术布局

涉密网防护技术的基础首先需要依靠整个网络空间安全技术的发展，这包括三类技术。一类是国家范围内由国家科技政策办公室（OSTP）、NSA、DARPA 等牵头发展的网络空间安全的颠覆性技术，如定制化可信空间、内生安全、动态目标防御等技术；第二类是国家工程发展过程中累计的技术创新，如爱因斯坦计划累积的基于网络威胁检测技术等，对这类技术做得更多是吸取和转化到涉密领域应用；第三类是一系列涉密网专用或先行的技术发展，需要先在涉密网络研发、成熟和部署，多是控制技术不对外扩散。按照 ACD 流程，其中的核心技术布局包括：

4.4.5.1 未来密码技术

涉密网最先也必须部署的技术就是未来密码技术，包括抗量子密码、新型应用密码技术等。抗量子密码方面，NSA 和 NIST 于近期分别发布了主题报告，警告在目前量子算法研究进展下，如果大规模量子计算实现，目前的主要公钥算法将不再安全。因此，NIST 认为，必须提前规划未来密码技术，以能够抵抗量子计算[2]。美国在预警量子计算威胁的同时，也考虑到其已经投入 20 年时间和巨大的资源建立了涉密网络公钥基础设施。因此 NSA 和 NIST 在抗量子密码算法和抗量子协议方面投入力量，发展基于格、基于编码、基于多变量多项式的抗量子公钥算法以及基于哈希的抗量子签名，以期将其应用于公钥基础设施，还在准备对通信协议中的密码算法进行更新，发展抗量子通信协议。

NSA、NIST 还牵头高校、机构以及全世界密码研究学者在隐身强化算法、轻量级算法、云交互算法等面向新型应用的密码算法、密码协议以及相应的验证审核技术方面投入研究。

---

1 JIE: How DOD is building a bigger network that's also a smaller target, 国防部副 CIO 采访，2015.2.

2 NISTIR 8105, Report on Post-Quantum Cryptography, 2016.4

4.4.5.2 身份管理和访问控制技术

数字身份是个人、组织或实体在网络空间中的身份，用于个人，组织或实体来唯一地描述个人或事物以及其权利关系的信息。随着越来越多的信息变得集中，对敏感数据的访问控制和管理变得越来越具有挑战性。未来涉密网要求对人员、装备（软件、硬件）、数据源和服务都进行不同粒度、不同层级的认证；同时，认证应可根据需求自适应地调整不同类型的凭证、认证流程、认证机制。

为解决签署涉密网接入保护和共享过程中的身份认证准确性、身份信息保护、多种认证机制等问题，NSA 和 NIST 均部署了身份管理和访问控制技术的研究，发展下一代基于属性的访问控制技术。基于属性访问控制（ABAC）提供了一种基于属性的身份管理框架来适应广泛的访问控制策略并简化访问控制管理。根据属性表达策略，并基于用户和资源的任意属性以及可选的环境属性来授予或拒绝用户请求。ABAC 能与各类身份识别技术（如生理特征、软件特征）结合，对各类实体进行标定，考虑了策略制定的粒度和操作效率，能够适应未来涉密网多场景、多等级沟通的高效、高速认证要求。此外，还开展了身份基础设施技术、特定的隐私增强技术等针对身份管理的技术。

4.4.5.3 网络防御仿真验证技术

分散的仿真技术无法独立完成网络防御技术的验证，必须整合到统一的“靶场”内才能系统性解决前述的验证问题。此外还需要满足高安全隔离与高数据安全的联合试验环境需求以及资源自动配置、场景定制等能力需求。美国由 DARPA 负责研发涉密网安全方面完整的仿真验证技术，包括发展多独立安全级别（MILS）架构支持不同密级多并发的测试；复杂、代表性网络的快速复现、重构技术；暴露系统消毒清洁与初始化技术（非常重要，允许重要资产重复使用，即使恶意复杂代码也能重复清洗）；多维度可配置数据采集技术（用于研发、改进、测试、训练）；测试资源自动配置与快速释放技术；特种木马及 APT 攻击技术池构建技术。

4.4.5.4 涉密网络采集和态势分析技术

发展主动网络防御 ACD 要求尽可能实时地掌握和感知网络状态，这离不开网络态势数据采集与分析。在数据采集方面，可依赖发展网络传感器技术。网络传感器分为网络部署（Network based）和端部署（Host Based），通过测量网络相关量值、监控和收集数据、评估信息、可视化实现网络的感知。这与普通的网络传感技术上异构度不大。DARPA 和国家科学基金在这方面投入了技术研究。

涉密数据的态势分析与互联网态势分析具有很大不同。互联网态势分析可以很容易实现数据采集并集中存储进行大数据分析，但涉密数据如果被采集后是无法理解的密文，同时，大量不同密级或不同来源的涉密信息集中分析本身是与安全要求相矛盾的。因此，DARPA 和 NSA 发展涉密信息的汇总分析方法，发展密态计算处理技术，实现在密文基础上的计算和处理，不必担心资源池被攻击的后信息泄露问题。

4.4.5.5 涉密信息跨域控制技术

对于非涉密体系，信息的互联共享的难度往往停留在数据格式等技术的归一化问题上。但对于涉密网络，操作不同安全级飞地内的涉密信息面临了前述复杂的问题。跨域的接入、操作需要满足数据的敏感性和管理策略，以防带来的安全事故。国防部 CIO 办公室和白宫 ODNI 联合牵头引导企业研发了针对情报信息的统一跨域技术，实现以网络为中心，面向服务的跨域信息共享，支持 QoS 保障，目前该技术正面向无线移动等场景进行优化，研究在不牺牲安全性的同时维持系统性能。数据跨域接入体系包括数据防泄漏技术、接入控制技术、数据标签、隐通道检测、审计鉴证等。

4.4.5.6 移动安全与虚拟化安全技术

移动和虚拟化技术虽然不是一项全新的技术，应用已有多年，但是其带来的安全问题却成为了目前业界的新话题，涉密网未来发展也必须实现对两者的兼容。移动虚拟化对涉密网安全产生极大挑战，因为传统的封闭边界将被打破——移动通信信号开放，存在泄露风险，而虚拟化后平台更加难以确认边界。美国军队和政府均开展了移动安全和虚拟化安全技术研究。移动安全技术大致可以分为两个方面，一是对安全体系和机制的改进，重点保护空中接口的安全，防止空中窃听；二是，把安全防护的目标和手段锁定在终端，认为终端是安全问题发生的源头。虚拟化安全技术围绕桌面虚拟化、应用虚拟化、网络虚拟化以及服务器的虚拟化，具体包括新型访问控制类型技术的虚拟化应用，主要解决的是虚拟机、虚拟节点的认证、授权管理和策略强制等问题；安全攻防方面比较典型的是基于大数据等方案的威胁识别技术以及虚拟机强隔离技术等。

4.4.6 项目情况

美国涉密网保护的领先优势较大，经过多年的技术工程化进程，已经形成了完备的涉密网保护体系。美军涉密网保护工程体系是层级化的，由国防部 CIO 制定布局的大方向，各部门单位和军兵种分别制定体系化工程计划。本书不关注其与我国类似的基本安全防护体系建设或已充分研究、得到部署的工程布局，而着重分析其超前部署工程和典型关键工程。

4.4.6.1 联合区域安全堆栈 JRSS

联合区域安全堆栈 JRSS 是美军建设联合信息环境的重要工程，也是当前其网络安全的核心工程之一[1]。其利用流量监控与分析技术以确定应用在战场的情况，更好地对网络攻击和潜在的作战威胁之间的相关性做出分析。JRSS 是由 DISA 牵头协调，陆军和空军、洛克希德马丁公司联合开展的国防部重要工程，通过 JRSS 堆栈将把国防部的全球网络入口点从 900 个减少到约 50 个。

联合区域安全堆栈是一组执行防火墙功能、入侵检测和防御、企业管理、虚拟路由和转发（VRF）以及提供大量网络安全功能的系统。通过部署 JRSS，网络的安全性被集中到区域架构，而不是在每个军事基地本地分布式架构。这意味着，JRSS 工程总体是单一安全架构的工程实现，将防御体系归一化，防御力量集中到区域的防御重点去，实现逻辑的缩小攻击面。同时，每一个站点的 JRSS 设备依旧采取纵深防御的核心，即提供多层不同机制的安全措施。

---

1 HHRG-114 国防部 CIO 参议院武装军事委员会听证会，《Information Technology Investments and Programs: Supporting Current Operations and Planning for the Future Threat Environment》，2015.2.

每个 JRSS 堆栈的物理形态是能够进行大数据分析的机架设备，允许 DoD 使用部门将大量数据传入云计算系统，并提供用于处理数据的平台，以及帮助分析师了解数据的机制。JRSS 实现持续监控 DoD 网络中的信息，以确保响应时间以及吞吐量等性能标准，还能通过洛克希德马丁公司的网络杀伤链技术，自动化地消除一些关键故障点或攻击，支撑国防部涉密网自动恢复能力建设。

JRSS 项目目前情况与评价：

自 2013 年中期以来，空军和陆军一直在与国防信息系统局合作建设联合区域安全堆栈。在 2014 年 9 月，圣安东尼奥联合基地成为了第一个安置国防部 NIRPNET 联合区域安全堆栈设备的基地，获得初始作战能力。2016 年，JRSS 已经完成 10 个 1.0 版本站点的建设，并且开始升级至 1.5 版。

目前 1.5/1.0 版本能够实现区域网络安全资源的战略层 / 操作层的可视化；监控国防部固网状态；监控国防部内部网络 IP 访问；屏蔽恶意操作；根据优先级调整流量和 QoS 保障。

未来 2.0 版本将提供战略 - 操作 - 战术三层级的纵深防御能力；数据纵深防御能力；全网调制能力；全网流量优化能力。

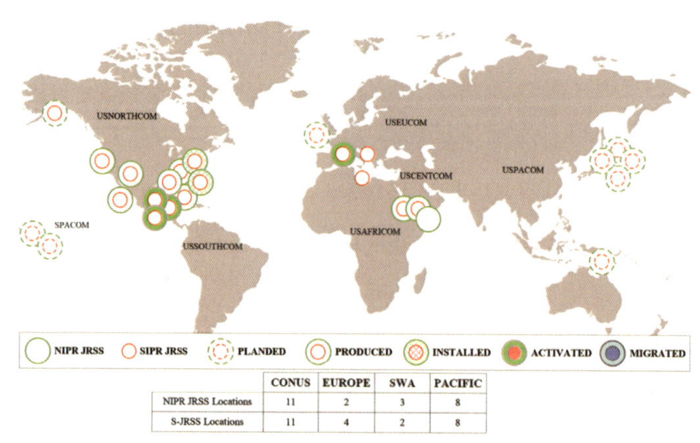

	CONUS	EUROPE	SWA	PACIFIC
NIPR JRSS Locations	11	2	3	8
S-JRSS Locations	11	4	2	8

图 4.17 JRSS 部署规划

如图 4.17 所示，美国计划最终在 2017 财年完成全部 50 个 2.0 版本联合区域安全堆栈站点，其中包括 25 个 SIPRNET 站点和 25 个

NIPRNET 站点，覆盖范围扩大至海军、海军陆战队等国防部其他部分。

4.4.6.2 国家网络靶场

2008 年 5 月 1 日，美国国防高级研究计划局（DARPA）响应白宫要求，支撑 CNCI 行动，发布了关于展开“国家网络靶场”项目研发工作的公告。关于为何建立网络靶场，白宫的解释是：“科学的进步往往由于缺乏足够工具支持观察、测量和分析而被限制。例如，在天文学，生物学和粒子物理学进展一直不大，直到在望远镜，显微镜和粒子加速器出现后，才得以前进。 国防高级研究计划署（DARPA）正在开发国家网络靶场（NCR），以提供现实的，可量化的国家网络研究和开发技术。NCR 将使国家网络能力发生革命性加速转型，支持总统的全国网络安全倡议（CNCI）”。

NCR 提供全自动化的靶场管理和测试管理套件，以测试和验证跨越式网络技术和系统，并为迭代和新的研究方向提供支撑。NCR 能提供大规模的全球信息栅格（GIG）基础设施，可以模拟从非密到绝密级各类协议广域网和局域网、卫星和射频通信、以及移动战术和海事通信。白宫还要求 NCR 不但能够测试网络攻击技术和信息战模拟，还要能够在节点模拟“人员行为操作”，不是按照脚本简单模拟，而是能够与外界行为交互，互相关联产生网络事件，还能够模拟 DOD CAC 卡物理认证登陆等行为。获得授权进行测试的组织可与国家网络靶场执行机构协调，安排靶场时间与资源。测试工作完成后，国家网络靶场将清理、拆除测试平台，以便靶场回收所用资源。

美国国家网络靶场建设分为两大阶段。2009 年到 2012 年，由 DARPA 进行设计、建设、测试，经历了原型概念设计、原型验证审查、全尺寸建设、全任务能力，最终达到任务能力；2012 年后第二阶段正式移交国防部用于训练使用。

4.4.6.3 DOD 信息保障靶场

美国涉密演练网络靶场并非只有一个，很多研究将它们混为一谈。在国家网络靶场 NCR 建设过程中，2010 年国防部因无法等待 6-7 年的国家靶场建设预期，启动了内部靶场建设，由 DISA 负责开发，用于测试和人员训练，即国防部信息保障靶场 IAR。

国防部信息保障靶场旨在为封闭环境中的全球信息栅格的网络服务和信息保障或网络防御能力提供一个可操作的现实模拟环境。它还是国防部网络人员的虚拟培训场所，也是新信息保障和网络防御技术，战术和政策的测试和评估空间。IAR 可以作为一个独立的模拟器运行，或者可以作为接口，与其他机构的其他靶场互操作。根据国防信息系统局透露信息，该系统在封闭网络上运行，不影响运行网络。

IAR 提供了通用的 DOD Tier I 到 Tier III 威胁环境进行仿真和建模，如图 4.18 所示，并与多国仿真环境连接，规模很大。除此之外，该系列还提供由恶意和友好网站组成的虚拟互联网功能。根据 DISA 透露信息，可以从虚拟互联网启动脚本化威胁和实时红队攻击，作用于 IAR 的全球信息栅格环境。

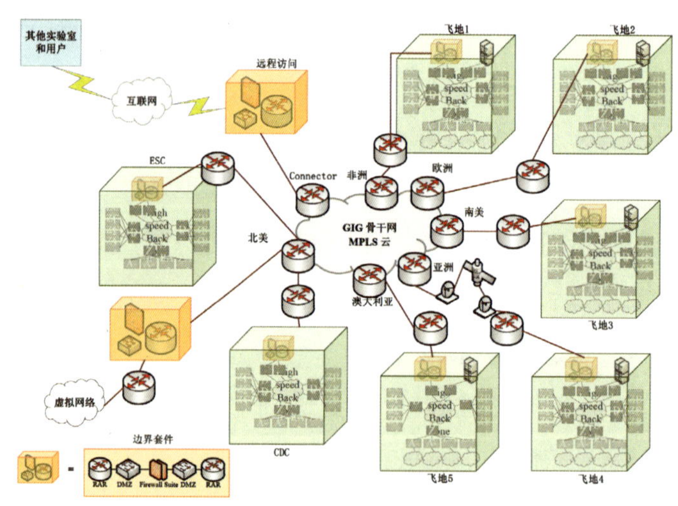

图 4.18 IAR 靶场部署模式

IAR 基于开放式架构设计，可以模仿流量生成、威胁注入、操作系统漏洞、补丁级别、飞地和网络服务等细节。为了模拟操作现实的环境，

IAR 使用诸如系统管理员模拟训练器（SAST）和全系统断点工具。管理员模拟器由太平洋西北国家实验室创建，SAST 是一个软件套件，旨在为培训人员，演习和测试工具提供真实的网络范围环境，能够模拟网络上各个用户的行为，并跟踪整体网络流量；能够调用攻击工具模仿攻击者行为。

IAR 靶场接受的训练项目如下：

DISA PEO-MA - Mini-Cyber Flag Exercises - Program Pilots, TTP Development

DISA FSO - HBSS CNDSP 501 Training

USAF - Tactical Communications Training Exercises

USSTRATCOM - JCC LOE #3 Kinetic/Cyber Cop Integration

USCYBERCOM - Mini- Cyber Flag Exercises

NSA - Non-Persistent Desktop Browser Testing

USA - Entry to Journeyman Level Cyber Warrior Training

USMC - Command and Staff College Cyber Elective

USN - SAGA Afloat Network Refresher Training for Shore Commands Testing

DIA - Counter Intel Investigations Training

4.4.6.4 国防部移动安全能力工程

国防部和国家安全局（NSA）与行业合作，为几种主要的智能手机技术开发了安全保护配置流程，并开展了国防部移动安全能力工程（DoD Mobility Classified Capability， DMCC）。项目为实现随时随地安全访问国防部网络能力，提高了任务效率。

DMCC 提供 SIPRNET 网络企业级涉密移动通信服务，确保互操作性，增强安全性。

DMCC 的网络侧基础是国防部企业移动工程，具体包括安全网络和网关基础设施，向移动设备提供和扩展企业服务（例如，电子邮件，语音，视频）；企业移动设备管理（MDM）系统提供应用层机密性，完整性和真实性密码服务；托管移动应用程序的企业移动应用程序商店（MAS）。

移动性是发展联合信息环境（JIE）的关键组成部分，将为新的应用程序提供灵活的部署环境，以支持任务合作方的需求。

4.5 研究颠覆性技术

4.5.1 概念内涵

颠覆性技术是指通过高风险和高收益结果的研究项目，能够明显地提高当前能力的技术。CNCI 计划中将能“超越未来”的持久技术作为其战略与规划的重要组成部分，并针对此类技术从设计、实现和验证等角度出发，制定了详细的技术规划和方向。

4.5.2 发展脉络

随着网络的发展，联邦政府的网络空间安全在各个领域都将经受前所未有的考验和挑战，现有的网络系统不足以应对当前乃至未来的威胁。为了使网络空间能够应对当前面临的威胁以及未来所要面临的威胁和挑战，联邦政府采取了一系列的措施，为研究界列举重大挑战，梳理与私营部门共同的需求，驱动双方在关键技术领域的合作。这些技术形成的脉络如图 4.19 所示。

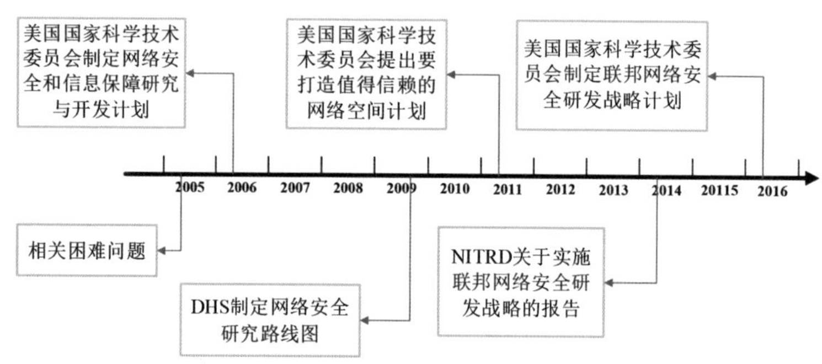

图 4.19 美国网络空间技术研发计划发展脉络

IRC 在 1997 年提出了困难问题列表，随着技术的演变于 2005 年确定了 8 项困难问题列表，旨在指导 IRC 成员组织的研究计划规划，建立美国政府设想的可信的安全系统。建立可扩展的安全系统被提为困难问题之一，在该报告中指出：设计和开发安全的网络系统是非常困难的，当前主要面临需求、架构、系统开发和原则四个方面的挑战，并且从架构、可组合性、验证方法和标准评估等各方面分析当前的网络系统的不足。我们可以看出IRC已经从技术的角度剖析当前网络安全的不足以及所需要做出的改进。

在2009年DHS发布的网络安全研究路线图（A Roadmap for Cybersecurity Research），将2005年的8项困难列表更新为11项，可扩展的可信系统仍然作为困难问题首要问题。针对当前的一些关键国家基础设施和特定的应用，目前其关键组件应对攻击的方法是有限的，改变游戏规则主要用于可扩展的可信系统的开发。

在2009年的国家Leap-Year峰会中，提出了改变游戏规则的概念，并且由与会者提出的238个改变游戏规则的提案归纳并确认了5个改变游戏规则的最终方向：硬件使能信任（Hardware-Enabled Trust）、网络经济学（Cyber Economics）、移动目标防御（Moving Target Defense）、数字出处（Digital Provenance）、自然启发的网络健康（Nature-Inspired Cyber Health），并且明确了各个方向的发展目标、发展路径以及下一步的计划。改变游戏规则这一变革不再是一个想法，已经细化到可执行的程度，美国已经将改变游戏规则提到了空前的高度。

2011年12月，NSTC发布了联邦网络安全开发战略计划，该计划为美国政府机构确定了一系列相互关联的优先事项，明确了三个基本原则指导该战略计划的执行，制定了有关改变游戏规则的四个战略重点的框架，并且明确指出由NITRD主导并协调联邦政府部门开展网络安全研发活动，以组织和推动网络安全的发展；明确引导变革（Inducing Change）作为首要的研究主题，制定了明确的研究方向和研究目标，优先发展“安全科学”，构建一个值得信赖的网络空间。

NITRD在2014年的关于实施联邦网络安全研究与发展战略的报告中对NSTC在2011年提出的四个战略计划的进行了肯定，明确指出在NSTC发布战略计划以来，各机构部门已经取得了一系列的进展；并且对四个战略计划进行了进一步的细化，明确了战略计划中各项研究的目标，并指出，该项战略计划在未来的一段时间，仍将继续引导网络空间安全的开发工作。

在2016年NSTC发布的联邦网络空间安全研究与开发战略计划中明确指出网络安全是实现网络空间经济增长和更快创新的基础，该计划对2011年的战略计划进行更新并扩展，阐明了从四个防御要素出发，发展科技，表明随着美国对高效的网络安全需求的增长，联邦政府也随之制定了相对应的成熟的网络安全研发方向和方法。

4.5.3 拟解决的问题

美国的关键基础设施越来越依赖于公共网络和私人网络，保护国家的关键基础设施，不仅是保护其物理系统，同样重要的是保护他其所依赖的网络系统[1]。现有的网络系统的硬件、软件、运转机制、网络和应用程序体系结构在设计初期并未充分考虑其安全性和可扩展性，在网络空间安全的各个领域都面临着巨大的挑战，无法满足当前面临威胁的安全需求。随着网络的发展，网络系统的规模越来越大，并且能够在可预见的将来，对网络系统的功能、容量、复杂性和安全性会提出越来越高的要求，为了改变这一现状，NSTC在2009年提出的改变游戏规则的概念，“对于现在的网络安全问题，我们寻求不得不解决的棘手问题的方法，我们叫这种方法是改变游戏规则的方法，如果你在玩游戏，你赢不了，就改变游戏规则”[2]。

改变游戏规则研究主题主要解决以下几个方面的问题：

4.5.1.1 当前网络系统安全研发缺乏系统的研究框架

当前网络系统安全组件是由各联邦研究人员或者设备供应商零散的进行开发，组件本身的安全性和互联的安全性都缺乏统一的标准，由不安全组件组成的系统的安全性缺乏考量，这样的系统不足以应对当前或者未来的网络威胁。

4.5.1.2 网络空间安全缺乏系统的科学体系

目前网络空间领域尚未建立科学的体系，联邦政府在当前的技术体系、

1 A Roadmap For Cybersecurity Research DHS 2009

2 National Cyber Leap Year Summit 2009

面临的威胁和挑战基础上，收集相关数据，推动建立网络安全科学的理论基础、体系架构，以满足下一代技术发展的需求，应对未来的网络威胁。

4.5.1.3 网络安全协同研究的局限性

网络安全研究涉及多个领域和部门，目前各部门和领域的研究是由利益驱动的研究活动，缺乏总体的框架指引，未能优先在关键的领域开展研究工作，并且各研究机构、部门之间缺乏信息共享和交流，导致研究工作的效率低下和进展缓慢。

4.5.1.4 研究成果的产业化存在壁垒

目前联邦机构的研究体系是分离的，研究团队侧重技术研究，在实验室演示环境中进行组件的研究和开发；而操作团队则侧重于实践操作，将研究成果的原型系统在实际的操作环境中进行操作和实践。从技术研究到产业化没有明确的过渡计划，导致许多研究成果无法快速的成功应用到实际的环境中。

4.5.4 布局思路

4.5.4.1 网络安全的研究体系架构

NSTC 在 2016 年发布的联邦网络安全开发战略计划，从防御的角度诠释在当前网络环境下，联邦政府应该重点发展科技，并且制定了短期、中期和长期计划目标，从抑制、保护、检测和适应四个防御要素出发，重点发展科技，指导各联邦机构围绕发展科技开展研究工作，指导着改变游戏规则的创新[1]，如图 4.20 所示。

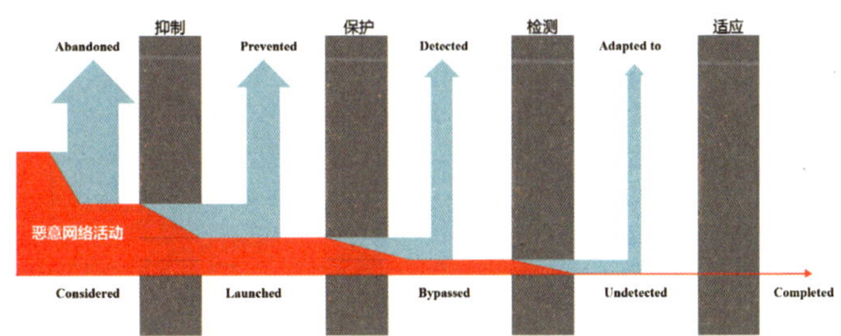

图 4.20 防御要素阻止网络恶意活动示意图

1 Federal Cybersecurity Research and Development Strategic Plan NSTC 2016

（1）抑制

确保网络空间能免受来自对手恶意网络活动的威胁，最有效的手段是威慑并抑制，该项研究主要是通过提高对对手的分析和度量以及强大的溯源能力，来提高联邦网络空间的威慑力，从而保护网络安全。

（2）保护

保护是通过提高系统本身的安全性、完整性、隐私性等安全属性，保护网络空间中组件、系统和关键基础设施等能够有效的抵御恶意网络活动。该项研究是2016年开发战略计划的重点，通过限制系统漏洞（设计/构造/验证/部署安全等）和在系统中执行安全原则（加密机制/访问控制等）来提高网络空间安全。

（3）检测

检测是指有效的检测，确保系统和网络所有者和管理者能够感知和了解正在进行的（授权的和恶意的）活动，增强系统的自动化检测和警告能力。据统计，在2014年，只有31%的组织自己发现了网络被入侵，其余的组织都是从外部获知了自己被入侵。

（4）适应

适应是指增强网络系统的弹性，在遭遇恶意的网络活动后，能够从不利影响中恢复，继续正常工作。增强了系统的弹性，可以有效的降低网络威胁所带来的危害。

4.5.4.2 网络安全的风险管理

联邦政府执行“颠覆性技术”使得网络安全成为可能，但现实的网络安全不仅仅依赖于技术。风险管理是识别、评估和响应风险的持续过程。为了管理风险，联邦各组织应该了解风险事件发生的可能性以及由此产生的影响，以便他们能够确定可接受的风险容忍水平。风险管理是一个相对成熟的领域，已经具备了各种风险的模型，比如：NIST发布的特刊800-39，用于指导各级组织进行信息安全风险管理；NIST的提高关键基础设施网络安全的框架，帮助各组织管理和减少网络安全风险，并且在组织中被广泛应用。

虽然风险管理的实践为网络安全的风险管理提供了重要的参考和价值，但是随着网络规模的扩大和复杂性的提高，加大了风险评估技术的不确定性，并且风险管理的决策部门和实施部门的分散，导致风险应对的延迟和不协调。NIST 明确指出，要实现四个要素的研发目标必须进行风险管理，综合成本建模技术、人为因素、风险模型等进行建模，从而实现风险管理。

4.5.5 技术布局

网络空间安全面临着巨大的威胁，有些威胁造成的损失是无法估量的，联邦的相关机构必须采取相对应的技术措施来消除或者最大限度的减少网络安全威胁所带来的损失。NSTC 在 2011 年和 2016 年针对网络空间安全专门制定了战略研发计划，旨在通过改变游戏规则的技术，抵消当今对网络系统的攻击，并奠定科学的基础以应对未来网络系统的挑战[1]。

在技术方面，从编程语言到编译环境、验证环境，到最终的软/硬件系统，聚焦系统的安全性、可靠性、灵活性、隐私性、可用性和可信赖性，完成网络安全系统组件的开发。引导变革主要优先发展四个领域：

4.5.5.1 内生安全（Designed-In Security）

内生安全旨在开发、设计和发展能够抵御网络攻击的软/硬件系统。基本思想是：通过安全的语言和工具进行设计开发，减少可利用的漏洞，提高软件系统的抗攻击能力；开发用于分析和测试防护系统的工具，量化系统的安全属性（安全性、可靠性等）。该项研究需要首先在三个主要领域取得进展：软件开发和验证环境、保证证据和综合利用、设计工具[2]。

（1）软件开发和验证环境

目前编程语言和软件的开发环境都存在未知的不安全因素，该项研究主要是设计支持可信网络编程的高级编程语言，并且建立集成的安全感知的软件开发环境，可以自动识别代码中的漏洞，并对已识别的漏洞进行更

1 Trustworthy cyberspace:strategic plan for the federal cybersecurity research and development program NSTC 2011

2 Report on implementing the federal cybersecurity research and development strategy NITRD 2014

正，生成没有基于代码的漏洞的软件。

（2）保证证据和综合利用

从系统的组合架构来看，目前的系统的安全性是无法考量的，该项研究的目的是研究通过综合系统的功能、安全策略、硬件和运行环境等因素，研究开发安全组件的方法和模型，开发具有可证明的安全属性的系统。

（3）设计工具

设计工具作为综合开发环境的重要组成部分，是设计安全的重要研究部分，该项研究主要针对编程语言的编码标准和编译器进行研究，开发安全的编译工具。

4.5.5.2 移动目标（Moving Target）防御

当前网络系统的部署和运行方式是确定的、静态的，攻击者可以利用这一特性对网络系统开展攻击。该研究主题主要是研究网络系统的部署和运行以一种动态的、具有不确定性的方式进行，增加攻击者的攻击难度和攻击成本，从而提高网络系统的安全性。移动目标研究主题主要从三个方面开展研究工作：

（1）架构

当前网络系统的架构在设计之初，是采用静态部署的方式，无法满足移动目标研究所需的部署条件，该研究首要任务是研究和开发采用移动目标机制的系统新框架。

（2）技术

为了使系统满足移动目标的需求，需要对现有系统的关键属性进行修改，这些属性包括系统策略、操作系统、数据、网络、应用软件、硬件架构等；该项研究的目的就是形成在一个或者多个维度上修改系统属性的能力；例如系统在网络上采用动态的网络，动态的 DNS，随机 IP 地址等技术。

（3）科学基础

该项研究主要是为了充分的理解并且分析移动目标的框架和机制，结合当前的攻击手段和方法，分析判定当前的攻击该用何种技术防御，并且能够评估该项技术的有效性。

4.5.5.3 定制的可信空间（Tailored Trustworthy Spaces）

当前的网络空间是由无法确认安全状态的子系统组成的，安全性不足，容易被攻击和非法利用，定制的可信赖空间（TTS）旨在提供灵活的、自适应的分布式信任环境，在面对不断变化的各种威胁时，可以支持多维度的操作功能（机密性、匿名性、数据和系统完整性、可用性等）。该项研究的目标包括[1]：1） 在不可信的环境中启用可信计算；2） 开发一个通用框架，支持不同类型的操作和不同的可信赖的空间策略和服务；3）制定规则，可衡量的可信度指标和灵活的可信协商工具。该项研究主要从特征描述、可信协商、操作和隐私四个维度开展研究工作。

（1）特征描述

针对网络系统的复杂性和虚拟特性，进行该项研究，对网络空间的安全指标进行量化和建模，将需求转换为可识别的性能指标。

（2）可信协商

可信协商研究侧重于通过人类可理解和机器可识别的指令在系统组件之间建立信任的框架、方法和技术，主要用于不同安全级别的可信系统能够建立可信的通道链接。

（3）操作

动态的定制可信空间的必要的操作包括：加入、动态定制、拆分、合并和拆除，针对系统不同的应用场景和特定的需求，利用这些操作对系统进行有效的拆分重组，使系统满足“定制”的特性。

（4）隐私保护

在数字时代，个人和社会对于隐私的关注程度非常高，在网络空间中要实现和保护隐私是非常重要的。该项研究主要是基于定制的可信空间中可“定制”的特性，对隐私相关的特性（访问控制、身份管理、身份归属等）建立策略和框架，为网络安全中隐私的需求提供技术支持。

1 Report on implementing the federal cybersecurity research and development strategy NITRD 2014

4.5.5.4 网络经济激励（Cyber Economic Incentives）

网络经济激励是通过加深对市场、决策和激励因素科学的理解，促进对网络经济激励的理解，促进安全技术成本平衡部署的环境，对于负责任的行为提供奖励措施，防止犯罪和恶意的行为。该研究主题旨在通过经济激励、紧紧围绕成本和收益（比如货币），以及其分配、负债和分析，诱导网络空间的根本变化[1]。该项研究目标是：1）开发网络经济学的理论和模型；2） 探索网络安全投资和市场的经济模型；3） 定义有意义的网络安全指标，并支持收集网络空间数据，以实现经济、金融、社会和行为分析。

网络经济激励这项研究的关键技术包括：

（1）判断该收集哪些信息，如何收集和共享数据；

（2）采取适当的度量方法

（3）制定成本 / 效益和风险分析的相关经济模型；

（4）创建技术验证和验证过程的规范。

4.5.5.5 最大化研究影响

奥巴马总统在 2009 年 5 月发表宣言：“美国 21 世纪的经济繁荣将取决于网络安全”。这个宣言激发了国家层面对网络安全的关注，并且将最大限度的发挥研发对网络安全的影响。联邦政府主要从两个方面入手来扩大网络安全的研究影响。

（1）支持国家优先项目

联邦各机构开展的网络空间安全的研究工作，应优先聚焦于国家关键领域、关键基础设施所依赖的网络系统安全，例如：医疗领域、能源领域、金融服务领域和国防部门的关键网络安全等。

（2）参与网络安全研究团体活动

目前不只是联邦政府机构在参与网络安全领域的研究，学术界和商业研究机构也在网络安全领域取得了一定的研究成果，联邦各研究机构应利用各种渠道和机会进行互动，进行跨部门、跨领域的交流与学习，推动网

1 Report on implementing the federal cybersecurity research and development strategy NITRD 2014

络安全研究的进步。

4.5.6 项目情况

围绕NITRD发布的战略计划，各联邦部门开展了一系列的研究项目，旨在建立美国政府设想中的网络安全系统：

4.5.6.1 内生安全研究课题相关项目

表 4.8 内生安全研究课题相关项目

项目名称	职责部门	实施时间（财年）
Autonomic Computing	ONR	2017
Machine Assisted Software Development	ONR	2016-2017
Software Development Environment for Secure System Software and Applications	ONR	2013-2016
Roots of Trust	AFRL, NIST, NSA	2013-2017
SafeWare	DARPA	2017
Space/Time Analysis for Cybersecurity (STAC)	DARPA	2017
Vetting Commodity IT Software and Firmware (VET)	DARPA	2017
--Vetting Commodity Computing Systems for the DoD	DARPA	2017
Automated Program Analysis for Cybersecurity (APAC)	DARPA	2014-2016
High-Assurance Cyber Military Systems (HACMS)	DARPA	2014-2016
Crowd-Sourced Cyber program (approaches for verifying the correctness of software systems)	DARPA	2013

项目名称	实施部门	实施时间（财年）
Software Assurance Metrics And Tool Evaluation (SAMATE)	NIST，DHS	2013-2017
Static Tool Analysis Modernization Project (STAMP)	DHS	2015-2017
Trusted Computing	AFRL，NSA，OSD	2013-2017
PROgramming Computation on EncryptEd Data (PROCEED)	AFRL，DAPRA	2015-2016
Survivable Systems Engineering	OSD	2014-2016
Secure and Trustworthy Cyberspace (SaTC) Program	NSF	2014-2015
Software Assurance Toolkit (SWAT)	ARL	2015
Cybersecurity for Energy Delivery Systems (CEDS) Program	DOE/OE	2014-2015
META (flows，tools，and processes for correct-by-construction system design)	DARPA	2013
Secure Coding Initiative	OSD/SEI	2014

4.5.6.2 移动目标防御研究课题相关项目

表 4.9 移动目标防御研究课题相关项目

项目名称	实施部门	实施时间（财年）
Protected Control Plane for Cyber Command and Control (PCPC3)	AFRL	2013
Cyber Unification of Security Hardening and Protection of Operational Frameworks (CRUSHPROOF)	ARL，ARO，CERDEC，OSD	2013

项目名称	实施部门	实施时间（财年）
Morphing Network Assets to Restrict Adversarial Reconnaissance (Morphinator)	ARL，ARO，CERDEC	2013-2015
Defensive Enhancements for Information Assurance Technologies (DEFIANT)	ARL，ARO，CERDEC	2013-2015
Cybersecurity Research and Development Broad Agency Announcement	DHS	2013
Proactive & Reactive Adaptive Systems	NSA	2013-2017
Security Automation and Vulnerability Management	NIST	2013-2017
Trust Management in Service Oriented Architectures	ONR	2013-2015
Robust Autonomic Computing System	ONR	2013-2016
Information Security Automation Program (ISAP)	DHS，NIST，NSA	2013-2017
Clean-slate design of Resilient，Adaptive，Secure Hosts (CRASH) program and Mission-Oriented Resilient Clouds (MRC) Programs	DARPA	2013-2015
Cyber Camouflage，Concealment，and Deception	DARPA	2013
Secure and Trustworthy Cyberspace (SaTC) Program	NSF	2014-2015
Cyber Unification of Security Hardening and Protection of Operational Frameworks (CRUSHPROOF)	ARL，ARO，CERDEC，OSD	2014

项目名称	实施部门	实施时间（财年）
Moving Target Defense Program	DHS	2014-2017
Network Randomization for the Energy Sector	DOE/OE	2014
Embedded System Resiliency and Agility	AFRL	2015
Configuration-Based Moving Target Defense	AFRL	2015
Cyber Maneuver	ARL	2015
Adaptive Cyber Defense MURI	ARL	2015
Active Cyber Defense; Foundations of Moving Target Defense MURI	ARL	2016
Cyber Agility Program	AFRL, OSD	2015-2017
Active Repositioning in Cyberspace for Synchronized Evasion (ARCSYNE)	AFRL	2015
Cybersecurity for Energy Delivery Systems (CEDS)	DOE/OE	2015
Autonomic Cyber Agility	OSD	2015
Agile Resilient Embedded Systems; Automated Cyber Survivability	AFRL	2016-2017
Mission-Oriented Resilient Clouds	AFRL, DARPA	2016
Application Security Threat Attack Modeling (ASTAM)	DHS	2017
Moving Target Decoys and Disinformation (CyberMoat); Investigation on Automated Composition for Technical Document	ONR	2017
Tactical Cyber Situational Awareness	ARL	2017
Cybersecurity Research and Development Broad Agency Announcement	DHS	2013

4.5.6.3 网络经济激励课题相关项目

表 4.10 网络经济激励课题相关项目

项目名称	实施部门	实施时间（财年）
Secure and Trustworthy Cyberspace Program	NSF/CISE, NSF/MPS, NSF/OCI and NSF/SBE	2013
Cybersecurity Research and Development Broad Agency Announcement	DHS	2013
Secure and Trustworthy Cyberspace (SaTC) Program	NSF	2014–2015
Cyber Economics Incentives Research Program	DHS	2014–2017
Electricity Subsector Cybersecurity Capability Maturity Model (ES-C2M2)	DOE/OE	2014
Cybersecurity for Energy Delivery Systems (CEDS)	DOE/OE	2015

4.5.6.4 定制的可信空间研究课题相关项目

表 4.11 定制的可信空间研究课题相关项目

项目名称	职责部门	实施时间（财年）
Cyber physical systems security	DHS, NIST, NSF	2015–2017
High assurance security architectures	AFRL, DARPA, NIST, NSA, ONR, OSD	2013–2017

项目名称	职责部门	实施时间（财年）
IT Security Automation/Continuous Monitoring Security Content Automation Protocol program	NIST，NSA，DHS	2014-2017
Operating Systems and Compilers for Heterogeneous (Multi-ISA) Computing	ONR	2016-2017
Rethinking Software Deployment and Customization for Improved Security and Efficiency	ONR	2016-2017
Secure wireless networking	ARL，ARO，CERDEC，DARPA，NSA，NSF(2014)，ONR，OSD	2013-2017
Security for cloud-based systems	AFOSR，AFRL，DARPA，DHS，NIST，NSF(2014)	2013-2017
Security for the Internet of Things (IoT)	DARPA，DHS，NSF，and NSA	2017
Transparent computing	DARPA	2017
Trusted foundation for defensive cyberspace operations	AFRL，ARL，ARO，CERDEC，ONR，OSD，ARO(2014)	2013-2017
Digital Provenance and Hardware-Enabled Trust Programs	DHS	2014-2016
Secure and Trustworthy Cyberspace (SaTC) Program	NSF	2014-2015
Security for Tactical Operations Relying on Methods for Enhancing Robustness (STORMER)	ARL	2015

项目名称	职责部门	实施时间（财年）
Cybersecurity for Energy Delivery Systems (CEDS) Program	DOE/OE	2015
Tactical Assured Information Sharing Project	OSD	2014
Content and Context Aware Trusted Router (C2TR)	AFRL	2014
Bio-Inspired Technologies for Enhancing Energy Sector Cybersecurity	DOE/OE	2014
Cross-layer resilient and adaptive networking	OSD/NRL	2014
Cyber Agility Program	AFRL	2014
Secure and Trustworthy Cyberspace Program	CISE，MPS，OCI and SBE	2013
Cybersecurity Research and Development Broad Agency Announcement	DHS	2013
Security Automation Program	DHS，NIST，NSA	2013
Access Control Policy Machine	NIST	2013
Tactical Information Technologies for Assured Network operations (TITAN)	ARL，ARO and CERDEC	2013
Secure Information Exchange Gateway (SIEGate)	DOE	2013
Military Networking Protocol (MNP) program	DARPA	2013
Trust Management for Optimal Network Performance Program	ARL	
Trusted Hardware/Secure Processor Program	AFRL	
Access Control Policy Machine	NIST	

4.5.6.5 发展科学基础课题相关项目

表 4.12 发展科学基础课题相关项目

项目名称	实施部门	实施时间（财年）
Science of Information Assurance	NSA	2013
Science for Cybersecurity (S4C)	ARL, ARO and CERDEC	2013-2017
Science of Security MURI	AFOSR	2013-2015
Trust and Suspicion Basic Research Initiative	AFOSR	2014-2015
Cyber Measurement Campaign (CMC)	OSD	2014-2015
Cyber-Physical Survivability Metrics	DOE/OE	2014
Cyber Collaborative Research Alliance (Cyber CRA) ; Network Science Collaborative Technology Alliance (CTA)	NSF	2015-2017
Adversarial and Uncertain Reasoning for Adaptive Cyber Defense	ARO	2016-2017
Cyber measurement and experimentation	OSD	2016-2017
Science of Security MURI; Trust and Suspicion Basic Research Initiative	AFOSR	2016
Non-Equilibrium Dynamic Cyber-Interaction; Multidisciplinary University Research Initiative (MURI) on Practical and Realistic Dynamic Formalism for Advanced Cyber Interaction; Situational Awareness through Network Science	ONR	2017

项目名称	实施部门	实施时间（财年）
Cryptography	DARPA，NIST，NSA，NSF and ONR	2013-2017
Models，standards，testing，and metrics	ARL，ARO，DHS，DOE/OE，NIST，NSF and OSD	2013-2017
Foundations of Trust	AFRL，ARL，ARO，CERDEC，DARPA，DOE/OE，NIST，NSA，NSF，ONR and OSD	2013-2017
Security Management and Assurance Standards	NIST	2013-2017
Quantum information science and technology	AFRL，DOE/OE，IARPA，NIST and ONR	2013-2017
Cybersecurity education	DHS，NIST and NSF	2016-2017

4.5.6.6 最大化研究影响课题相关项目

表 4.13 最大化研究影响课题相关项目

项目名称	实施部门	实施时间（财年）
Trustworthy Cyber Infrastructure for the Power Grid (TCIPG)	DHS and DOE/OE	2013-2015
National Strategy for Trusted Identities in Cyberspace (NSTIC)	NIST	2013-2015

项目名称	实施部门	实施时间（财年）
Health IT Security Program; National Strategy for Trusted Identities in Cyberspace (NSTIC); Privacy Engineering Initiative; Standards Framework for Critical Infrastructure Protection (Executive Order 13636, "Improving Critical Infrastructure Cybersecurity")	NIST	2014-2017
Smart Grid Interoperability Panel-Cyber Security Working Group (SGIP-CSWG)	NIST, DOE/OE	2014-2017
Cyber Applied Research and Advanced Development	OSD, NIST, NSF	2014-2015
Journal of Sensitive Cybersecurity Research and Engineering (JSCoRE)	ODIN	2014-2016
National Critical Infrastructure Security and Resilience R&D Plan (Presidential Policy Directive 21, "Critical Infrastructure Security and Resilience")	DHS, DOE/OE	2015-2017
Standards Framework for Critical Infrastructure Protection (Executive Order 13636, "Improving Critical Infrastructure Cybersecurity")	NIST	2015
Cybersecurity Education and Workforce Development	DHS, NIST and NSF	2016-2017
Journal of Sensitive Cybersecurity Research and Engineering (JSCoRE)	ODIN	2016-2017

项目名称	实施部门	实施时间（财年）
Rapid Attack Detection, Isolation and Characterization Systems (RADICS)	DARPA	2017

4.5.6.7 促进研究成果的转化课题相关项目

表 4.14 促进研究成果的转化课题相关项目

项目名称	实施部门	实施时间（财年）
Trustworthy Cyber Infrastructure for the Power Grid (TCIPG)	DHS and DOE/OE	2013-2015
National Strategy for Trusted Identities in Cyberspace (NSTIC)	NIST	2013-2015
Health IT Security Program; National Strategy for Trusted Identities in Cyberspace (NSTIC); Privacy Engineering Initiative; Standards Framework for Critical Infrastructure Protection (Executive Order 13636, "Improving Critical Infrastructure Cybersecurity")	NIST	2014-2017
Smart Grid Interoperability Panel-Cyber Security Working Group (SGIP-CSWG)	NIST, DOE/OE	2014-2017
Cyber Applied Research and Advanced Development	OSD, NIST, NSF	2014-2015
Journal of Sensitive Cybersecurity Research and Engineering (JSCoRE)	ODIN	2014-2016

项目名称	实施部门	实施时间（财年）
National Critical Infrastructure Security and Resilience R&D Plan (Presidential Policy Directive 21, "Critical Infrastructure Security and Resilience")	DHS，DOE/OE	2015-2017
Standards Framework for Critical Infrastructure Protection (Executive Order 13636, "Improving Critical Infrastructure Cybersecurity")	NIST	2015
Cybersecurity Education and Workforce Development	DHS，NIST and NSF	2016-2017
Journal of Sensitive Cybersecurity Research and Engineering (JSCoRE)	ODIN	2016-2017
Rapid Attack Detection，Isolation and Characterization Systems (RADICS)	DARPA	2017

4.6 探索网络空间威慑

4.6.1 概念内涵

2013 年到 2015 年间，美国情报总监（Director of National Intelligence）自 2001 年 911 事件以来，首次认为美国面临的战略威胁中，网络威胁已经甚于恐怖主义[1]。这反映出美国政府已将应对网络威胁提高到前所未有的高度。同时，美国国防部认为，掌握高精密网络攻击能力和巨量资源的国家级对手开展的全频谱攻击，无论在激烈程度和复杂程度上，都难以进行有效的防御，因此，必须在网络战略中包含威慑的要素[2]。

1 The Department of Defense Cyber Strategy, Department of Defense, 2015

2 Resilient Military Systems and the Advanced Cyber Threat, Department of Defense, 2013

正如美国学者 Taiple 指出，“单一的威慑理论并不存在”[1]，关于网络空间威慑的理论同样众说纷纭，在此将网络空间威慑总结为影响潜在攻击者决策、阻止其发起攻击的能力。网络空间威慑包含威慑声明、拒止手段、惩罚手段、可信性等要素：网络空间威慑主体公开发表威慑声明，划清红线，警告潜在的攻击者一旦越过红线，威慑主体必将通过拒止手段或惩罚手段或两者兼施，给攻击者带来严重后果。威慑声明必须具有强力的可信性，一方面让攻击者确信越界必将带来损害，另一方面确保不发动攻击者的安全地位。根据网络空间威慑声明，潜在攻击者在收益和成本上进行决策，对理性的攻击者而言，如果发起攻击将招致难以承受的损失，那么其发起攻击的意愿和可能性将被降低，网络空间威慑起效的可能性较高；但是对抱着玉石皆焚信念的非理性攻击者而言，网络空间威慑的效力或许将大打折扣。

4.6.2 发展脉络

2008 年，第 54 号总统令规定，国家安全助理、国土安全与反恐事务助理需在 270 天内，制定战略计划以威慑网络攻击；

2008 年，美国政府公开了 CNCI 的 12 项重要行动，其中第 10 项为“定义和发展持续的威慑战略和项目”；

2009 年，在网络空间政策评估报告的附录 D 对 CNCI 进行了评估，其中提到，在当时美国政府正在制定系统性的威慑战略以阻止网络攻击，包括警告、红线通告、与私营部门和国际伙伴的协作、对国家级对手和非国家级对手的应对等内容。该评估中同时提到，此前已有战略的实施工作存在滞后的情况；

2011 年，在白宫发布的网络空间国际战略[2]中指出，美国在未来网络

1 K. A. Taipale, “Cyber–deterrence,” in Law, Policy, and Technology: Cyberterrorism, In–formation Warfare, Digital and Internet Immobilization （Hershey, PA: IGI Global, forthcoming 2010）, 12, http://papers.ssrn.com/sol3/papers.cfm?abstract_id=1336045 #368665.

2 International Strategy for Cyberspace: Prosperity, Security and Openess in a networked World, The White House, 2011.

空间中的主打三张牌，分别为外交、防御和发展，其中防御的两个方面为制止和威慑；

2013 年，美国国防部的《弹性军用系统与高级网络威胁》[1]技术报告中对网络威慑与核威慑的异同进行了详细论证，并指出网络威慑是完整的网络战略中必不可少的一部分；

2015 年，沿袭前期的思路，美国国防部在网络战略[2]中明确指出，通过建立牢固的国际同盟以威慑普遍的网络威胁是美国的战略目标之一；

2015 年底，奥巴马政府向国会提交了网络威慑政策[3]，这是美国首次单独制定的网络威慑政策，可以认为网络威慑已经上升到了新的高度。同时，目前公开的文件为 18 页的版本，另据其他的信息渠道，完整的文件为 35 页，这意味着该文件接近一半的内容为美国国家机密，从而也体现了网络威慑的重要程度。

4.6.3 拟解决的问题

尽管美国在其公布的国家战略、政策中多次提到网络空间威慑，然而数次大规模网络攻击事件（2015 年 4 月 OPM 攻击事件、2016 年 10 月 DDoS 攻击事件）表明，从实际效果来看，网络空间威慑并没有起到预期的效果。当前美国在网络空间威慑方面还存在着以下主要问题：

4.6.3.1 缺乏明确、可信的网络空间威慑战略和政策

尽管自 2009 年上任以来，奥巴马就表示将制定包括网络空间威慑在内的网络安全战略，然而直到 2015 年 12 月，奥巴马政府才向国会提交了《网络威慑政策报告》，比预计的时间推迟了 15 个月。国家网络空间威慑战略的长期缺席，使得各部门的网络安全工作缺乏统一思路和协调，与美国政府提倡的“一体化政府（whole-of-government）”的理念相去甚远，

1 Task Force Report: Resilient Military Systems and the Advanced Cyber Threat, The Department of Defense, 2013.

2 The DOD Cyber Strategy, The Department of Defense, 2015.

3 由于美国对网络威慑的保密政策和笔者情报收集能力的局限，此文件的来源为互联网而非美国政府官网，其可信度仅供参考。

也未能有效遏止大规模网络攻击事件的发生。

4.6.3.2 缺乏准确并且令人信服的溯源能力

有效的威慑战略依赖于准确的溯源能力。网络空间的匿名性使得追溯锁定攻击者变得十分困难。美国国防部在其2013年的报告中提到，与单一攻击的溯源不同，对大规模的协同攻击的溯源是能够做到的，因为大型攻击暴露的线索更多。然而，直到现在，相关部门仍然没有锁定2015年正对美国人事管理办公室的大型网络攻击事件的攻击者，也无法通过制裁攻击者对其他潜在的攻击者形成威慑。

4.6.3.3 缺乏对网络攻击者的全面评判方法和相应的对策

网络空间威慑通过影响网络攻击者的决策，从而阻止网络攻击的发生。而网络攻击者在能力水平、资源储备、潜在危害等方面有较大差异，需要采取相应的对策才能达到威慑效果，然而目前美国公开的网络威慑战略中，并未体现出差异化的对策办法。

4.6.3.4 缺乏清晰可信的威慑手段的展示和保证

成功的威慑必须要有强力的威慑手段保障，在核威慑领域，一次大当量的核试验毋庸置疑的展示了威慑主体的核能力，并且这种展示不会影响其核能力水平；但是在网络空间威慑领域，威慑主体如何展示其网络技术能力（包括拒止能力和惩罚能力）的真实性、有效性成为难题，网络技术能力的作用对象、运用形式以及作用效果都需要准确无误的传递给威慑对象。同时网络技术能力具有不可重复性，在能力展示中披露的技术手段，很可能反而提醒了威慑对象此前尚未察觉的薄弱之处，并由于威慑对象针对性的加固修补而失去效力。尽管美国多次自称其网络技术能力独冠全球，然而并没有得到清晰可信的展示，也没有发挥应有的威慑效力。

4.6.4 布局思路

有效的网络威慑是策略和技术的成功结合，为此，美国在三方面同时进行了布局。

4.6.4.1 综合多种手段对网络攻击者进行威慑

网络攻击的危害并不仅局限于网络空间，同样，针对网络攻击的威慑也不应受限于网络的形式。对危害美国国家利益的网络攻击，美国将采取经济、法律、外交乃至军事的综合应对手段，言下之意，敲击键盘发动的网络攻击，可能招致的是美国导弹的打击。由于美国强势的经济和军事地位，综合手段的威慑策略具有相当的力度和可信性。

4.6.4.2 明面上发展拒止性和成本强加性威慑手段

拒止性威慑是通过高度的防御和恢复技术化解网络攻击，从而打消潜在网络攻击者的攻击意愿；成本强加性威慑则是通过一系列手段惩罚攻击者和强加攻击者的成本，包括法律措施、各类制裁、网络防御或攻击行动，甚至到军事行动。

4.6.4.3 实际上同时发展攻击性威慑手段

美国政府曾多次发表过利用网络攻击打击中国的言论，而震网事件展示了美国网络攻击的威力，同时斯诺登事件再次印证美国研制并掌握了一批先进的网络攻击武器，本质上来看，美国已经发出了攻击性的网络威慑声明，同时展示了其威慑实力，并通过实战向世界证明了其攻击实力，完全具备了攻击性威慑的各项要素。

4.6.5 技术布局

4.6.5.1 溯源和取证技术

溯源技术是探明、定位恶意行为的路径、来源、发起者身份等信息的技术，取证技术是指数字证据的收集、保存、确认、识别、分析、解释、归档和呈现的相关技术。在网络威慑领域，两项技术一方面对网络攻击者造成无处可藏的巨大压力，另一方面不会误伤无辜从而巩固同盟，并规诫处于中立地位的第三方。

4.6.5.2 拒止性技术

包括防御技术和弹性重构技术，其中弹性重构技术是指网络信息系统在遭受网络攻击时能快速恢复业务功能、减小攻击受害的技术。通过研发拒止性技术，打击潜在攻击者的意志。

4.6.5.3 攻击性技术

这类技术涉及美国国家机密，从过去的网络实战和泄露的情报来看，涉及有系统漏洞预埋、APT 攻击、固件感染等，然而其全貌和详情，已经远远超出了本书的能力范围。

4.6.6 项目情况

如前所述，网络威慑是战略政策和技术能力的综合运用，在笔者的知识范围内，还没有接触到专门设置的网络威慑项目。

4.7 构建安全供应链

4.7.1 概念内涵

供应链风险的定义是“……对手可能故意破坏、恶意引入不需要的功能，或者破坏被保护系统的设计、完整性、制造、生产、分配、安装、运营或维护的风险，意在监视、阻止、干扰或者影响这些系统的功能、使用和运行[1]”。

供应链威胁包括：妨害、篡改、伪造、盗版、偷盗、摧毁、毁坏、泄露、渗透、破坏、转移、出口管制违规、腐化、社会工程、内部人员威胁、伪内部人员威胁以及外部所有权[2]。

联邦审计总署（GAO）指出政府的 IT 供应链威胁包括：（1）硬件或软件上安装恶意逻辑；（2）安装伪造硬件或软件；（3）关键产品 / 服务的生产或发布出现故障或中断；（4）技术服务依赖恶意或不合格服务供应商；（5）无意地在硬件或软件上安装漏洞。

4.7.2 发展脉络

美国是最早形成较清晰和完整的网络空间供应链安全策略和保障体系的国家。该国的 ICT 产业和其他产业已经行动起来，制定了不同层次和应用范围的产业标准和最佳实践，企业、产业组织和政府之间互动频繁，见图 4.21。

---

1 艾克·斯凯尔顿 2011 财年国防授权法案第 806 节，“消减软件供应链风险”，ISACA JOnline，2013.8

2 Goertzel, Karen M. 等人《OTS ICT 供应链风险管理最新报告》美国国防部，信息保障技术分析中心（IATAC）（2010 年）

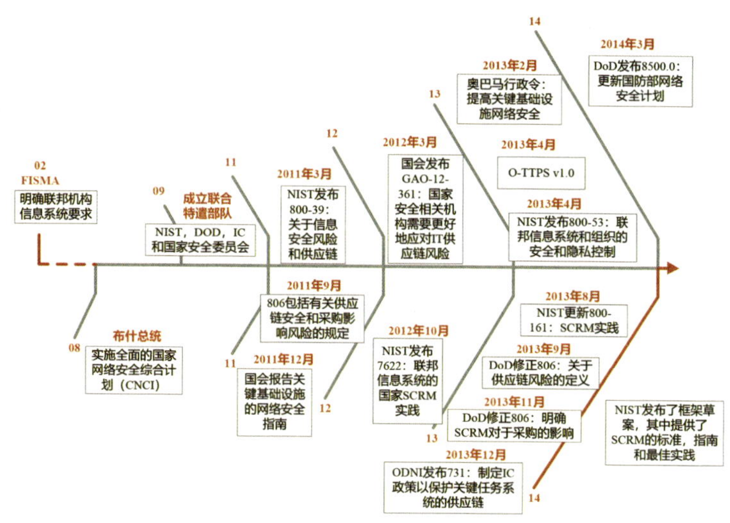

图 4.21 美国 IT 供应链安全发展脉络

美国对 IT 供应链安全的关注始于布什政府。2002 年，为了起草国家信息安全战略，布什政府提出了 53 个问题，以广泛征求公众的反馈意见。在这 53 个问题中，已经开始关注供应链，要求研究供应链与信息安全风险的关系。但是，该阶段的美国信息安全战略主要是从国内大型企业运行安全的角度看待供应链问题，更多的是强调企业要加强与供应链的互动。同年，联邦信息安全管理法案（FISMA）要求所有联邦机构建立信息安全计划，其核心是创建一个高效的全周期风险管理机制。在布什政府执政后期，随着全球信息安全形势日益严峻，IT 供应链安全问题开始进入政府的视野。

2006 年 4 月，美国国家科技委员会发布了《联邦网络安全和信息保障研发计划》[1]，明确将 IT 硬件和软件的供应链攻击列为一种攻击趋势，并认为这种安全问题仅靠严格的检测也无法解决。但是，这个计划中仅将供应链攻击视为一种特殊的“内部人员攻击”。

2008 年 1 月，布什发布了 54 号国家安全总统令（NSPD54），同时也是第 23 号国土安全总统令（HSPD23），提出了国家网络安全综合计划

1 Federal Plan for Cyber Security and Information Assurance Research and Development. April 2006. https://www.nitrd.gov/pubs/csia/csia_federal_plan.pdf

（CNCI）[1]。这个计划中部署的一项重要工作，就是建立全方位的方法来实施全球供应链风险管理。该计划提出："商用信息和通信技术市场的全球化，为试图通过渗透进供应链来危害美国的人们提供了更多的机会。"这说明，美国已经将 IT 供应链安全问题上升到了国家威胁和国家对抗的层面。而且，美国已经认识到了 IT 供应链问题的复杂性，首次提出必须采用能够涵盖产品、系统和服务的完整生命周期的战略性、综合性的方案，对来自国内和全球供应链的风险加以管理。这标志着美国对 IT 供应链安全的认识达到了新的高度。

2008 年 12 月，在奥巴马上台之前，美国智库战略与国际研究中心（CSIS）发布了《在第 44 任总统任期内保护网络空间安全》的咨询报告[2]，向新总统提出了若干重要建议。其中便包括"通过采购规则提高安全性"，希望政府能与工业界合作，共同制定和执行 IT 产品（其中软件居首要位置）采购安全指南。

2009 年，由美国国家标准与技术研究院、国防部、情报局和国家安全系统委员会形成了内部合作关系，为联邦信息系统提供安全控制。同年 5 月，奥巴马政府发布了《网络空间政策评估报告》[3]，该报告继承了国家网络安全综合计划（CNCI）对 IT 供应链问题的判断，将 IT 供应链安全作为国家安全的一种，重申了采取综合、体系化对策的重要性，至此美国将 IT 供应链安全提高到了空前的战略高度。

2010 年 6 月，美国国家标准与技术研究院（NIST）发布了《联邦信息系统供应链安全风险管理指南》（NISTIR 7622）[4]，旨在购买、开发和

1 Comprehensive National Cybersecurity Initiative（CNCI）, January 2008.

2 Securing Cyberspace for the 44th Presidency, December 2008. https://www.nitrd.gov/cybersecurity/documents/081208_securingcyberspace_44.pdf

3 Cyberspace Policy Review–Assuring a Trusted and Resilient Information and Communications Infrastructure, May 29,2009. https://www.whitehouse.gov/assets/documents/Cyberspace_Policy_Review_final.pdf

4 NISTIR 7622: Notional Supply Chain Risk Management Practices for Federal Information Systems, http://dx.doi.org/10.6028/NIST.IR.7622

运营过程中消除高影响联合信息系统面临的生命周期供应链安全风险。目前，NISTIR 7622 已出了两个版本，第二版本于 2012 年出版 ，其在第一版本的基础上阐述了供应链风险管理在 ICT 领域的应用。

2011 年 3 月，美国国家标准与技术研究院发布了 NIST SP 800-39，对信息安全风险管理提供了广泛的组织方法指南，其中也包括供应链相关风险管理。此外，该指南指出，风险管理组织需要在持续监控风险的基础上制定全面的风险管理计划。

2011 年 9 月，美国国防部公布的国防授权法案《关于允许国防部考虑在特定类型、涉及国家安全系统的相关采购中考虑供应链风险影响的信息要求》，该方案在 2013 年进行了修正。

2012 年 3 月，国家安全系统委员会发布了 CNSSD No.505-《供应链风险管理》[1]。该指令为美国政府制定国家安全系统（NSS）供应链风险管理（SCRM）初步能力提供政策牵引，建立保护国家安全系统的开发和部署能力的最小化标准集。

2013 年 8 月，美国国家标准和技术研究所（NIST）制定了 SP 800-161（Supply Chain Risk Management Practices for Federal Information Systems and Organizations）《联邦信息系统和组织的供应链风险管理指南草案》。2015 年 2 月发布了更新版本的《联邦信息系统供应链风险管理指南》（NIST SP800-161）（以下简称 NIST SP800-161），该标准用于指导联邦政府采取相应的措施减少 ICT 供应链风险。

为落实 54 号国家安全总统令对 IT 安全供应链安全问题的部署，美国联邦政府和军方成立了专门的组织，如图 4.22 所示。目前，已经有 4 个工作组开始运转：高级指导组、采购政策和法律分析工作组、生命周期过程和标准工作组、威胁信息共享工作组。其中，高级指导组起组织协调作用，具体由国土安全部（DHS）和国防部（DOD）负责；采购政策和法律分析

1 CNSSD No. 505: SUPPLY CHAIN RISK MANAGEMENT （SCRM）, March 7,2012. https://info.publicintelligence.net/CNSS-SupplyChainRisk.pdf

工作组旨在通过政策和法律手段加强 IT 采购安全，该工作组将在政策和法律层面评估是否可以利用情报部门提供供应链安全风险信息，以及利用非情报部门（包括销售商）提供重要信息，具体由管理和预算办公室（OMB）以及总务管理局（GSA）负责；生命周期过程和标准工作组旨在制定供应链安全风险管理标准和有关指导性文件，具体由 NIST 和国防部（DOD）负责；威胁信息共享工作组负责在整个联邦范围内共享供应商威胁分析信息，具体由国家情报总监办公室（ODNI/ONCIX）负责。

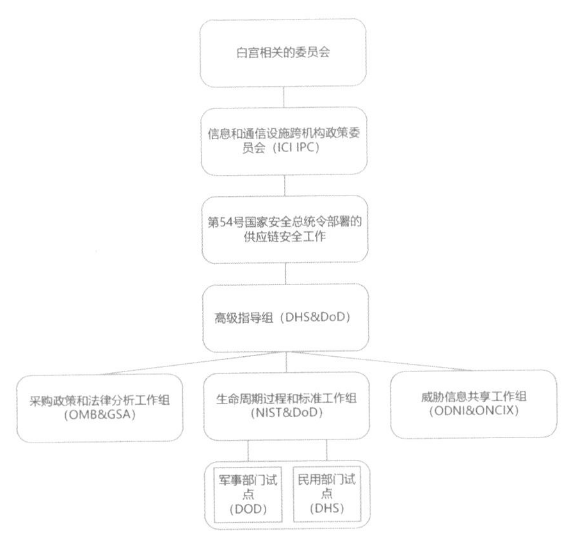

图 4.22 供应链安全相关机构关系图

目前，工作组中的很多活动都已开展。例如，在生命周期过程和标准工作组，NIST 提出了“广度防御（Defense-in-Breadth）”的战略，这是对美国国家安全局在《信息保障技术框架》中提出的“纵深防御（Defensein-Depth）”战略思想的发展。NIST 认为，纵深防御战略侧重于通过分层的防御体系对网络和系统进行保护，其关注的是产品在运行中的安全，因而完全不能解决供应链安全问题。而广度防御战略的核心是在系统的完整生命周期内减少风险。

美国各机构在供应链安全方面的具体工作如下：

美国国防部（DoD）：制定了供应链风险管理计划，从系统保障的层面增强供应链安全。

美国国家安全局（NSA）：成立了供应链风险管理特别计划办公室、软件保障中心、恶意代码老虎队及伪造小组等，确保供应链安全。

美国国土安全部（DHS）：制定了软件确保计划，以及漏洞挖掘和修复计划。

美国国家标准研究员（NIST）：研究制定供应链风险管理规范，承担了软件保障机制和工具评估等项目研究。

4.7.3 拟解决问题

供应链安全风险管理面临以下几个方面的问题[1]：

4.7.3.1 全球分布式供应链管理具有复杂性（涵盖人、过程和技术）

信息和通信技术中使用的组件是在世界各地的不同国家制造的，且在大多情况下，它们在某个其他国家组装，并最终销往更多国家。这些信息和通讯技术产品可能是被全球范围内活动的经销商和集成商签约销售出去，随后由各种组织和机构安装使用。整个供应链呈现分布式特点，管理具有复杂性。

4.7.3.2 缺少供应链完整性评估通用准则

目前，各行各业已经制定了较为完备的操作准则，但它们并未用在采购和供应链保护方面。在供应链完整性评估方面没有适合各行各业的标准化操作准则，因此很难确保信息技术产品不被改动、伪造或错误配置。

4.7.3.3 缺乏供应链评估及过程管理与控制机制

现有评估方法和工具已不再适应动态改变的环境，无法有效测量和验证IT生态系统的统计置信水平和完整性。评估关注的重点是整体设计，而非具体的系统产品，其比现有典型产品周期的要求要慢。

4.7.3.4 缺少有效的产品验证方法和技术（侧重产品级）

由于缺少适当的评估方法、技术和工具，最终用户无法对交付的系统产品进行评估。

1 Supply Chain Integrity: An overview of the ICT supply chain risks and challenges, and vision for the way forward, VERSION 1.1, AUGUST 2015.

4.7.3.5 缺乏广泛适用的检测工具（侧重产品级）

新的工具和方法能够有效协助检测、击败信息通信技术产品在供应链所有层次的假冒或篡改行为，并能够协助统一框架的定义。

4.7.3.6 缺乏协调机制来确保不同类型的产品从生产到部署的完整性（供应链级）

产品制造商和软件开发商通过交付记录来确保产品的完整性，而采购组织则需要更好的采购方法确保其库存中没有假冒和被篡改的产品。一般情况下，定义明确的框架能够通过为 ICT 供应链所有实体提供技术思路来解决上述问题。供应链中任何点都可以进行评估，我们需要共享最好的评估方法，并找出差距，尤其是在不断增长的复杂的攻击环境下。

4.7.3.7 缺乏 ICT 领域兼容的完整性要求（ICT 领域）

ICT 供应链的发展是不均衡的。目前，许多组织从不同角度声称自己已经具有确保供应链完整性的方法、技术和工具。然而，这些往往都是组织或部门针对具体的产品而言，很少被公开检验或被其他组织 / 部门使用。因此，急需加强 ICT 领域供应链完整性兼容方法、技术及工具的研究和研制。

4.7.4 布局思路

总体思路：在产品、系统和服务的整个生命周期内，必须以战略性的综合方式应对源自国内和全球供应链的风险。应对此风险需要充分了解威胁、漏洞以及与购买决策相关的后果；开发并利用工具和资源，从技术和运营方面降低产品生命周期（从设计到报废）内的风险；制定反映全球复杂市场变化的新购买政策并获取实践经验；与企业合作开发和采纳供应链和风险应对标准及最佳做法[1]。

根据这些思路，美国国家标准与技术研究院（NIST）草拟了一套方法，旨在在购买、开发和运营过程中消除影响联合信息系统面临的生命周期供应链风险[2]。NIST 草拟的机构间报告（IR） 7622（NISTIR 7622）的基

---

1 NIST Special Publication 800–161: Supply Chain Risk Management Practices for Federal Information Systems and Organizations.（联邦信息系统供应链风险管理指南）

2 基于网络安全框架工作，2016 年 NIST 将会组织提供供应链风险指导。除了 2015 年 NIST 的特刊，还有《联邦信息系统和组织的供应链风险管理》， SP 800–161, NIST，美国商务部（2015 年 4 月）

本思想是，重要信息系统及其组件“面临攻击者带来的越来越大的供应链攻击风险，这是因为技术更加复杂，而信息系统基础设施、供应商和攻击者的快速全球化加大了这种风险。”

NIST 专门针对 ICT 供应链安全制定 NIST SP 800-161，在内容方面，其重点从 ICT 供应链风险的来源、管理方法以及安全控制方面重点探讨了如何对 ICT 供应链风险进行管理和控制。该标准的目的是为联邦机构在识别、评估供应链风险、选择和实施风险管理流程方面提供指导，以帮助组织减轻或控制他们的 ICT 供应链风险。

4.7.4.1 ICT 供应链风险来源

NIST SP 800-161 认为联邦政府 ICT 供应链基本结构包括内部开发、信息、信息系统、服务、组件和产品（或服务）制造维护及退出信息系统的整个过程。ICT 供应链实体主要涉及系统集成商、供应商、外部服务提供者等。ICT 供应链风险来源可以概括为三个方面，如图 4.23：

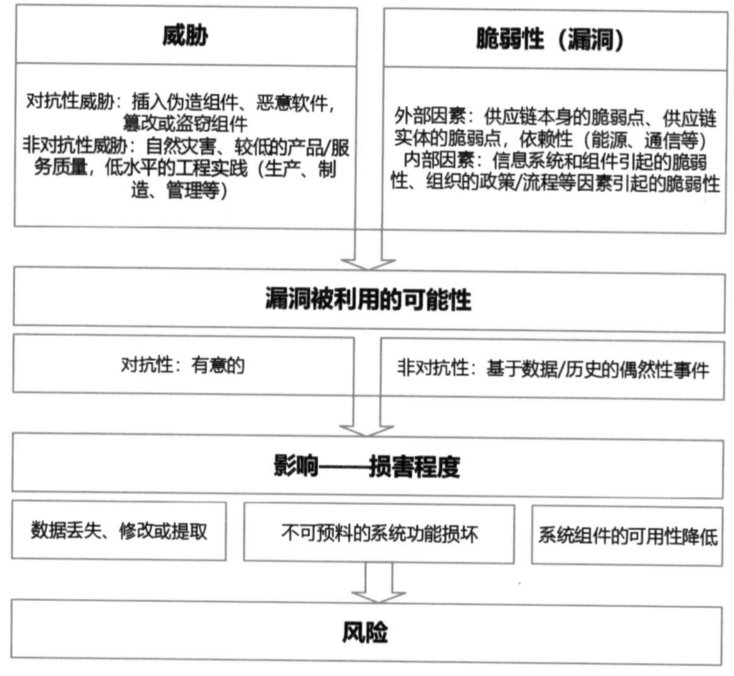

图 4.23 供应链风险来源

一是现有系统（或产品）脆弱性/漏洞引起的ICT供应链风险。这类风险包括由于系统漏洞而导致的恶意软件、对相关组件进行篡改等风险，这些风险可能导致的直接后果是系统功能降低或一些系统功能不可用。

二是生产制造、开发水平低导致的风险。ICT产品和服务的安全性取决于整个供应链的安全水平，ICT产品和服务涉及系统集成商、供应商和外部服务提供商等各类实体，以及设计、生产、分配、部署和使用各个环节，这些实体或环节中不可避免的由于供应商、系统集成商能力不高而导致组件或系统中存在各种有意和无意的（对抗/非对抗的）威胁。若系统中使用了含有漏洞的组件，会给信息系统使用者带来潜在的风险。

三是ICT供应链全球化带来的风险。ICT供应链全球化给国家、组织及个人带来了便利化，同时也可能直接或间接的影响公司的管理和运行，从而对系统使用者造成风险。这种方式造成的风险及其复杂并且难以察觉，因为很难确定供应链中一个看似无关的不合格操作会直接给使用者带来重大风险隐患。

4.7.4.2 ICT供应链风险管理方法

为了将ICT供应链风险管理融入到整个组织的风险管理过程中，NIST SP 800-161 [1] 参考了NIST SP800-39《管理信息安全风险》中提出的多层次的风险管理结构及方法，分别从组织层、业务处理层和信息系统层三个层面构建风险管理方法。

组织层面，负责开发ICT SCRM（Supply Chain Risk Management）战略，确定组织层面的ICT SCRM风险，并制定组织策略，对如何建立并维护组织风险管理能力进行指导。确保ICT供应链风险管理战略的成本效益，以及战略措施与战略目标和组织目标的一致性。组织层的主要参与者是组织的高层领导，组织层的具体职责包括：

在法规框架下基于外部和组织的需求建立ICT SCRM政策；

1 DoD 5200.44《可信系统和网络》通过保护项目为关键功能识别和保护建立了政策和职责，CNSS 505。国防联邦收购要求（DFAR），第239.73分篇，《供应链风险相关的信息要求》

在 ICT SCRM 政策基础上，确定影响 ICT SCRM 业务需求，如成本、进度、性能、安全、隐私、质量和安全等，以及确定包括 ICT SCRM 在内的具体的信息安全需求等。

建立贯穿整个组织的 ICT SCRM 团队；

确定将 ICT SCRM 适当融入组织风险管理政策和活动中。

业务处理层，根据组织层的风险环境、风险决定和相关活动，从业务处理流程设计、开发和实践的角度确定并解决风险。该层负责定义项目需求并对其进行管理，包括 ICT SCRM 的成本、计划、效能以及非功能性安全需求（如可靠性、安全性、质量保证等）。在该层，通过对系统集成商、供应商、外部服务提供者的可信管理，可以解决很多潜在的风险。该层的主要参与者为组织的中层领导，该层的措施是确保任务完成和业务操作完成的关键，主要风险管理活动包括：

（1）定义风险应对策略；

（2）建立 ICT SCRM 流程以支持任务 / 业务流程；

（3）确定业务处理过程中的 ICT SCRM 需求；

（4）将 ICT SCRM 需求融入业务处理流程中；

（5）将 ICT SCRM 需求融入到企业整体架构中，以方便 ICT 控制措施的分配，从而促进组织信息系统的运行。

信息系统层，是将 ICT SCRM 融入到组织信息系统及组件的开发生命周期中，负责在具体信息系统上建立并实践风险管理。该层利用 ICT 供应链安全需求解决贯穿供应链的相关风险问题。该层的主要参与者是信息系统的开发、实践及信息系统运维人员。该层的主要活动包括两个方面：

（1）在信息系统的开发和维护中，应用、监测和管理 ICT SCRM 控制；

（2）在系统生命周期中，应用、监测和管理 ICT SCRM 控制。

4.7.4.3 ICT 供应链管理过程

NIST SP800-161 中将 ICT 供应链风险管理纳入到组织范围内的风险管理流程中进行管理，具体的处理过程参照了 NIST SP800-39《管理信息安全风险》中的操作步骤，包括四个操作步骤，各操作步骤之间的关系如图 4.24 所示，并且 NISTSP800-161 对每个操作步骤中对应的组织层、业务层、信息系统层的各自输入、活动、输入进行了详细的指导说明。

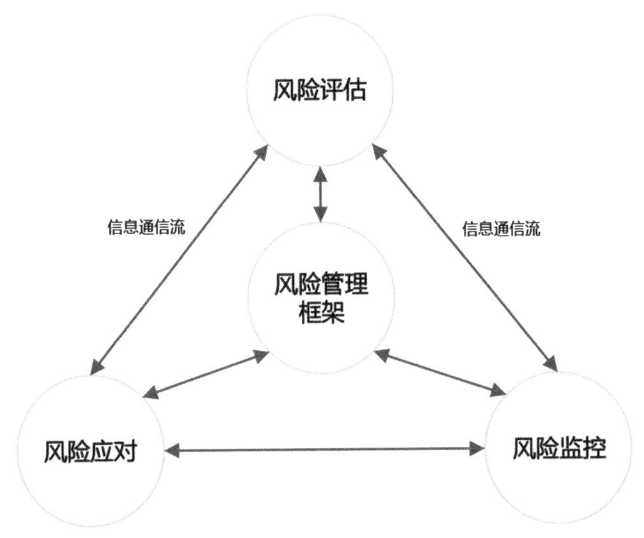

图 4.24 ICT 供应链管理操作步骤关系图

一是构建风险管理框架。该步骤定义了整个 ICT 供应链的范围和结构、ICT 基础设施、整体的 ICT 风险管理的策略以及风险管理具体计划或个人信息系统的需求，为 ICT SCRM 三级之间建立逻辑联系。ICT SCRM 风险框架是一个迭代的过程，一个操作步骤的输出也可以另外一个操作步骤的输入。框架建立过程中收集的数据和信息可以为 ICT 供应链风险管理活动提供输入信息。ICT 供应链风险管理框架应当融入到组织风险管理活动中，组织风险管理框架的输出应当作为 ICT 供应链风险管理框架的输入。建立框架过程中的行动主要包括四个：1）风险假设，对影响风险评估、响应和监测的可能因素进行假设；2）风险约束，识别影响风险评估、响应和监测的约束条件，如适用组织的政策、战略、法律、法规等；3）风险承受力，确定组织整体的风险承受能力；4）优先级，确定风险管理过程中的各操作步骤的优先级。

二是进行风险评估。该阶段主要是基于搜集到的数据进行风险评估。

将大量的数据进行聚集，分析对 ICT 供应链的威胁程度和可能性，包括危害程度、威胁、脆弱性等的分析，这是风险评估的重要过程。该阶段的行动主要包括：1）危害度分析，减小供应链安全威胁，确保各业务正常运行；2）威胁和脆弱性识别，主要是对信息系统和操作环境中的威胁和脆弱性进行识别；3）确定风险，如果漏洞被敌对方利用，需要确定操作风险、资产风险、个人、其他组织及国家层面的风险，并对风险的可能性、影响度等进行分析。

三是应对风险。此阶段主要是根据上一阶段风险评估的结果，制定相应的 ICT 供应链风险应对措施或者缓解 ICT 供应链风险的措施，以将风险控制在组织可接受范围内。主要活动包括：1）风险识别，即识别可供选择的风险应对措施；2）评估所选择风险应对方案的可行性；3）做出风险相应的决定；4）实施风险应对方案。

四是对风险的持续监控。该阶段主要是对信息系统或 ICT 供应链环境的变化进行监控，期间采用有效的措施进行持续改进，并定期评估风险计划，将风险控制在一定范围内。

4.7.5 技术布局

4.7.5.1 ICT 供应链模型

ICT 供应链面临着各种各样的威胁，某些威胁的破坏性是巨大的，设置是无法估量的，相关组织和机构有必要采取有效的应对措施来消除或者最大限度地减少 ICT 供应链安全风险。目前，最新的 ICT 供应链安全模型包括 ICT 供应链确保参考模型（Cyber Supply Chain Assurance Reference model），NIST 系统开发生命周期模型（System Development Life Cycle, SDLC）以及 ICT 供应链风险管理集群框架（The ICT SCRM Community Framework）等，它们为相关组织机构提供了 ICT 供应链风险管理的工具。

（1）ICT 供应链确保参考模型

由美国科学应用国家合作组织（Science Applications International Corporation, SAIC）和马里兰大学史密斯商学院供应链管理中心在 2009

年共同提出的。该模型表现为由三个嵌套的环组成的过程系统，这三个环分别代表了计划和操作控制的不同层面，用以解决系统开发生命周期中的深度防御需求和网络供应链中的广度防御需求。

（2）NIST 系统开发生命周期模型

由美国国家标准与技术研究所在 NIST SP 800-64 中提出，模型首先描述了大多数信息系统开发中关键安全角色和职责，然后将安全措施纳入系统开发生命周期（System/Software Development Life Cycle，SDLC）的各个阶段。

（3）ICT 供应链风险管理集群框架

由马里兰大学史密斯商学院将已有的行业和公共部门的措施应用到不同的 ICT 段（软件、硬件、网络和系统集成服务）从而提出的模型，能够将在单个风险框架中定义的不同进程和实例结合起来。在美国总统的《国家网络安全综合计划》（Comprehensive National Cybersecurity Initiative，CNCI）的第 11 项倡议的提议下，NIST 为了支持 ICT 领域的供应链风险管理的发展，负责联邦的先关政策的制定。为了支持 NIST 的工作，马里兰大学的史密斯商学院在 2011 年 8 月被授予进行开展相关研究并提出该模型。

4.7.5.2 关键技术

（1）硬件供应链风险评估技术

故障分析技术：采用扫描光学显微镜、扫描电镜、电压对比成像、微秒成像电路分析等技术，对硬件芯片或板卡进行检测，发现其是否被恶意植入或篡改电路设计；

边信道分析方法：通过多种模拟测量（如功耗、电压、电流、时间等）来描述集成电路，以此来发现硬件模块是否有异常。

（2）软件供应链风险评估技术

代码审查技术：检查软件代码是否符合编码标准及相关的质量活动，实现对软件逻辑结构的识别以及对数据流向进行跟踪，避免软件被植入恶意模块或被篡改等风险；

架构风险分析技术：对软件的体系架构进行分析，旨在找出软件架构的缺陷，避免其被恶意利用；

渗透测试技术：针对系统威胁对其进行渗透，发现系统的薄弱环节。

（3）完整性保护技术

对系统、组件和过程使用预防性设计方法，对信息技术产品和服务进行完整性保护。

（4）溯源技术

建立和维护对组件、过程、工具和数据的溯源记录。

（5）持续监督技术

持续监督集成商的活动，包括测试、监控、审计、评估等。

4.7.6 项目情况

除了 NIST[1]，美国有许多网络风险管理和供应链风险管理相关的项目，包括以下几个方面：

美国总统奥巴马的网络安全行政令工作中，美国总务署（GSA）和国防部（DoD）制定并实施六大改革，从恢复力和网络安全风险角度改善美国联邦采购系统，包括为所有联邦采购制定可复制的流程，在整个产品生命周期（开发、采购、维护和处理）中消减网络安全风险。

国防部已将供应链风险的考虑纳入到联邦采购要求中[2]。2015 年初，联邦首席信息官（CIO）委员会和首席采购官（CAO）委员会建立了一个工作组，评审当前合同条款以及信息技术采购政策和实践中的承包商信息系统安全。这种跨部门合作由采购、安全和合同管理专家组成，他们的推荐也纳入到了关于加强联邦机构在联邦购买中的网络安全保护指导书初稿中[3]。指导书初稿包括了总务署关于建立“业务尽职”能力的要求，减少联邦供应链中网络相关的威胁和漏洞。

---

1 https://policy.cio.gov/

2 https://www.whitehouse.gov/sites/default/files/omb/memoranda/2016/m-16-04.pdf，第 II.d 节

3 《联邦法规 18 章》第 40 款 [备案号：RM15-14-000]，刷新的关键基础设施保护可靠性标准（2016 年 1 月 21 日）

行政管理和预算局（OMB）于2015年10月30日发布了《联邦公民政府网络安全战略级实施计划（CSIP）》（OMB备忘录M-16-04）。M-16-04要求美国总务署“开发业务尽职信息服务，帮助政府各部门在整个购买流程中具有识别、评估和管理网络及供应链风险的能力。[1]”

2016年1月，联邦能源监管委员会（FERC）发布了一个最终法规（Final Rule），修改了七个可靠性标准，以保护关键基础设施，解决通信网络和主干电力系统中的供应链网络风险；制定了供应链管理安全控制标准，以保护主干电力系统不受恶意软件威胁和安全漏洞影响[2]。修订旨在保护主干电力利益相关方的通信连接和敏感数据。委员会并没有解决供应链风险管理问题，但是组织召开了一个以员工为主导的技术会议，促进关于供应链风险管理问题方面的对话，帮助决定采取相关行动。

美国金融监管机构联邦金融机构检查委员会（FFIEC），协调美国六个金融监管组织的风险指导，包括网络安全相关风险[3]。委员会发布了网络安全评估工具（简称评估）[4]，供各机构评估其网络安全风险和准备状态。美国通货监理局（OCC）检查人员会逐渐把评估纳入到对各种规模的国家银行、联邦储蓄机构及联邦银行分支和机构的检查中。

ICT供应链安全凸显出以下特点：

（1）上升至国家战略

提升战略认识，赋予网络空间或信息通信供应链以国家战略意义，确定了信息通信供应链安全对于维护国家安全利益的直观重要性。

---

1 www.ffiec.gov/cybersecurity.htm

2 《FFIEC网络安全评估工具：首席执行官和董事会概览》FFIEC(2015年6月)

3 CRS Report for Congress《Critical Infrastructures: Background and Early Implementation of PDD-63》论述，PPD-63颁布后，成立了各级公私营部门间联络组织、领域联络委员会，组建国家基础设施保障委员会，建立各部门基础设施保障办公室，各部门按时提交了部门基础设施保障计划。此外，还建设了4个信息共享与分析中心。

4 根据PPD-63，CIAO成立关键基础设施协调小组来对各部门前述的计算机管理与响应计划进行审查。这与OMB审查内容基本一致，同时也造成CIAO上级领导——国家网络安全协调顾问对于这些计划的监督审查责任的履行问题。

（2）多力量与多手段融合

实行内部整合，强调通过政治、军事、经济、执法、外交、技术等各种力量和手段保护网络空间安全；强调部门之间的集中整合、力量配合，公共部门和私营部门的合作，以及所有利益相关方的合作。

（3）强化技术支撑

重视支撑技术的研究，突出确保政府网络、国防网络及关键信息基础设施安全这一“保核心、保重点、保要害”的战略思想。

（4）倡导国际合作

强调保障信息技术全球供应链的安全，积极推动国际合作并谋求制定信息通信供应链的国际规则和规范。

4.8 保护关键基础设施

4.8.1 概念内涵

美国政府要依赖大量由私营机构拥有和运行的关键基础设施来完成公共事务。继而，这些关键基础设施离不开信息系统和网络的高效运行，但是这些系统和网络都易遭受恶意网络空间威胁。关键基础设施保护需要考虑整个网络空间基础设施的安全和信息保障工作，以增强所有关键基础设施和关键资源（CIKR）领域的韧性和运行能力。其侧重点之一是公私部门之间就政府以及 CIKR 领域网络威胁和事件信息的共享。

4.8.2 发展脉络

4.8.2.1 政策方面

（1）第一节点：1998 年 PPD-63 初步建立基础设施保护体系

美国将基础设施保护确立为国家目标（PDD-63）并寻求建立完整体系的起点，可以追溯到克林顿政府时期。1995 年奥克拉荷马州爆炸案发生后，PPD-39 和 EO13010 制定相继发布，决定建立关键基础设施保护总统委员会（the President’s Commission on Critical Infrastructure Protection，PCCIP），专门负责梳理国家基础设施存在的漏洞和威胁，推进相关保护政策。在 PCCIP 的研究报告支撑下，1998 年 6 月克林顿政府发布 PPD-63 聚焦关键基础设施网络安全风险并确定政府对美国国家基础设施必须从安全视角建立保护框架。PPD-63 将基础设施保护的理念由传统的事件响应扩展为预防、响应，进而正式定义信息通信、银行金融、航空、管道设施等目标为关键基础设施并划入 16 个“领域”指定对应的政府部门负责管理，形成“特定领域部门”概念的原形。此外还成立一系列组织统筹 CIP 问题，并规划一系列项目。

PPD-63 总体执行是顺利的，主要安排均按照时间节点完成[1]，但 PPD-63 制定时几乎未对之前政府权责做出调整，因而新设立的组织机构与先前机构产生很多权责冲突。其中网络安全方面权责不清问题最为突出，矛盾集中于 PPD-63 安排的处理网络威胁的机构和之前负责计算机安全的机构之间，有多对职责交叉的部门。例如，按照 87 年的《计算机安全法》和 95 年《文书工作削减法》两部法律规定，各单位必须按照计算机系统处理信息的敏感程度进行存放和管理，并制定安全管理计划，上交管理与预算办公室（OMB）负责审查、监督、指导；而 PPD-63 安排设立在 DOC 下的国家关键基础设施办公室（CIAO）从事同样职责[2]，二者间计划审查和管理标准制定职责的重叠造成了很多不便[3]。同样的，在赛博威胁和弱点共享方面，OMB 负责建立国家威胁响应中心（FedCIRC）并由总务管理局（General Services Administration）管理、运维。但制定 PPD-63 时，政府高层认为 FBI 在网络威胁识别和分析方面有初步的能力，因此安

1 GAO 审查报告 GAO/AIMD-98-92 论述了具体权责分工所造成的对各部门网络安全监管力度不足问题。OMB 下设的 CIO 委员会负责对这些计划实施监管职能，CIO 委员会建立了基本计划，实施了对各部门系统建设项目的监控，但是 GAO 发现 CIO 并没有系统性地监控或衡量方法。同时分析 PPD-63 授予的 CIAO 的责任，发现其中建立赛博关键基础设施管理计划、审查各级赛博相关管理计划、监管分析网络空间威胁等责任，尽管刚刚建立，但与 OMB 的 CIO 委员会重叠严重。GAO 重叠导致了 1+1<2 的情况，没有一方建立完全系统的监管方案，亟需建立协调计划来协调。

2 GAO-01-769 论述道由于 NIPC 定位不清，不同部门对其有不同的看法，因此其他部门对 NIPC 运营投入不足，未派驻人员，导致 NIPC 多个关键职位长期空缺；同时资源不足，FBI 无法建立有效的全政府范围分发网络，关键基础设施监控节点等。

3 联邦航空总局（FAA）建立了覆盖其管辖范围的入侵检测系统 CSIRC，但按照规定其发现问题后需要上报 GSA 的 FedCIRC 和 FBI 的 NIPC，但没有规定好第一时间上报给哪个系统；也没有定义好 CSIRC 是按照哪个系统回馈的指令进行响应。

排 FBI 扩展其运营的国家基础设施保护中心（NIPC），作用与 FedCIRC 几乎一致，都是分析网络威胁、漏洞并共享结果，因此导致了资源不足、运营不成功等问题 1、2。

尽管如此，PPD-63 建立的基础是基于长期科学的调研和论证，因此整体架构构成了 CIP 发展的起点，其框架、概念、规划都被后续政策继承、发展下去，指导了正确的方向。

（2）第二节点：2003 年 HSPD-7 取代 PPD-63 重塑基础设施保护框架

2003 年 12 月，布什政府将政策文件发布第七号国土安全总统令（HSPD-7），在前述文件的基础上永久性重塑了美国基础设施保护政策、部门组织格局和权责关系。HSPD-7 取代 PPD-63 要求所有联邦部门识别、排序和保护美国关键基础设施。HSPD-7 在基础设施保护大多数方面继承了 PPD-63 的概念，可被视为后者的演进和扩展，将基础设施风险管理和公私部门合作作为核心，将风险范围扩大至物理、网络和人员因素。HSPD-7 在权责划分方面却有很大改进，包括任命国土安全部为基础设施保护牵头负责部门，取消之前所有与之冲突的权力设置；重新校准了对口管理部门责任，从各个层级强化与私营部门合作等。DHS 在 HSPD-7 的规范下建立了 NIPP 计划，顶层设计了国家基础设施保护的建设实施计划，取得了巨大的进展，各个部门按照 NIPP 分别制订了领域计划，并严格实施；DHS 领导建立了各个层级的沟通委员会，并建设了国土安全信息网等信息共享网络用于基础设施情报共享。

NIPP 的实施过程中，国土安全部开始将关键基础设施网络安全问

---

1 据 GAO 多份报告，2006 年联邦政府网络安全事件为 5503 件，其中，犯罪组织、黑客团体、外国政府、恐怖机构等支持或组织的网络攻击逐渐增多，这类攻击目标明确、潜伏时间长、运用多种手段，往往造成数据资源失窃、关键服务瘫痪、网络设施损坏等严重后果。

2 Cyber Security: A Crisis of Prioritization，由布什政府的总统信息技术顾问委员会编写；United States Strategic Command Posture Statement，美军战略司令部态势报告；2016 年第四季度美国国防评估报告 (QDR)，国防部编写等多份权威报告，均警示网络安全问题对美国国家安全和基础设施安全的威胁，强调恐怖分子、“流氓”国家和“潜在竞争对手”使用网络进行“不对称”进攻的可能。

题是核心和紧迫问题，在其管理与研发计划、项目建设中予以重视。由于 NIPP 对物理防护措施的加强，物理安全得到较好保护，基础设施的网络安全问题相比之下更加突出。军方和政府部门监控到大量事件表明[1]，恐怖分子正转向利用网络之便向美国计算机网络频频发动攻击，特别是对支持基础设施的信息系统进行破坏，造成了很大经济损失。这些事故与来自军方的有关研究共同发酵[2]，舆论与媒体都在宣扬，未来不久会爆发一场“电子珍珠港”和“网上 9.11”。因此布什政府战略重点倾斜，将网络安全作为基础设施安全的重要任务，并引导进行了大量的顶层规划。

（3）第三节点：2008 年 NSPD-54/HSPD-23 综合发展国家网络安全

据统计，至 2008 年末布什政府对基础设施网络安全至少有 34 部联邦规章（落实 34 部），而且每一部至少有一套落实机制[3]。2007 年提出被称为信息安全的“曼哈顿计划”的高度机密计划——国家网络安全综合计划（CNCI，Comprehensive National Cybersecurity Initiative），CNCI 中最重要的内容之一就是要求国土安全部针对基础设施网络安全在整个联邦企业部署爱因斯坦入侵检测和感知系统等。2008 年，布什发布 NSPD-54/HSPD-23 号总统令，将国家网络安全综合计划 CNCI 法律化，全面系统推动国家网络安全发展，其中包括发展关键基础设施保护工作。CNCI 明确界定了关键基础设施保护的战略目标；要求整合联邦政府的能力，将关键基础设施保护纳入国家整体网络安全的体系范畴，整合联邦部门共同推进。

（4）第四节点：2013 年 PPD-21 取代 HSPD-7 推动基础设施保护体系的成熟

1 GAO-08-1075R 对 34 部法律进行了概要介绍，包括 1 部法律、25 部规章和 8 部强制标准，其中金融领域 17 部，能源领域 9 部，数量分列第一、第二。

2 全灾难场景：NIPP2009 深化的动态威胁环境，包括自然灾难、恐怖袭击、网络攻击、运行事故四方面。

3 GAO/AIMD-98-92 Serious Weaknesses Place Critical Federal Operations and Assets at Risk

出于整理检验发展成果，以及对技术、威胁环境演进的危机感，2009 年 2 月和 6 月奥巴马政府分别对“国土安全与反恐框架”、“国家网络空间安全政策”进行了两次自顶而下的全面清查。调查组深度评估了政府、工业界、学术界等网络安全情况，汇集成为《网络空间安全政策审查：保障可信弹性的信息与通信基础设施》的报告。奥巴马公布报告时列举了审查中获取的大量事实，指出伴随 ICT 技术的发展，美国基础设施全面依赖信息通信基础设施，网络安全是国家安全包括基础设施安全在内的最大威胁之一。

如此大规模的国家级行动，需要政府与公众双侧的共同努力，EO13636 无法给政府侧部门以行动抓手，因此，总统同时签发 PPD-21《关键基础设施的安全与弹性》，总结 HSPD-7 驱动下的基础设施保护十年建设成果，强化政府侧部门协调与工作机制，提供与民众侧相对称的政策推动力。PD-21 取代布什政府的 HSPD-7，重新确定 16 类关键基础设施，在保持政策、角色分工、工程计划不做大的改变且继续执行的同时，强化国土安全部的职责，要求 DHS 对在上一个国家基础设施保护计划中建立的伙伴关系模型进行改进，并对公私部门间进行信息交换的数据和系统要求做了进一步明确。PPD-21 要求升级国家基础设施保护计划和国家基础设施研发计划，并且改按 4 年周期更新。尽管基础框架沿用 HSPD-7，PPD-21 更加关注已经发展了数年的基础设施的弹性和全灾难场景假设[1]方法。同时由于能源和信息通信基础设施是其他领域的支撑，且能源领域运转必须依赖信息技术，因而决定对网络安全方面投入更大支持，从而支撑基础设施保护愿景的实现。

PPD-21 和 EO13636 肯定了在 HSPD-7 指导下 CIP 领域的快速发展和广泛成果，对 HSPD-7 政策措施基本保持或缓慢扩展，标志着政策制定层已经认可了 CIP 领域的成熟，政策措施步调也趋于平稳。

（5）长期演进：对基础设施网络安全的持续加强

1 http://computing.ornl.gov/cse/datasystems/pdfs/Chemical_Security_Assessment_Tool_Factsheet.pdf

PPD-21 之后，美国在此基础上持续对基础设施网络安全问题进行投入，试图减少政府、企业网络“资产”威胁。2013 年至 2016 年期间，大规模政府信息泄露、“希拉里邮件门”等事件推动政府不断加大网络安全投入。2016 年 7 月，奥巴马政府发布 PPD-41，要求政府部门建立处理基础设施重大网络安全事件的机制。重大事件指可能会危及国家安全、外交关系或美国经济、或严重危及美国公众信息、公民自由或安全的网络事件。

PPD-41 不改变任何基础设施保护方面的权责关系，聚焦基础设施网络安全。行政令建立常设的由总统特别助理兼网络安全协调员（主席）领导的网络响应小组（简称 CRG），由 DOD、DHS、DOJ、DOE、DOC 等部门参加，协调联邦政府部门，针对严重网络事故制定并实施各项政策、策略以及规程，面对严重网络事故时根据需要提供跨学科响应手段。PPD-41 要求在发生“严重”级别网络事件时成立临时的网络统一协调小组（简称 UCG），由 CRG 和相关领域的 SSA 组成，统一协调响应网络事件。

PPD-41 要求国家建立相应演训计划，CRG 和 SSA 建立相应领域的网络事件响应规程。更重要的，与 NIPP 类似，DHS 要在 180 天内提交国家基础设施网络事故响应规划，并指导 SSA 建立领域内规划。届时，这一系列计划很大可能提交给新任总统。此举为基础设施保护尤其是基础设施网络安全方面政策的延续性奠定基础。

4.8.2.2 计划发展

在 2003 年 HSPD-7 的指导下，DHS 被指派为国家基础设施保护的牵头协调部门，DHS 内的基础设施保护办公室负责履行相关管理和协调工作。DHS 依据 HSPD-7 和三年更新要求在 2006 年 7 月，发布第一版 NIPP，而后在 2009 年更新第二版，并与 2013 年在 PPD-21 规定下更新第三版计划。NIPP 是国家顶层计划，核心是风险管理的框架和领域伙伴关系模型两大部分内容，从而实现从国家层面推动发展、实施、维持关键基础设施的风险管理。NIPP 同时要求各个责任部门 SSA 按照 NIPP 的基本框架制定各部门的领域计划 SSP，以实施长期风险管理，组织建立领域公私合作伙伴关系，如图 4.25 所示。

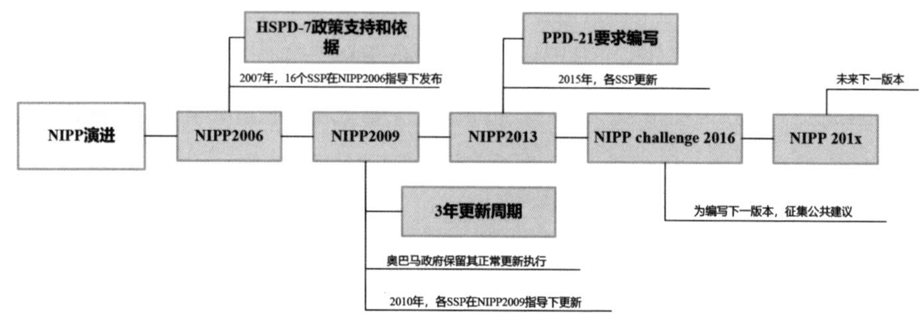

图 4.25 NIPP 演进过程

NIPP 作为美国 CIP 领域的层顶计划，在十年间不断地滚动更新和持续修正。总结其演进的三大关键阶段（2006、2009、2013），政策改革和计划更新周期是影响其两个更新节点的两大主要因素，环境与技术进步是其内容调整的主要依据。但其演进过程核心思想始终保持一致性，即风险管理，并且每一版本都是前一版本的演进和发展，一致性非常强。

（1）NIPP 2006 建立框架

NIPP 2006 是第一版 NIPP，主要完成了概念、框架、方法的设计和解释，包括建立了以结合后果、漏洞和威胁信息进行全面风险评估为主要环节的风险管理框架；设计出伙伴关系模型和基于网络的信息共享系统。此外，计划还论述了其他法规、研发战略等如何指导或应用于 CI/KR 保护。

（2）NIPP 2009 完善框架

NIPP 2009 最大的改动是对 CI/KR 弹性的重视，在保护的同时重视增加弹性，是对 06 版框架的完善。06 版 NIPP 加强了核心内容风险管理方法论和信息共享机制，具体包括将相关方经验引入 CI/KR 保护，完善细化各层次信息共享体系，新增了以输出为焦点的效果测量和上报机制；扩展出围绕能力发展的 CI/KR 保护相关的教育、训练、演习体系。具体的完善措施包括：

1）增强弹性作为发展目标，整合了弹性和安全的概念，作为 NIPP 相关工作和全灾难假设方法的重点。

2）增加关键制造业为第 18 个 CI/KR 部门，指定“教育”作为一个政府设施的子领域。

3）整个计划全面扩展部门伙伴关系模型，纳入区域财团协调理事会（RCCC）；将地方基础设施保护工作整合入州和地方的指挥中心。

4）国家资产数据库（NADB）升级为基础设施信息收集系统和基础设施数据仓库（IDW）。

5）发展用来实现 NIPP 风险管理框架的程序、方法和工具，并更新网络安全风险方法、共享机制；围绕输出结果，扩展和修订风险管理框架实施指标。

6）发布化学设施反恐怖主义标准。

7）完善了教育、培训、推广和演训计划；完善了 R&D、建模仿真和分析的计划相关信息。

（3）NIPP 2013 优化框架

NIPP 2013 主要面向持续演进的网络安全风险，对之前版本 NIPP 已有的成果大幅优化，整体更加清晰，确保其可以指导关键基础设施保护使命的完成。NIPP2013 勾勒了新阶段下政府和私营部门 CI/KR 保护方面合作控制风险,实现弹性和安全的方法。NIPP2013强调对网络安全风险环境、政策环境和战略环境适应和融入，方法上沿用 09 版本 NIPP 的基础上强调方法的整合和联合，总结形成了“基于合作努力、创新风险管理、聚焦行动成果”的行动纲领。具体来说：

1）对 NIPP2009 已经解释清楚的内容大幅精简，不再做概念解释；

2）基于 PPD-21 的内容，整个计划着重强调网络安全和信息共享；

3）优化风险管理框架，将物理、赛博和人因素综合考虑，以加强关键基础设施的安全性和弹性；并将风险分析方法聚焦到持续演进的网络安全上；

4）进一步优化联邦政府内的行动、沟通的协调机制；

5）建立衡量国家管理和减少关键基础设施风险的能力指标体系；设置关键基础设施安全和弹性监管程序；；

6）审查并更新周期 NIPP 和具体部门计划（SSP）；

7）建立更密切的一体化物理和网络安全体系，并加强与之协调的 R&D 工作；

8）由于其他领域依赖能源和信息通讯系统，计划还强调这些关键基础设施安全和弹性。

综上所述，NIPP 风险管理框架一直在随着风险环境的变化而演进，从而实现其始终能够指导加强国家关键的物理和网络基础设施安全和弹性的工作。

在政策方针的指导下，美国基础设施保护制定了 NIPP、SSP-NIPP 计划，并不断演进，以风险管理框架和领域伙伴关系模型两个方面为抓手，实现国家层面关键基础设施的长期安全风险管理，系统梳理归纳了总体演进脉络。

4.8.3 能力需求

关键基础设施保护是综合性、系统性问题，因此不能只局限于解决某一技术就实现保护，必须从能力需求出发，围绕识别分析、协调共享和减灾三方面能力，体系化的实现保护目的。

由于基础设施的数量众多、广泛分布以及面临的威胁多样等问题，基础设施保护需要各政府机构、私营部门等广泛领域开展合作，对协调共享能力提出了要求。其中，保护能力是基于风险管理实现有效的基础设施网络空间安全保护，识别分析能力最其为关键的能力。综上得出，关键基础设施保护能力包括识别分析、协调共享、减灾三方面，通过强化这三个方面的能力建设，从而实现对基础设施的“阻止威胁、缓解脆弱性、减轻后果”，如图 4.26 所示。

识别分析能力：确定国家关键基础设施和关键资源（CIKR），评估国家关键基础设施和关键资源（CIKR）漏洞和后果，优先发展资产和系统，并分析和降低风险。

协调共享能力：增强态势感知能力，最大化的政府和私营部门为加强国家安全伙伴各级风险评估，协调方案和流程，并执行风险缓解计划和活动。

减灾能力：利用设计来预防、阻止和减轻国家关键基础设施和关键资源（CIKR）威胁的措施，加强国家在所有的危险在事件后的情况，减少和及时启用有效的反应和恢复能力。

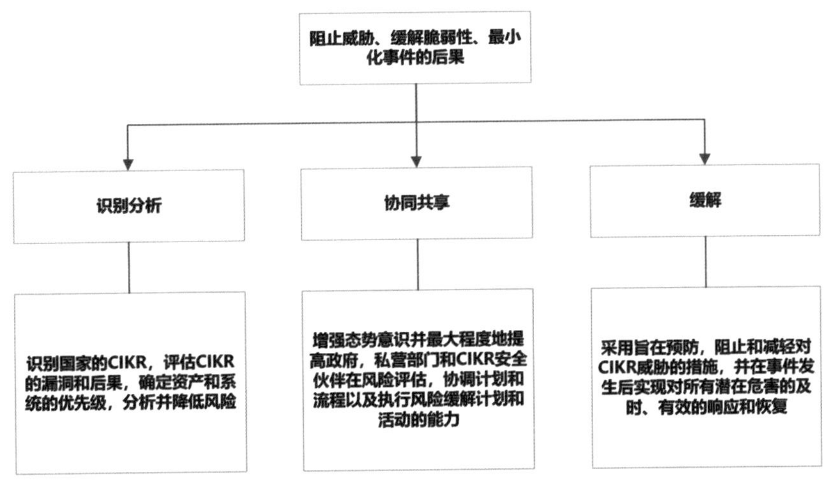

图 4.26 关键基础设施保护三大能力需求

4.8.4 解决思路

美国基础设施保护以风险管理为核心方法，以 NIPP 框架为根据，结合不同应用场景，构建特殊领域的风险评估模型，并以标准的形式进行推广、落实。风险管理已经通过与既有实践、法律、规划、行业规定等融合，贯穿并支撑整个基础设施网络空间安全保护体系的运转。早在 98 年左右，能源、国防工业等领域就已在实践中将风险管理作为基础设施网络安全保护的理论基础[1]，这些企业通过风险管理活动循环来控制其信息系统的安全风险，并将其作为整个组织运维管理系统的关键部分，不断提升技术和管理能力。在《国土安全法》等法律文件中也默认将风险管理作为实践基础，

1　GAO/AIMD–98–92 Serious Weaknesses Place Critical Federal Operations and Assets at Risk

以法律规定形式嵌入到基础设施信息、国土安全机构、国家应急响应管理部门等多项工作中。后续 NIPP 计划直接将风险管理框架为核心，设计整个国家的风险管理体系来实现基础设施网络空间安全保护。在国家的统一框架下，能源领域等制订了行业强制标准，推行基础设施网络空间安全保护的风险管理模型方法。

4.8.5 技术布局

技术方面，美国基础设施保护布局了一批研究发展计划，包括反恐行动（SAFETY Act）、国家关键基础设施保护研究发展计划（National Critical Infrastructure Protection R&D Plan）、各部委关键基础设施保护研究发展计划（SSP R&D Planning）、网络安全研究发展计划（Cyber Security R&D Planning）、其他研究发展计划（Other R&D Planning）、示范工程（Technology Pilot Programs），如表 4.15 所示。

其中，国家关键基础设施保护研究发展计划布局了九个领域：

（1）Detection and sensor systems;

（2）Protection and prevention systems;

（3）Entry and access portals;

（4）Insider threats;

（5）Analysis and decision support systems;

（6）Response, recovery, and reconstitution tools;

（7）New and emerging threats and vulnerabilities;

（8）Advanced infrastructure architectures and systems design

（9）Human and social issues.

三个示范工程：

（1）The National Capital Region Rail Security Corridor Pilot Project

（2）The Constellation Automated Critical Asset Management System（Constellation/ACAMS）:

（3）Coastal Surveillance Prototype Test Beds

表 4.15 关键基础设施保护研发计划

R&D计划	
The （Support Antiterrorism by Fostering Effective Technologies）SAFETY Act	
National Critical Infrastructure Protection R&D Plan	Strategic Goals: A common operating picture architecture; A next-generation Internet architecture with designed-in security; Resilient, self-diagnosing, self-healing systems CI/KR Protection R&D Areas: • Detection and sensor systems; • Protection and prevention systems; • Entry and access portals; • Insider threats; • Analysis and decision support systems; • Response, recovery, and reconstitution tools; • New and emerging threats and vulnerabilities; • Advanced infrastructure architectures and systems design • Human and social issues.
SSP R&D Planning	
Cyber Security R&D Planning	SAFECOM program
Other R&D	• Ensuring the compatibility of communications systems with interoperability standards; • Exploring methods to authenticate and verify personal identity; • Coordinating the development of CI/KR protection consensus standards; • Improving technical surveillance, monitoring, and detection capabilities.
Technology Pilot Programs	The National Capital Region Rail Security Corridor Pilot Project The Constellation Automated Critical Asset Management System (Constellation/ACAMS); Coastal Surveillance Prototype Test Beds

在技术布局方面，DHS 了制定不同层级的技术发展路线，从而对“识别分析、协调共享、减灾”三大能力形成支撑：

2009 年 11 月 DHS 公布了《赛博安全研究路线图》（A Roadmap for Cybersecurity Research），规划了国家层面的赛博安全技术路线，针对 11 个重大问题，指出了关键需求，现实短板和短、中、长期的研究关注点，其中第 7 个重大问题“时间要求严格系统的存活性（Survivability of Time-Critical Systems）”与关键基础设施赛博安全密切相关；

2011 年 9 月 DHS 发布了《跨领域控制系统安全路线图》（Cross-Sector Roadmap for Cybersecurity of Control Systems），聚焦于关键基础设施中广泛使用的工业控制系统，提取各个领域关键基础设施赛博安全的共性需求和挑战，提出了跨领域的赛博安全技术规划，对各领域制定自身的赛博安全技术发展路线提供了良好的指导和参考。

DHS 两条技术发展路线对三大能力的实现起到支撑作用，各项具体技术布局见表 4.16：

表 4.16 关键基础设施保护技术布局

<table>
<tr><th></th><th>识别分析</th><th>协调共享</th><th>减灾</th></tr>
<tr><td rowspan="5">DHS 2009 赛博安全研究路线图</td><td>时间要求严格性的分析技术</td><td rowspan="5">快速通信和协调技术</td><td>自修复技术</td></tr>
<tr><td>系统间相互依赖性分析技术</td><td>下一代安全通信协议</td></tr>
<tr><td>系统、威胁、脆弱性和网络攻击的建模技术</td><td>系统核心功能隔离防护技术</td></tr>
<tr><td rowspan="2">自诊断技术</td><td>危害快速检测和阻止技术</td></tr>
<tr><td>检测和恢复能力自保护技术</td></tr>
<tr><td rowspan="5">DHS 2011 跨领域控制系统赛博安全路线图</td><td>通用风险评估技术</td><td rowspan="2">控制系统产业链信息共享技术</td><td>现有控制系统补丁式防护技术</td></tr>
<tr><td>控制系统赛博安全自动评估技术</td><td>控制系统与业务系统安全连接技术</td></tr>
<tr><td>控制系统赛博安全态势全自动监测技术</td><td rowspan="3">控制系统风险快速通报技术</td><td>现有控制系统高性能安全通信技术</td></tr>
<tr><td>控制系统入侵检测技术</td><td rowspan="2">控制系统与业务系统安全整合技术</td></tr>
<tr><td>控制系统测试床建设技术</td></tr>
</table>

4.8.6 项目情况

美国基础设施保护工程根据国家基础设施保护计划（NIPP），围绕识别分析、协调共享、减灾三个能力建设进行布局。工程布局总体上保持比较好的连贯性，随着 NIPP 的调整工程布局适当进行适当调整，根据 NIPP 2006、NIPP 2009、NIPP 2013 三个关键节点，工程布局可分为 2007-2009、2010-2012、2013-2016 三个阶段，工程具体布局如表 4.17 所示。

纵观这十年工程布局，诸如弱点评估工程、基础设施领域分析工程、基础设施信息收集和可视化工程等，都得到持续地投入，工程建设上不断推进。随着建设完善，在 2013-2016 年阶段还增加了基础设施保护合规检查等方面的项目，也从工程建设方面应证了基础设施网络安全建设的成熟期到来。

表 4.17 关键基础设施保护工程

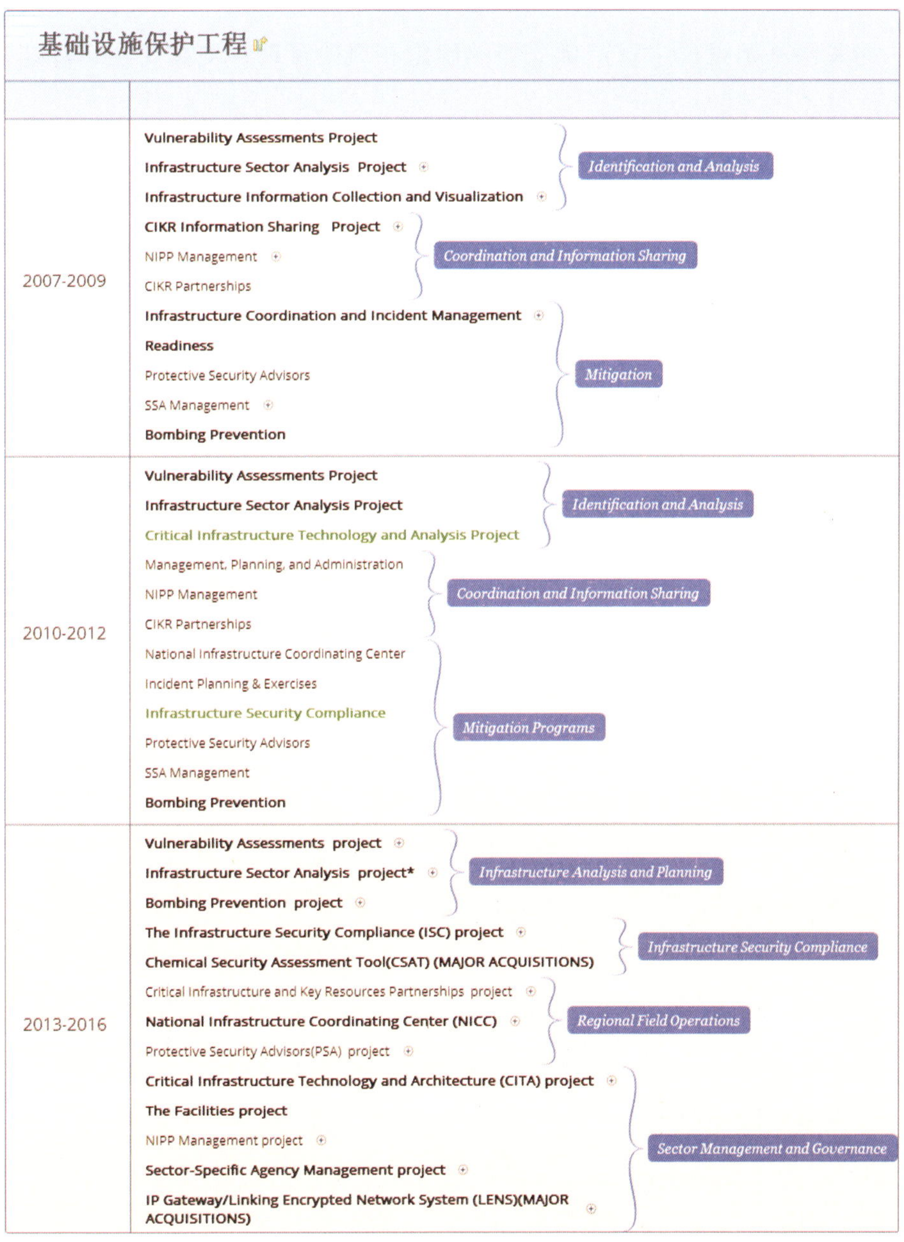

基础设施保护工程

阶段	项目	类别
2007-2009	Vulnerability Assessments Project Infrastructure Sector Analysis Project Infrastructure Information Collection and Visualization	Identification and Analysis
	CIKR Information Sharing Project NIPP Management CIKR Partnerships	Coordination and Information Sharing
	Infrastructure Coordination and Incident Management Readiness Protective Security Advisors SSA Management Bombing Prevention	Mitigation
2010-2012	Vulnerability Assessments Project Infrastructure Sector Analysis Project Critical Infrastructure Technology and Analysis Project	Identification and Analysis
	Management, Planning, and Administration NIPP Management CIKR Partnerships	Coordination and Information Sharing
	National Infrastructure Coordinating Center Incident Planning & Exercises Infrastructure Security Compliance Protective Security Advisors SSA Management Bombing Prevention	Mitigation Programs
2013-2016	Vulnerability Assessments project Infrastructure Sector Analysis project* Bombing Prevention project	Infrastructure Analysis and Planning
	The Infrastructure Security Compliance (ISC) project Chemical Security Assessment Tool(CSAT) (MAJOR ACQUISITIONS)	Infrastructure Security Compliance
	Critical Infrastructure and Key Resources Partnerships project National Infrastructure Coordinating Center (NICC) Protective Security Advisors(PSA) project	Regional Field Operations
	Critical Infrastructure Technology and Architecture (CITA) project The Facilities project NIPP Management project Sector-Specific Agency Management project IP Gateway/Linking Encrypted Network System (LENS)(MAJOR ACQUISITIONS)	Sector Management and Governance

脆弱性评估项目（Vulnerability Assessments Project）：开发和部署针对关键基础设施的脆弱性评估方法，形成脆弱性识别能力并支撑安全计划制定，提供指导性的保护措施和风险降低策略。

基础设施领域分析项目（Infrastructure Sector Analysis Project）：从行动和战略方面对关键基础设施的安全事件、威胁和风险进行分析，协助关键基础设施中资产优先级的确定和风险管理，支撑安全事件处置和恢复。

炸弹预防项目（Bombing Prevention Project）：由炸弹预防办公室执行，对炸弹袭击事件进行预防、保护、响应和减灾，从而保护公民人身安全和关键基础设施安全。

基础设施安全合规项目（Infrastructure Security Compliance Project）：主要出发点为 CFATS 项目和硝酸铵安全项目，针对化工领域的高风险关键基础设施，制定安全规定，检查合规状况并进行审查。其中包含了化工安全评估工具项目（Chemical Security Assessment Tool），该项目开发的工具帮助化工设施进行脆弱性评估、安全计划制定和安全措施实施，其工具主要由美国橡树岭（ORNL）国家实验室开发[1]。

关键基础设施技术及体系结构项目（Critical Infrastructure Technology and Architecture（CITA）project）：其目标是为基础设施保护提供新的信息技术解决手段，包括关键基础设施技术研究、关键基础设施技术使用及维护以及关键基础设施数据管理三个方面，为关键基础设施的相关人员及时提供合适的工具及信息，确保关键基础设施数据采集和报告的有效性。

特定领域管理项目（Sector-Specific Agency Management project）：DHS 通过 SSA Management Project 执行领导各公私领域的任务，促进计划、项目、战略方针的协调和实施，以提高与 DHS 对口的 6 个关键基础设施领域的安全性和弹性，并通过信息共享协调其它 10 个关

1 http://computing.ornl.gov/cse/datasystems/pdfs/Chemical_Security_Assessment_Tool_Factsheet.pdf

键基础设施领域工程的实施。

基础设施保护网关项目（IP Gateway/Linking Encrypted Network System（LENS））：IP Gateway 提供了一个供 DHS 合作伙伴登陆的单向界面，其可以在应用和相关数据库之间实现互通与数据交换，进而可以为合作伙伴提供所需工具、数据信息、脆弱性评估和风险分析。IP Gateway 由 LENS 演变而来的安全门户和基础设施。IP Gateway 在应用和其相关联的数据库之间实现互通与数据交换，并通过各种应用间带宽、软件和硬件的共享来保证 NPPD/IP 信息技术的高效性。

第五章 特朗普时期的新发展

2018 年 9 年 20 日白宫发布美国《国家网络空间战略》（全文翻译见附录 5），这是特朗普上任以来首次发布的网络空间安全整体战略，特朗普声称该战略作为 15 年来美国再次出台的国家级战略，具有重要的战略和现实意义，将指导美国特朗普政府网络空间安全计划制定和工作安排。该战略的出台背景、重点内容、主要特点等方面既延续了前任政府的路线，同时又具有鲜明的新特征。

5.1 出台背景

5.1.1 全面摸查

2018 年美国《国家网络空间战略》是特朗普政府在对美国网络空间安全状况进行全面评估、全面摸底盘查的基础上提出的。

特朗普政府于 2017 年 5 月 11 日发布了“增强联邦政府网络与关键基础设施网络安全行政令[1]”（简称“网络安全行政令”，EO13800）。从联邦政府网络安全、关键基础设施网络安全、国家网络空间安全三个方面全面部署美国网络空间安全状况评估工作，明确各个职能部门任务分工、时间节点、评估内容，为美国新一届政府网络空间战略制定、工作布局提供依据。

近一年多来，美国国务院、国土安全部、商务部、行政管理与预算办公室四大部门相继发布多份报告，从国际合作、人才培养、风险应对、威慑实施等方面为特朗普政府建言献策。这多份报告既是为了完成网络安全行政令留下的“作业”，审视了当前美国联邦政府的网络安全状况，同时也为特朗普政府提出了一系列网络安全行动建议。

1 https://www.gpo.gov/fdsys/pkg/FR-2017-05-16/pdf/2017-10004.pdf

2018 年 5 月 22 日，美国商务部与国土安全部联合发布报告《增强互联网和通信生态系统应对僵尸网络和其他自动化分布式威胁的弹性》[1]，提出 5 大目标，24 条行动建议，来减少自动化分布式攻击的威胁，提高互联网生态系统的弹性。

2018 年 5 月 30 日，美商务部与国土安全部发布报告《支持国家网络安全人才队伍的发展和维持》，提出四项当务之急、20 条建议和 47 项行动建议。

2018 年 5 月 30 日，美国行政管理和预算局（OMB）发布报告《联邦网络安全风险诊断报告和行动计划》[2]，列出了联邦政府面临的 4 项风险，并相应给出了 4 条整改建议。

2018 年 5 月 31 日，美国务院发布《关于威慑敌人和更好地保护美国人民免受网络威胁的建议》[3]，认为目前美国的网络安全战略框架不足以抵御恶意网络活动，特别是对于存在于武力使用“阈值”之下的网络攻击仍然缺乏相关应对举措。对此，报告建议制定更为广泛的“后果目录”，并采取措施解决归因问题，减少实施反制的政策障碍，帮助美国政府可在重大网络事件后迅速行动。

2018 年 5 月 31 日，美国务院还发布了《关于通过国际合作保护美国网络利益的建议》[4]，提出五项主要目标：一是提高国际稳定性，减少网络空间风险；二是识别、检测、破坏和阻止恶意网络活动，保护、应对并迅速从这些威胁中恢复过来，并通过以下方式提高包括关键基础设施在内的全球网络生态系统的弹性；三是维持一个开放并具有互操作性的互联网，

1 Enhancing the Resilience of the Internet and Communications Ecosystem Against Botnets and Other automated, Distributed Threats

2 https://www.whitehouse.gov/wp-content/uploads/2018/05/Cybersecurity-Risk-Determination-Report-FINAL _May-2018-Release.pdf

3 Recommendations to the President on Deterring Adversaries and Better Protecting the American People from Cyber Threats

4 Recommendations to the President on Protecting American Cyber Interests through International Engagement

保障人权与跨境数据流动；四是确保多利益攸关方在网络空间治理中不可或缺的作用；五是推动建立一个支持创新、尊重网络空间全球性本质的国际监管环境。该报告还提出 20 条行动建议，帮助美国政府建立网络安全国际合作战略。

总之，在过去一年多的时间内，特朗普政府对美国网络空间安全整体情况进行全面评估，为新一届政府网络空间安全战略的制定奠定了现实基础。

5.1.2 提前调整

特朗普政府在 2018 年发布网络空间国家战略，这一举措从历来的记录来看“按照惯例”，但又“提前”对美国国家安全战略进行重大调整，反映出新时期的剧烈变化。

2017 年 12 月 18 日，美国白宫发布了特朗普政府的首份《国家安全战略报告》[1]。与以往新任总统至少在任职的第二年、第三年才推出此类报告有所不同[2]，新一届政府急迫提出新的国家安全战略，展现了总统在国家安全领域的施政意图与目标，为其军事和外交政策、国防开支、贸易谈判和国际合作擘画了蓝图。

与前任奥巴马相同的是，特朗普在报告中确定了涉及美国国家安全“四大核心的国家利益”，即一是保卫美国国土安全、美国人民和美国的生活方式；二是促进美国繁荣；三是强力捍卫和平；四是提升美国影响力。对照就不难发现，在特朗普的《国家安全战略报告》中，“普世价值”已从“核心利益”中消失，第一项里“美国的盟国及伙伴国”的表述不见了，“由美国推进的国际秩序”也变为“提升美国影响力”；总之，国家利益的侧重点已由“普世”回归了美国。特朗普的《国家安全战略报告》还把中俄“野

---

1 https://www.whitehouse.gov/wp-content/uploads/2017/12/NSS-Final-12-18-2017-0905.pdf

2 尽管历届总统的《国家安全战略》本身并不具备法律效力，但是鉴于报告提交的日期与下一年度的财政预算捆绑在一起，它绝非虚设。事实上，无论就美国国会推出相关法案的初衷而言，还是就法案实施的时间跨度而言，《国家安全战略》已经构成美国国家安全战略的中长期规划，它不但决定着美国军事、外交的走向，也对美国国家战略的其他部分产生着重要的影响。

心”、伊朗和朝鲜、国际恐怖组织列为美国面临的“三大挑战”。

在特朗普的《国家安全战略报告》“需要更新的能力”清单中，列出的第一项即是“军事能力”：军事能力是美国影响力竞争中的核心组成部分，联合武装力量展示美国解决问题和实现承诺的能力，这种能力就是在任何貌似有理的冲突中，对抗和赢得任何威胁美国核心利益的挑战。这份清单的其他内容包括国防工业基础、核力量、外层空间、网络空间和情报能力等。对于获得军事优势的途径，明确了“保持美军在全维空间——空中、海上、陆地、外层空间、网络空间——阻止和击败任何威胁美国利益的对手的能力”。

总之，特朗普提出全新的国家安全战略——从倚重“软实力”到倚重“硬实力”（军事力量），从倡导“共同价值”到强调“美国优先”，就是这一转折（或曰“让美国再次强大”）的必然结果。同时，特朗普对于中国或中美关系的重新定位及其战略布局已经清晰化，它是美国面对新的历史转折期的一种必然选择。

5.2 重点内容

5.2.1 愿景

美国网络空间安全愿景：通过保护网络、系统、功能和数据来保卫家园；通过培育安全、繁荣的数字经济和强大的国内创新，促进美国的繁荣；通过加强美国的网络能力来维护和平与安全，并与盟国和伙伴合作，阻止且在必要时惩罚出于恶意目的网络用户；扩展开放、可互操作、可靠和安全的互联网的关键原则，扩大美国在海外的影响力。

5.2.2 四个支柱

（1）支柱 1：保护美国人民、国土和美国生活方式

以管理网络安全风险，提高国家信息和信息系统的安全和弹性为目标，核心内容包括保护联邦政府网络与信息系统、保护关键基础设施、和打击网络犯罪。

重点工作包括将继续在国土安全部内部署一体化的能力、工具和服务；

联邦政府还将继续领导标准和最佳实践的制定和实施，如公钥加密基础设施安全运行的基础，NIST 将继续对抗量子的公钥加密算法进行研究、评估和标准化保护关键基础设施；在改善运输和海上网络安全部分，明确要发展下一代具有网络弹性的海事基础设施；在改善太空网络安全方面，明确要加强现有和未有空间系统的网络弹性；用针对性和透明的方式改进信息和通信技术的安全及弹性能力；政府将加强与通信技术提供商的信息共享能力；与已许可的 ICT 运营商共享涉密的威胁和漏洞信息；明确了保护选举基础设施和恢复选举基础设施；在优先考虑国家研究和发展项目投资中，将更新国家关键基础设施安全和弹性研究与发展计划，建立针对大规模或长期中断的弹性恢复能力；明确了查明和摧毁僵尸网络、暗网市场以及用于网络犯罪的其他基础设施；应对匿名化和加密技术等技术壁垒带来的挑战；改进安全事件报告和响应，特别是重要的关键基础设施合作伙伴对入侵和数据泄密事件进行报告；减少跨国犯罪组织在网络空间的威胁，阻止侵入敏感的纳米系统、进行大规模的数据泄露、传播勒索软件、攻击关键基础设施以及窃取知识产权。

本质上是由 DHS 负责国土防御部分，映射到 CNCI 中的 1、2、3、12。

（2）支柱 2：促进美国繁荣

以维持美国在科技生态系统与网络空间发展中的影响力，使其成为经济增长和创新的开放引擎为目标，核心内容包括建立充满活力和弹性的数字经济时代、培养和保护美国的创造力、培养优秀的网络安全员工队伍。

重点工作包括投资以 5G 安全技术、人工智能和量子计算为代表的下一代基础设施建设；促进跨境数据的自由流通；推进全生命周期的网络安全，包括促进对产品和系统的网络安全弹性的定期测试与演练，改善数字身份管理的端到端生命周期进行评估，包括过度依赖社会安全号码等；更新外国在美投资机构和业务的审查机制；建立一个全球知识产权体系，维持强大、平衡的知识产权保护体系；以机密商业信息为抓手保护美国思想的机密性和完整性。

本质上是由 DHS、OSTP 负责部分，关于科技、知识产权保护、人才队伍建设，映射到 CNCI 中的 4、8、9。

（3）支柱 3：以实力捍卫和平

以识别、反击、破坏、降低和阻止网络空间中破坏稳定和违背国家利益的行为，同时保持美国在网络空间中的优势为目标，核心内容包括通过国家责任行为规范提高网络稳定性、对网络空间中的不可接受行为进行定性和威慑。

重点工作包括：将推动建立在国际法基础上的网络空间国家责任行为框架；优先开展全源网络情报、对恶意网络行为者实施严惩、建立网络威慑倡议、揭露和反击网络恶势力开展虚假信息散播等，以综合战略的方式确定和制止恶意网络活动。

本质上是由 DOD、DNI 负责部分，关于威慑、情报相关内容，映射到 CNCI 中的 5、6、7 部分。

（4）支柱 4：支持推进美国影响力

以维护互联网的长期开放性、互操作性、安全性和可靠性为目标，核心内容包括推进互联网的开放、可互操作、可靠和安全、建设国际网络能力。

重点工作包括保护和促进互联网自由；与志同道合的国家、行业、学术界和民间社会合作，推动互联网治理的多方利益相关者模式；促进可互操作和可靠的通信基础设施和互联网连接；促进和维护美国在世界范围内的独创性市场；保护国内关键的基础设施和全球供应链；以提高我们优化技能、资源、观察和应对共同威胁的能力；帮助发现、制止和击败网络空间中的共同威胁；还将积极加大共享自动化和可操作的网络威胁信息的力度。

本质是战略传播，意识形态渗透。

5.3 主要特点

5.3.1 思想内容一脉相承

美国网络空间战略是特朗普政府在网络空间领域的主张和未来几年的部署，与国家安全战略和网络安全计划等一脉相承。一是特朗普政府国家安全战略的重要组成部分，是按照国家安全战略的支柱组织的，高度概括总结美国网络空间安全战略的四个支柱：保护美国人民、国土和美国生活方式；促进美国繁荣；以实力维护和平；推进美国影响力。与2017版国家安全战略一脉相承，是国家安全战略在网络空间的映射和延伸。二是对网络安全行政令EO13800的回应、总结。从特朗普政府2017年5月发布开始，美国各个部门对美国网络空间安全进行全面的评估，对过去成功的经验进行继承和对失败教训进行改正。三是对网络空间安全国家行动计划（Cybersecurity National Action Plan[1]，CNAP）计划进行全面评估，多种理念继续执行，如NIST发布的《加强关键基础设施网络安全框架[2]》还在持续推进。四是与国防部（DOD）《网络空间战略[3]》一脉相承。五是与国土安全部（DHS）《网络空间安全战略[4]》一脉相承。

5.3.2 特朗普特色发挥极致

美国网络空间战略将“特朗普特色”发挥的极致，全文强调“直截了当”“美国优先”“以实力捍卫和平”“前置防御”。一是明确将中俄“野心”、伊朗和朝鲜、国际恐怖组织列为美国面临的“三大挑战”，直截了当，不避讳。二是强调“美国优先”，战略中首要任务就是要“保护美国人民、国土和美国生活方式”和“促进美国繁荣”等，包括：保护联邦政府网络和信息、保护关键基础设施、打击网络犯罪并改进网络事件报告三个方面。三是强调“实力捍卫和平”，通过“通过国家责任行为规范提高网络稳定性”和“对网络空间中的不可接受行为进行定性和威慑”等方式，识别、反击、破坏、降低和阻止网络空间中破坏稳定和违背国家利益的行为，同时保持美国在网络空间中的优势。四是强调“前置防御”（defend forward），

1 https://obamawhitehouse.archives.gov/the-press-office/2016/02/09/fact-sheet-cybersecurity-national-action-plan

2 https://nvlpubs.nist.gov/nistpubs/CSWP/NIST.CSWP.04162018.pdf

3 https://media.defense.gov/2018/Sep/18/2002041658/-1/-1/1/CYBER_STRATEGY_SUMMARY_FINAL.PDF

4 https://www.dhs.gov/sites/default/files/publications/DHS-Cybersecurity-Strategy_1.pdf

提出在网络空间进行“威慑”，采取“进攻性行动”等强硬举措。

5.3.3 立体化多维化的六个“更加”

一是挑战更加具象。在威胁挑战方面，报告中明确把中俄“野心”、伊朗和朝鲜、国际恐怖组织列为美国面临的“三大挑战”。明确描述为“俄罗斯、伊朗和朝鲜进行了不计后果的网络攻击，伤害了美国和国际商业以及美国的盟国和伙伴，却没有付出可能阻止未来网络侵略的代价。中国从事网络化的经济间谍活动和数万亿美元的知识产权盗窃。包括恐怖分子和罪犯在内的非国家行为者利用网络空间来牟利、招募、宣传和攻击美国及其盟国和伙伴，他们的行动常常受到敌对国家的保护。”表明了特朗普政府在网络空间领域对于中国或中美关系的重新定位。

二是定位更加高远。将网络空间提高到前所未有的战略高度。首先是15年后再次推出独立网络空间战略，彰显了新一届政府对网络空间的重视；其次是既将网络空间界定为美国财富和创新的基础，又将网络空间界定为一个新的战场。报告中明确提到“网络空间成为美国财富创造和创新的基础。网络空间是美国金融、社会、政府和政治生活不可分割的组成部分。”、“美国的繁荣和安全取决于我们如何应对网络空间中的机遇和挑战。”、“网络空间是一个战场，在那里，美国压倒性的军事、经济和政治力量可以被抵消，美国和其盟友和合作伙伴都很脆弱。”表明网络空间的在美国国家安全的重要性，同时对网络空间面临挑战以及通过网络空间影响其他空间的霸权地位的担忧。

三是领域更加聚焦。《国家网络空间战略》关键基础设施保护重点关注领域从2003版11个，减少到2018版7个。包括国家安全（National security）、能源与动力（energy and power）、银行与金融（banking and finance）、健康与安全（health and safety）、通信（communications）、信息技术（information technology）和交通（transportation）。表明关键基础设施保护方面发展到一个新的阶段，更加强调国家安全、能源和动力、隐私等方面。

四是理念更加成熟。纵观20多年来美国网络空间安全防御历程，整体上美国网络空间安全防御思想是基于风险管理的，在过去很长一段时间内，美国网络空间安全以减少“攻击面”为防御理念，如可信互联（TIC）、移动目标防御（MTD）、单一安全架构（SSA）等。以技术发展和工程布局的基点、基线，全面推行国家网络安全战略。2013年陆军提出“弹性”防御的理念后，目前美国将“弹性”作为2018版网络空间安全防御的最重要理念，表明美国网络空间安全理念发展到一个新的阶段，“弹性”理念的内涵、关键技术值得深入研究。

五是布局更加务实。与其说这是一份战略，不如说是一份行动计划。明确规定了重要事项和优先级，具有极强的可操作性。如在“保护我们的民主”方面，明确了“更好地准备和保护选举基础设施”。在改善运输和海上网络安全方面，明确了“加速发展下一代具有网络弹性的海事基础设施”。在打击网络犯罪并改进网络事件报告方面，明确了“应对匿名化和加密技术等技术壁垒带来的挑战”。在改进安全事件报告和响应方面，特别强调了：“重要的关键基础设施合作伙伴对入侵和数据被窃取事件进行报告”。在减少跨国犯罪组织在网络空间的威胁方面，加强“侵入敏感的纳米系统、进行大规模的数据泄露、传播勒索软件、攻击关键基础设施以及窃取知识产权”等方面力度。

六是观点更加鲜明。在整个报告中提出许多具有真知灼见的观点，如在漏洞方面提出“针对关键基础设施的大多数网络安全风险是源于对已知漏洞的利用”；在网络犯罪方面提出“网络犯罪的无国界性”；在跨境数据流动方面提出“实现全球数据的自由流通”；在情报方面提出“全源网络情报”。反映了美国多年来网络空间安全方面的经验总结与积累。

5.4 解析判断

通过对该报告的分析，在此提出几个基本判断：

（1）该报告是国家安全战略在网络空间的映射和延伸

国家网络空间战略的制定是按照国家安全战略的支柱组织的，与2017版国家安全战略一脉相承，是国家安全战略在网络空间的映射和延伸，特朗普政府国家安全战略的重要组成部分。将网络安全威胁作为国家威胁的重要组成部分，统一考虑，同时更加注重交织领域研究。如在保护关键基础设施部分优先考虑“改善运输和海上网络安全”“ 改善太空网络安全”，进一步凸显网络空间与海洋、太空的交织性，强调不同领域威胁的统一性、传导性、级联性。

（2）该报告是网络空间安全执行情况经验总结和总集合

国家网络空间战略的制定是以 EO138000 为起点，以安全评估结果为基础的。各部委对过去 10 年来（从 2008 年 CNCI 执行开始）网络空间安全执行情况进行评估，对过去好的经验进一步加强和推广。如在将联邦政府民用网络安全的管理和监管进一步集中部分明确提出“国土安全部还将有权监控这些服务和基础实施，提高美国的网络安全态势。在适当的时候，我们还将继续在国土安全部内部署一体化的能力、工具和服务”，充分肯定了 TIC、爱因斯坦Ⅱ、爱因斯坦Ⅲ取得的成绩，将进一步提升网络安全态势，同时明确了 TIC 基于云的解决方案，推动“FedRAMP 前进计划”。

国家网络空间战略与太空战略、海洋战略等一样，是国家按照领域制定的专有战略，涵盖了国土安全部网络空间安全战略、国防部网络空间战略等方面，因为《国土安全部网络空间安全战略》、《国防部网络空间战略》比《国家网络空间战略》推出时间早些，可以认为《国家网络空间战略》是各个部委网络空间安全战略的总集成。

（3）该报告是未来国家网络空间安全总纲领和总部署

网络空间战略的制定，明确了特朗普政府未来在网络空间领域的主旨、立场、愿景、目标、主要内容、优先事项等，既是特朗普政府未来国家网络空间安全行动的总纲领，也是特朗普政府对未来网络空间安全工作的总部署。

（4）该报告展示了特朗普回击网络攻击的决心

《战略》中新提出了“前置防御”的概念，通过先发制人、击溃和威慑等方式抵御重大网络攻击，与之前纵深、积极防御模式的不同在于，美国只要“认为可能造成威胁”，就可以在网络未受影响前开始行动，这使得《战略》更具有侵略性和攻击性。《华盛顿邮报》称，《战略》是特朗普政府在网络空间采取强硬立场的最重要一步。40 页的战略包含极少新的倡议，更多是对以前工作的总结，但是特朗普却借此向国会议员和网络安全专家展示了其应对俄罗斯及外国敌对者的决心。“福布斯”新闻网认为，迟做总比不做好，在网络空间美国正在打一场多方面的战争，俄罗斯“干涉”仅是一小部分，美国必须采取行动。

第六章 我国网络空间能力体系构建设想

网络空间（Cyberspace）以其“超领土”的虚拟存在，全面渗透现实世界的政治、经济、军事、科技和文化等领域，被称为继陆海空天实体空间之后的“第二生存空间”和“第五个作战领域”，是目前最具活力、影响力和发展潜力的新领域。美国战略家丹尼尔·奥·格雷厄姆深刻指出：“纵观人类历史，凡是那些最有效地从人类活动的一个领域迈向另外一个领域的国家，总能获得巨大的战略优势。”这一点已得到人类历史的反复证明。成功经略海洋，造就了英国这个曾经辉煌一时的“日不落帝国”；成功经略太空，确立了美国至今都难以撼动的“太空霸主”地位。进入信息时代，网络空间的出现和快速发展，又成为新一轮博弈中争相抢占的战略制高点。有美国学者认为“21世纪掌握制网权与19世纪掌握制海权、20世纪掌握制空权一样具有决定意义。”网络空间成为支撑人类社会发展的基石，是陆海空天交织的着力点，是确保战略优势和力量发挥的核心引擎。

6.1 网络空间面临威胁和攻击手段分析

6.1.1 网络空间威胁类别

网络空间是信息的全球域，其特征是利用电子和电磁频谱，并通过基于信息通信技术的相互依赖和相互连接的网络，来创建、存储、修改、交换和利用信息[1]。

我国网络空间包括：民用基础信息网络、民用重要信息系统、重要工业控制系统、面向社会服务的政务信息系统、军事信息网络、军事信息系统等。其中民用基础信息网络包括电信网络、广播电视网、互联网、移动互联网；民用重要信息系统包括能源、金融、公安、交通、教育等方面信

1 An American Strategy for Cyberspace: Advancing Freedom,Security, and Prosperity[EB/OL]. http://www.aei.org/publication/an-american-strategy-forcyberspace-advancing-freedom-security-and-prosperity/

息系统；重要工业控制系统包括核设施、航天航空、先进制造、石油石化、油气管网、电力系统、水利枢纽、城市设施等方面信息系统；面向社会服务的政务信息系统包括党政机关、使用财政资金的事业单位等信息系统；军事信息系统包括建立在军事信息网络上的情报系统、办公系统、指挥控制系统、后勤保障系统等，如图 6.1 所示。

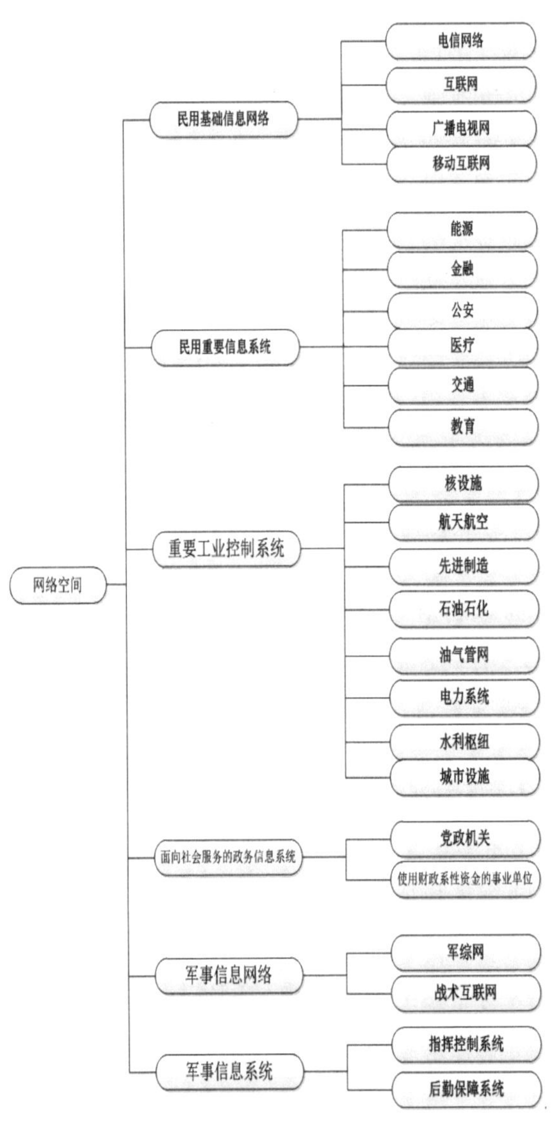

图 6.1 我国网络空间构成

网络空间的快速生长发展，催生了种种安全问题：政治领域“颜色革命”暗流涌动、经济领域的网络犯罪日益猖獗、社会领域的网络事件频繁发生、军事领域的作战加速转型。这些新现象、新趋势、新问题都是传统领域安全在网络空间时代催化变异的体现和反映。归纳来看，网络空间活动面临六大类威胁：网络欺诈，网络犯罪，网络间谍，网络恐怖主义，网络意识形态斗争，网络战争[1]。表 6.1 给出了网络空间目标与面临威胁之间的关系。

表 6.1 目标与面临威胁之间的关系

	网络欺诈	网络犯罪	网络间谍	网络恐怖主义	网络意识形态斗争	网络战争
民用基础信息网络	4	4	4	3	4	4
民用重要信息系统	2	2	2	4	2	4
重要工业控制系统	1	2	2	4	2	4
面向社会服务的政务信息系统	2	2	4	2	2	3
军事信息网络	0	0	2	1	1	4
军事信息系统	0	0	1	1	0	3
备注：表格中的数字表示影响的程度。0：无影响；1：影响小；2：影响较小；3：影响较大；4：影响大						

6.1.2 网络空间威胁评估

为了对这些威胁进行计算和评估，采用主成分分析法（PCA）分析网络空间目标与面临威胁之间的关系，将多个相互关联的网络空间面临的威胁转化为少数几个互不相关的综合指标，即用较少的指标来代替和综合反映较多的原始信息，进而对面临类似威胁的目标进行聚类。通过对主成分特征值、方差贡献率及累计贡献率的计算，主成分统计信息如表 6.2 所示。

1 Franklin D.Kramer, et al. Cyberpower and National Security[M]. National Defense University Press and Potomac Books., 2016

特征值 1、2 累计贡献率已经包含和解释了原始数据的 90% 信息量，因此确定了主成分个数为 2 个，以此来代替原有的 6 类威胁。

表 6.2 主成分统计信息

主成分	特征根	贡献率 %	累计贡献率 %
主成分 1	4.14	0.69	0.69
主成分 2	1.28	0.21	0.90

进一步计算主成分载荷矩阵，从表 6.3 中可知，主成分 1 主要包含网络欺诈、网络犯罪和网络意识形态斗争等，与信息内容安全的方向强相关，核心内涵是国家、各种目的性组织和个人针对网络空间内容实施攻击；主成分 2 主要包含网络间谍威胁，其内涵是国家和各种目的性组织针对网络空间内容实施情报侦察。

表 6.3 主成分载荷矩阵

主成分得分系数		
	f1	f2
网络欺诈	0.23	0.17
网络犯罪	0.24	0.06
网络间谍	0.19	0.44
网络恐怖主义	0.17	-0.44
网络意识形态斗争	0.24	0.02
网络战争	0.11	-0.61

基于主成分载荷矩阵，计算主成分得分和综合评价函数。威胁主成分得分越高表示面临威胁越严重，得分越低表示面临威胁较少。从表 6.4 可知，目标面临的威胁程度从高到低依次为民用基础信息网络、面向社会服务的政务信息系统、民用重要信息系统、重要工业控制系统、军事信息网络、军事信息系统。

表 6.4 主成分得分和综合评价函数得分

主成分得分			
	f1	f2	加权得分
民用基础信息网络	1.50	0.39	6.70
民用重要信息系统	0.33	−0.97	0.14
重要工业控制系统	0.18	−1.08	−0.63
面向社会服务的政务信息系统	0.18	1.55	2.74
军事信息网络	−0.83	−0.34	−3.85
军事信息系统	−1.37	0.46	−5.10

为了将网络空间中不同的目标对象划分战略群组，从而设计和部署类似的安全防护机制，可以采取聚类分析方法。其基本思想是依照事物的数值特征，来观察样本之间的亲疏关系。样本之间的亲疏关系则由样本之间的距离来衡量，在样本之间的距离定义之后，则把距离近的样本归为一类。将表 6.1 中目标与面临威胁之间的关系强度作为距离向量，根据类别数的选取，可以将网络空间目标划分为 2 类或 3 类，如表 6.5 所示。

表 6.5 聚类分析结果

	层次聚类	
目标	类别数 2 情形	类别数 3 情形
民用基础信息网络	第 2 类	第 1 类
民用重要信息系统	第 2 类	第 2 类
重要工业控制系统	第 2 类	第 2 类
面向社会服务的政务信息系统	第 2 类	第 2 类
军事信息网络	第 1 类	第 3 类
军事信息系统	第 2 类	第 2 类

6.1.3 攻击手段与威胁成因

为达到某一特定攻击目的，攻击者将精心选择攻击对象，采用由侦察、武器化、装载、利用、运行、指控和消除等若干环节构成的杀伤链向目标发起攻击。采取的可能手段包括：社会工程、网络侦察、网络攻击、供应链污染等之一，或几种手段的结合，如图 6.2 所示。

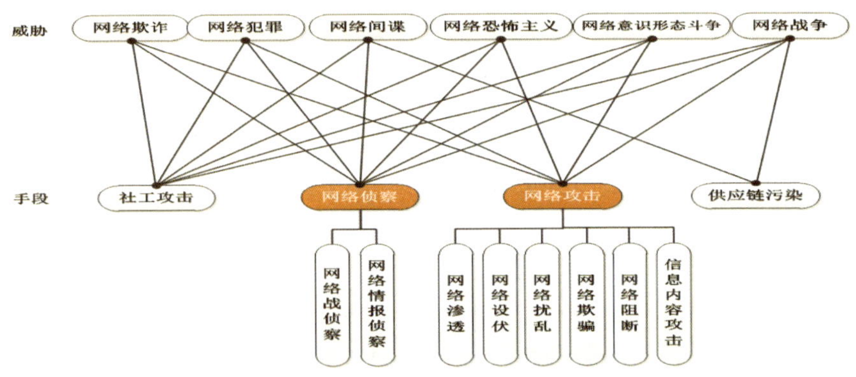

图 6.2 攻击手段与威胁成因联系

6.2 网络空间战略及其相互关系分析

网络空间是典型的非领土空间，将成为与陆地、海洋和太空等空间并列，关乎国家战略安全、影响战争形态演变、决定现代战争胜负的关键活动领域。各国都已经将网络空间作为保持国家繁荣发展、维护国家战略安全和拓展国家利益的新战略制高点。由于遵循不同的行动准则，各国在网络空间开展了激烈的竞争[1]。

网络空间的快速成长将催生新的治权法则。在非领土空间的主导争夺过程中，存在着“先占者主权”原则和“人类共同财产”原则之争。“先占者主权”原则建立在国家中心主义基础上，强调以实际控制能力为主要表现形式的硬实力，认为国家在此类非领土空间中的行动自由与国家的能力直接相关，有多强的实力就可以获得相应的适用份额。坚持此项原则的国家，往往看重“行动自由”，不支持运用规则或其他非实力因素去限制国家行动；

“人类共同财产”原则主张对所有国家，包括那些暂时不具备实际技

1 沈逸 . 网络时代的数据主权与国家安全：理解大数据背景下的全球网络空间安全新态势 [J]. 中国信息安全，2015（5）：59-61.

术能力开发利用特定资源的国家，保留一定的资源份额，以便使其享受到作为人类共同财产的稀缺资源所能带来的福祉和收益。坚持此项原则的国家大多为不具备技术等硬实力、在非领土控制开发中处于相对弱势，尤其是第二次世界大战后才逐渐登上国际舞台的发展中国家，他们试图借助多边主义以及国际机制保护自身合法收益。网络空间的特殊属性，使得这两项原则之间的竞争及其可能产生的后果影响更加深远[1]。

就网络空间自身而言，其用户和资源分布的不对称性十分显著，用户多数分布于发展中国家而优质的资源、服务以及关键技术多分布在发达国家。我国在网络空间控制开放中处于相对弱势，在网络空间中将采取何种战略是一个亟待研究的严峻课题。

6.2.1 应对战略选择

面向网络空间威胁，可以采用的应对战略包括：威慑、非对称、依法治网、军备控制、军民融合、主动防御、纵深防御、自主可控等。采用主成分分析方法对威胁与战略之间的关系进行分析，首先将战略影响程度按照威胁种类进行量化，如表 6.6 所示。

表 6.6 面临威胁与应对战略之间的关系

	威慑	非对称	依法治网	军备控制	军民融合	主动防御	纵深防御	自主可控
网络欺诈	0	3	4	0	3	3	2	0
网络犯罪	0	3	4	0	3	2	1	0
网络间谍	0	4	0	1	3	3	1	4
网络恐怖主义	0	2	2	0	3	2	1	0
网络意识形态斗争	0	3	4	0	4	2	0	0
网络战争	3	4	0	2	4	4	1	4
备注：表格中的数字表示影响的程度。0：无影响；1：影响小；2：影响较小；3：影响较大；4：影响大								

1 李雪威，王晓璐．美韩同盟新拓展：网络空间安全合作 [J]. 东北亚论坛，2015（4）：116-126.

进一步对关系矩阵进行主成分统计分析，计算特征值、方差贡献率及累计贡献率。由表 6.7 可知特征值 1、2、3 累计贡献率已经解释了原始数据的 94% 信息量，因此确定了主成分个数为 3 个，以此来代替原有的 8 个战略。

表 6.7 主成分统计信息

主成分	特征根	贡献率 %	累计贡献率 %
主成分 1	5.03	0.63	0.63
主成分 2	1.65	0.21	0.84
主成分 3	0.78	0.10	0.94

表 6.8 主成分载荷矩阵

主成分得分系数			
	f1	f2	f3
威慑	0.17	−0.10	−0.52
非对称	0.17	0.02	0.18
依法治网	−0.17	−0.09	−0.52
军备控制	0.20	−0.01	0.00
军民融合	0.09	−0.49	−0.40
主动防御	0.18	0.17	−0.37
纵深防御	0.00	0.56	−0.49
自主可控	0.19	0.07	0.41

如表 6.8 所示，主成分 1 主要包含威慑、非对称、军备控制、主动防御等，与网络空间作战强相关，是应对网络空间高强度对抗的综合策略；主成分 2 主要包含纵深防御，是应对网络犯罪、网络欺诈网等的一个重要策略；主成分 3 包括自主可控，是应对网络间谍的重要策略。

继续对威胁进行层次聚类，如表 6.9 所示，如果将网络空间威胁分为二类，则类型 1 属于和平时期网络空间面临的主要威胁，类型 2 属于战争时间网络空间面临的威胁；将网络空间威胁分为二类，则类型 1 属于网络意识形态斗争，类型 2 属于网络间谍，类型 3 属于网络战争。

表 6.9 层次聚类结果

	层次聚类	
目　标	类别数 2 情形	类别数 3 情形
网络欺诈	第 2 类	第 2 类
网络犯罪	第 2 类	第 2 类
网络间谍	第 2 类	第 1 类
网络恐怖主义	第 2 类	第 2 类
网络意识形态斗争	第 2 类	第 2 类
网络战争	第 1 类	第 3 类

6.2.2 战略间关系分析

网络空间安全面对的是一个动态变化的虚拟空间，既要管辖规范行为，更要防范思想颠覆；既要打赢“养兵千日、用兵一时”的“军事仗”，也要应对和打赢天天都在发生的“政治仗”；既要把握国家安全发展的一般规律，又要凸显其特殊性，使网络空间安全从维护国家利益的军事利益和军事对抗拓展为国家、各种目的性组织和个人之间的混合复杂对抗，因此，在何时采用何种战略，以及战略之间存在怎样的内在联系，将影响我国在网络空间的主动权[1]。

DEMATEL（Decision Making Trial and Evaluation Laboratory），其中文含义是决策试行与评价实验室，是 1971 年在日内瓦的 Battelle 协会上，为了解决现实世界中复杂困难问题而提出的方法，是进行因素分析的一种有效方法。这种方法充分利用专家的经验和知识来处理复杂的社会问题。

采用 DEMATEL 方法分析各种战略之间内在的关系，分析战略之间的因果因素，对战略重要性程度进行排序，为战略选择提供参考。

1 裴毅东．美国赛博空间安全攻防能力体系建设研究 [J]. 现代军事，2015（11）：36-44.

表 6.10 应对战略直接影响矩阵

	威慑	非对称	依法治网	军备控制	军民融合	主动防御	纵深防御	自主可控
威慑	0	2	4	0	4	3	2	2
非对称	3	0	3	3	0	1	0	2
依法治网	1	1	0	0	2	0	0	0
军备控制	2	3	0	0	2	3	3	3
军民融合	3	1	2	0	0	3	3	2
主动防御	3	1	2	3	4	0	3	2
纵深防御	2	0	1	2	3	3	0	2
自主可控	1	2	0	3	2	3	2	0
备注：表格中的数字表示影响的程度。0：无影响；1：影响小；2：影响较小；3：影响较大；4：影响大								

DEMATEL 方法的因素重要指标包括中心度、影响度、被影响度和原因度等，求得的各要素的中心度和原因度与指标的顺序无关。因素中心度表示该因素在指标体系中的位置及其所起作用的大小；影响度和被影响度表示该元素对其它因素影响或受其它因素影响的程度；原因度由影响度和被影响度经过综合后得出。

从表 6.11 可知，因素中心度从大到小依次为主动防御、军民融合、自主可控、纵深防御、非对称、依法治网、威慑、军备控制。从原因度数据可知，威慑、依法治网和军备是结果要素，必须基于强大的技术基础才能具备。

表 6.11 应因素影响分析矩阵

	威慑	非对称	军备控制	军民融合	依法治网	主动防御	纵深防御	自主可控
中心度	2.077	2.466	1.252	2.884	2.277	3.629	2.492	2.538
原因度	−0.81	0.613	−0.83	0.182	−0.21	0.54	0.353	0.16
影响度	0.635	1.539	0.211	1.533	1.033	2.085	1.422	1.349
被影响度	1.442	0.926	1.041	1.351	1.244	1.544	1.069	1.189

网络空间是一个开放的领域，发展永无止境，技术升级永不停息，是人员、技术和操作因素高度融合的综合体，其管理规律具有较大的特殊性，这就决定了网络空间安全是一项系统工程。既要从国家层面对核心技术、关键产品进行整体规划、重点攻关，也要坚持技术、法制、与管理并重的原则，加强网络空间国际合作和公民网络素质培养，实现安全与发展相互促进、防御与建设相结合[1]。技术能力是实现网络空间安全的物质基础和重要手段，为网络空间安全战略的实施提供支持和保障。

6.3 能力发展选择与战略支撑关系

6.3.1 能力发展选择

网络空间作为人类活动的第五维空间，人类在认知、行动过程中与陆、海、空、天空间有相同相似之处，都是围绕打造“发现（Discover）、利用（Utilize）、控制（Control）”三个方面能力开展，但是网络空间作为一个人造的空间，具有其独有特性，还需要发展“塑造（Shape）”能力，共同构成了“DUCS”能力布局，如图 6.3 所示。

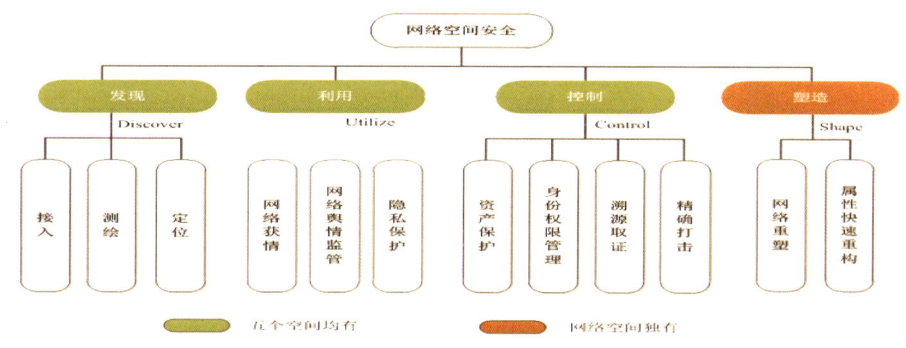

图 6.3 网络空间能力布局

发现能力重点发展网络空间资源的接入、测绘、定位能力，接入能力重点发展针对深网、高安全防护网络、物理隔离网络的接入能力；测绘能力重点发展非协作网络、深网的资源测绘；定位能力重点发展针对已知目

1 惠志斌．我国国家网络空间安全战略的理论构建与实现路径 [J]. 中国软科学，2012（5）：22-27.

标的网络空间定位，包括人立方、事立方等；利用能力重点发展利用网络空间实现网络空间安全的能力，包括网络获情、网络舆情监管和隐私保护；控制能力重点发展网络的控制能力和数据资源的掌控能力，包括资产保护、身份与权限管理、溯源取证、精确打击；塑造能力重点发展网络重塑和属性快速重构能力。

网络空间能力发展的目标是：将 DUCS 视为有序衔接、迭代演进的环路，通过强化对我方网络的控制权和数据资源的掌控权，对其实施有效治理，确保其功能和性能不受侵害，从而不断完善我方“DUCS 环”，干扰/破坏对方的“DUCS 环”，达到在战略博弈中掌握网络空间的主动权，赢得网络空间战略优势。网络空间已方“DUCS”能力与反制对手“DUCS”的能力构成了网络空间八大战略能力体系。

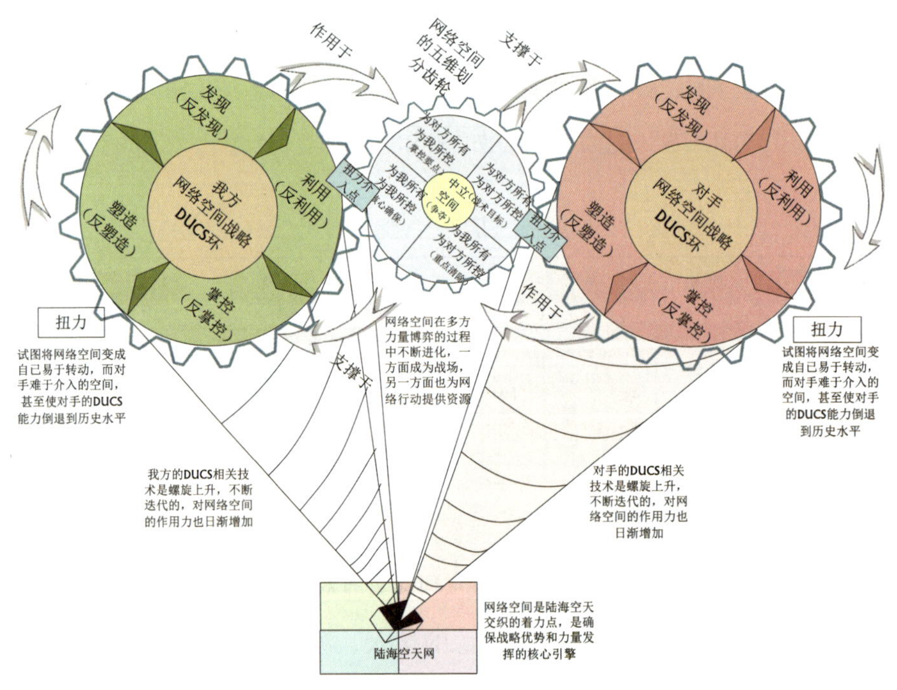

图 6.4 网络空间能力运行视图

如图 6.4 所示，网络空间是陆海空天交织的着力点，是确保战略优势和力量发挥的核心引擎。网络空间在多方力量博弈的过程中不断进化，一方面是双方力量交织的战场，另一方面也为作战活动提供资源。在对抗能力发展过程中，双方都试图将网络空间变成已方易于转动和前进，而对手难于介入和发展的空间，甚至使对手的“DUCS”能力倒退到历史水平。双方的“DUCS”相关技术是螺旋上升，不断迭代的，对网络空间的控制力、影响力也日渐增加。

6.3.2 能力对战略支撑关系

网络空间八大能力对战略的支撑作用如图 6.5 所示，支撑威慑战略的能力包括发现、掌控、反掌控、反塑造；支撑非对称战略所需要的能力包括发现、利用、掌控、反塑造；支撑依法治网战略所需要的能力包括发现、利用、掌控、反利用、反掌控；支撑主动防御战略所需能力包括发现、利用、掌控、塑造；支撑纵深防御战略所需能力包括反发现、反利用、反掌控；支撑军备融合和自主可控战略所需要的战略包括所有类型的能力。

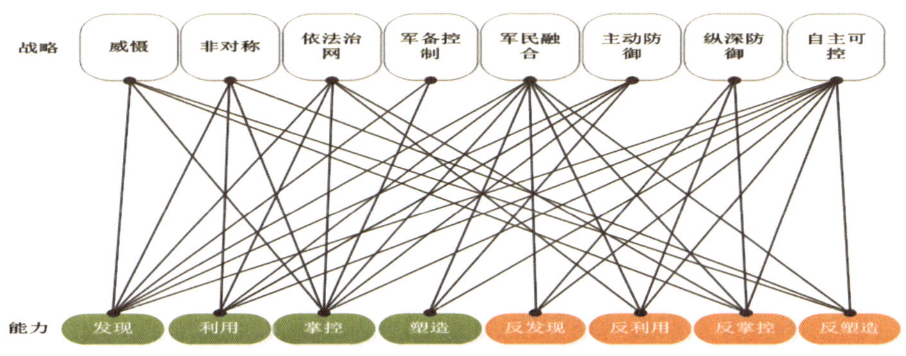

图 6.5 网络空间战略与能力关系

6.4 总结

网络空间安全是复杂的系统工程，建立网络空间安全体系、保卫网络空间任重道远。对美国网络空间安全体系的深入研究，为探索、建立符合我国国情的网络空间安全体系提供了宝贵的参考。

具体来说，体现在以下几个方面：

（1）网络空间安全是国家安全的重要方面，应与国家安全战略紧密结合

网络空间安全在美国国家安全战略、美国国家情报战略、美国国家反情报战略、美国军事战略、美国国防战略等重大战略中占有相当分量，并且与国家安全其它各要素的联系有清晰的论述，体现出为美国国家利益服务的根本出发点；

（2）网络空间安全需要全社会参与，各司其职，彼此协同

美国网络空间安全体系的参与者和实施者，不仅包括政府机构、科研单位，也包括安全企业、最终用户，社会每一份子在网络空间安全体系中都有自己的角色，职责明确，同时有明晰的行动指导，全社会合力保卫网络空间；

（3）网络空间安全应有理论基础和进化机制，根深叶茂才能遮风挡雨

美国已将风险管理作为网络空间安全的核心思想，其政策制定、科研布局、实践行动均围绕风险管理进行，同时，美国审计总署对网络空间安全相关计划、工程、项目有客观、深入的评估，明确指出差距和不足，推动网络空间安全体系不断进化。

同时必须要加以注意的是，网络空间安全是随着时代变化而不断演进的。从 2018 年美国的战略可以明显看出其重心的转移，明确强调了美国将同中国和俄罗斯进行长期战略竞争，并两处直接点名我国，中国外交部已呼吁其“摒弃冷战零和思维，以对话合作共同应对网络安全威胁”。可以说，此次美国网络空间战略的发布，将引发的国际网络空间秩序震荡不容低估。

面对不断演进的网络空间安全形势，为了做好应对可能不利于我安全的网络威胁，我们提出，是否可以从以下三个辨证的方向入手展开对策研究，即威慑与反威慑、包围与反包围、塑造与反塑造。

一是面对威慑，如何实现反威慑？侧重在非对称条件下，我们应如何发展科学与技术，抵消“第三次战略抵消”，以人工智能、量子计算、复

杂网络、非线性科学等科学与技术，实现产业与国防的共同繁荣。

二是面对包围，如何实现反包围？在地理空间上美国已经对我实现了“C 型包围”，而在网络空间的包围具有更架深远的内涵，是供应链、基础软硬件、话语权、法理的争夺，胜者视为正义，败者被孤立。如何打破这种包围也需要深入研究。

三是面对塑造，如何实现反塑造？互联网是人造的网络，可以塑造、再塑造。互联网的构建体现了美国精神和美国利益，当前的格局并非是为了全人类服务。如何构建适应命运共同体的互联网，在互联网发展中发出中国声音，做出中国贡献，同样值得研究。

为此，我们建议：一是精准跟踪、体系研究，美国国家网络空间战略，只是美国国家安全战略一部分，更是网络空间安全布局的一个总纲领，我们分析总结网络空间战略制定背后的逻辑，更应该有的放矢，精准跟踪，既要加强对国家安全战略、国土安全部战略、国防部战略等的横向比较研究，也要加强对 EO、CNAP、NIPP、NIST、GAO 等纵向对比研究，形成对美国网络空间安全政策、计划、技术、工程、效果等方面的体系研究，对其有个全面判断。二是理清逻辑、充分借鉴，美国国家网络空间战略制定过程，有其严紧的制定过程和背后逻辑，比如网络空间安全“弹性”防御理念、“网络空间安全生态”“前置防御”等，这些理念都是美国近年来网络空间安全工作经验的总结，值得我们借鉴。三是聚焦领域、关注技术，美国国家网络空间战略，只是网络空间安全布局的一个总纲领，大量详细具有重大参考意义的内容都隐含在各个不同领域的行动计划中，如 CNAP、NIPP、NIST 安全框架、弹性技术等。只有加大对其具体计划、框架、技术布局、工程布局的研究，才有可能更加全面、具体地掌握美国网络空间安全技术发展思路、发展现状、未来趋势等。四是博弈策略，提前布局。美国国家网络空间战略，是美国在现阶段网络空间的一种选择，我们既要研究它的内容、战略考量、影响，也要换个角度，站在我方立场，全面评估其战略对我的影响和战略选择、应对之道。

我国面临的网络空间安全问题，是发展过程中不可避免的，我们必须依靠自己的力量，统筹规划，通过“发现、利用、控制、塑造”能力的螺旋式演进，有力推进国家网络空间安全能力整体跃升，为构建网络强国提供坚实支撑。

第七章 附录

7.1 附录 1：美国不同领域面临的主要威胁

表 7.1 美国不同领域面临的主要威胁

	第 1 威胁	第 2 威胁	第 3 威胁	第 4 威胁	第 5 威胁
化工领域	Insider Threat	Cyber Threats	Natural Disasters	Terrorism	Biohazards
商业设施领域	Natural Disasters	Armed Attacker	Pandemic	Cyberattacks	Explosive Devices
应急服务领域	Cyber Infrastructure Attacks	Natural Disasters	Terrorist Attacks	Chemical, Biological,	
能源领域 电力	Cybersecurity threats	Physical security threats	Natural disasters	Workforce capability and human errors	Equipment failure
能源领域 油气	Natural disasters	Cybersecurity risks	Volatile oil and gas prices and demands	Operational hazards	Regulatory and legislative changes
金融服务领域	Cybersecurity	Physical attacks	Natural disasters	Regulatory and legislative changes	
粮食与农业领域	Food Contamination	Disease and Pests	Severe Weather	Cybersecurity	
健康和公共卫生领域	Pandemics and Health Crises	Natural Disasters, Climate Change	Malicious Human Acts	Supply Chain Disruption	Cyber Attacks
信息技术领域	Cyberattacks	Natural threat	Vulnerability of supply chain		
核反应堆领域	Natural Disasters	Structural Issues	Aging Infrastructure and Workforce	Terrorism	Cyberattacks
通信领域	Cyber Vulnerabilities	Natural Disasters	Global Political and Social Implications	Supply Chain Vulnerabilities	Global Political and Social Implications
关键制造领域	Natural Disasters	Supply Chain Disruptions	Terrorism	Global Political and Social Implications	Cyberattacks

	第 1 威胁	第 2 威胁	第 3 威胁	第 4 威胁	第 5 威胁
水利领域	Natural Disasters	Erosion and Structural Issues	Cyberattacks	Aging Infrastructure and Workforce	Deliberate Attacks and Terrorism
运输系统领域	Physical and cyber threats	Aging Infrastructure	Natural Disasters, Global Climate Change		
水及污水系统领域	Natural disasters	Aging Infrastructure	Cyber events	Capability in managing an area-wide loss of water	Lack of commonly recongnition
国防工业基地领域	Physical Security	Information Security (Cybersecurity/ Information Assurance)	Insider threat		
政府设施领域	Physical Threats	Cyber Threats	Natural Disaster Threats	Understanding Dependencies	Prevalence of Mass Gathering Events
军事	ballistic missiles	precision strike technologies	unmanned systems	Space and cyber capabilities	weapons of mass destruction (WMD)

7.2 附录 2：网络空间面临的重要问题

美国国家发展依赖安全的网络空间。网络空间通过打破时空界限、变革社会网络和经济驱动方式，已经成为美国当代经济繁荣、技术进步、社会意识的孵化器，也造成美国社会无法停止的对网络空间的依赖性。本书的第一个观点就是，网络空间安全体系不是一个静态、独立存在的理论体系，也不是为了“网络空间军事化”目的设计的，而是针对网络空间“社会性”——提升网络空间对生产力的促进，简单来说就是解决目前网络空间存在的问题而存在的。与量子力学之于爱因斯坦广义相对论，建立网络空间安全的体系的基础是对网络空间安全的重要问题进行梳理。

这些问题是网络空间开发和利用带来的必然结果。美国高度网络化的系统、装备和平台意味着国防部能力发展的一点一滴都融入了网络与信息技术的进步。因此，网络空间安全的问题率先突显并引起了各方力量的重视。美国各个部门都投入大量力量识别其面临的网络威胁，发展网络安全防御措施，希望寻找到可靠的网络空间安全技术体系来支撑网络空间业务的稳定运转。

我们细致地分析了这些问题，认为这些问题是目前中美两国都共同面对的问题，甚至有一些对于我国这样网络空间发展相对落后国家更为急迫。这些问题有些是因为其基础技术难度大或尚未建立基本体系，另一些是由于目前信息系统复杂度导致难以实施，但针对这些问题可能的技术方案都需要推进技术前沿水平（State of the art）。这些问题解决将对网络空间安全能力产生基础性、颠覆性的影响，抑制目前的非对称性。

这些问题在本质上也存在很多共同的特点，对技术发展也形成一些共性的基本要求。比如需要完善的理论 / 技术模型作为设计阶段输入、高可扩展性、高可组合性、有效有意义的指标体系（Metrics）、对业务系统的负载约束等。

目前，很多研究机构技术的发展已经对解决这些问题提供了基础，但还没有转化为产业实际。同时，也需要用户对于安全技术态度的转变。对这些棘手问题的完全解决必须配合实际部署过渡，如有限的激励措施与投入一定资源用于过渡研究；硬件、软件和系统工程实践，以产生更安全信息技术；推动市场的经济力量；并且更重要的，要认识到速度和成本与质量和安全性之间的折中。

我们分析了美国信息安全研究委员会、国家安全局等发布的困难问题[1]、技术挑战[2]、重大项目，梳理出以下问题。这些问题深刻地反映了目前网络空间安全的脆弱点，也是网络空间安全领域的发展前沿。

7.2.1 缺乏高可靠、实时的溯源能力

7.2.1.1 定义

溯源是指探明、定位恶意行为的路径、来源、发起者身份等信息。恶意行为包括两种类型，即针对网络信息系统的恶意行为和利用网络信息系统的恶意行为。针对网络信息系统的恶意行为是指对网络信息系统的侦察、渗透、扰乱、破坏等行为，例如 DDoS 攻击；利用网络信息系统的恶意行为是指合规使用网络信息系统进行其它恶意活动，其目的不在于对网络信息系统本身产生影响，例如窃取、泄露、出卖隐私数据，捏造、传播非法信息等。两种恶意行为可能单独进行，也可能同时出现。

7.2.1.2 威胁

缺乏恶意行为的溯源能力，恶意行为发起者可以几乎为所欲为地破坏网络空间安全，伤害网络空间利益，而不担心被发现或追踪。缺乏溯源能力会导致只能疲于消解恶意行为破坏，填补漏洞而无法彻底消除根源或追究责任。例如现在泛滥的勒索软件，因为分发隐蔽、追踪困难导致了无可遏制的困境。

7.2.1.3 动机

溯源对打击、遏制网络恶意行为具有重要作用。网络恶意行为猖獗的一个重要原因就是网络的匿名性对恶意行为者有着天然的保护作用，恶意

1 Hard Problem List, INFOSEC Research Council, 2005.

2 IAD Top Challenges and Efforts 2016, Information Assurance Directorate, NSA, 2015.

行为无法追查，导致恶意行为者有恃无恐。溯源能揭示恶意行为者的行踪，将有助于改变这样的不利局面。同时，及时准确的溯源也是响应网络恶意行为的重要一环，是决定后续行动的重要因素。

7.2.1.4 挑战

目前溯源面临以下技术挑战：

（1）恶意行为痕迹选取效能与开销的平衡问题

溯源是在收集恶意行为痕迹的基础上、通过某种推理机制进行的。首先，以目前的推理机制，当前基于 ip 网络的信息系统对恶意行为的记录和计算不足以支撑溯源，需要采取额外的手段留存恶意行为的痕迹，这些额外的手段会占用系统资源，对系统本身的功能造成一定的影响，由此产生了溯源效能与系统开销难以兼顾的问题。其次，目前溯源技术需要人为介入程度高，必须人工分析各痕迹关联关系，完成复杂推理，制约了溯源及时性和效能。

（2）收集恶意行为痕迹时的权限不足和缺乏协同的问题

目前的溯源技术大多需要在网络信息系统上进行一定的改造，而溯源的发起者往往只是对网络的一部分具有改造和查询的权限，仅凭自身的能力难以完成对外部恶意行为的溯源。在国内，需要网络运营商的配合，而在面对跨境实施的恶意行为时，需要共享和协同的机制才能完成溯源。

（3）目前网络基础设施对溯源技术支撑不足

当前 ip 网络设计上没有源地址检验能力，因为 ip 网络目的是传输，但是无法检验地址是否被假冒，路由器在业务压力面前也无法完成回溯功能；此外，受限于 IP v4 体制，网段划分过宽，通过地址回溯往往无法定位具体设备，因为虚假 ip 往往只有单向通信功能；网络中充斥的大量 NAT 设备，也对溯源工作造成很大困难[1]。

7.2.1.5 解决思路

目前的溯源技术可以分为两类，一种是在恶意行为持续期间，通过某

1 计算机网络追踪溯源技术现状及其评估初探，陈国周、祝世雄，现代通信国家重点实验室，2015.

种措施进行溯源，包括特定报文溯源技术、日志记录溯源技术、链路测试溯源技术等，例如链路测试溯源技术，即基于受控泛洪的溯源方法就是人为发送 UDP 报文，观察攻击报文的减少情况来判断攻击的路径，这类技术的可扩展性较差，对系统本身也有较大影响；另一种是各类路由标记技术，包括节点取样技术、非 IP 地址标记技术等，结合身份基础设施，改善网络的匿名性，这类技术要求大范围的升级网络设备，在实际应用中也面临问题。

7.2.1.6 指标

衡量溯源能力的指标主要有溯源所需的时间和溯源结果的准确度。溯源所需的时间是指从检测并确认恶意行为、实施溯源行动开始，到完成预定溯源目标所需的时间。目前在时间方面，还没有做到实时或者近实时；溯源结果的准确度是指溯源行动得到的信息是否与真实恶意行为相符，目前，还没有公认、通用、易执行的衡量方法，相关研究对准确度的说明一般在特定、模拟的条件下通过测试进行，对实际效果缺乏直接、可信的说明。

7.2.2 缺乏具有法律效力的取证能力

7.2.2.1 定义

取证是指数字证据的收集、保存、确认、识别、分析、解释、归档和呈现，并支撑对网络犯罪行为的重构、指控，作为证据对网络犯罪行为进行法律打击。

7.2.2.2 威胁

目前，网络犯罪、网络攻击活动猖獗的最大原因是行为隐蔽，缺乏及时、有效的制裁。近年来，网络空间犯罪的财产数额增长极快，落网黑客却屈指可数，背后原因就是缺乏直接有效的证据。其次，网络攻击取证往往不全，其他国家经常将似是而非的网络攻击诬陷我国，然而背后可能是外国黑客操纵国内 IP 的“肉鸡”所为。这导致我国网络空间大国形象一直受质疑。网络空间取证是还民众以正义的必要技术。

7.2.2.3 动机

完整、准确的取证是将网络犯罪分子绳之以法的必要手段，对惩罚、震慑网络犯罪行为具有重要意义，对国家立法、执法、和治理网络空间有重要支撑作用。

7.2.2.4 挑战

取证面临三类挑战，一类是数字证据的固有属性造成的取证困难，例如取证过程中对数字证据的使用很可能造成该证据的最近修改时间等原始信息的破坏，削弱数字证据的法律效应。又如数字证据的数量巨大，并且动态变化，如何从中提出有效信息本身就是一个难题；另一类问题是反取证技术的存在增加了取证的难度。反取证是针对取证各个阶段和证据链形成的条件，破坏数字证据的调查、保护、收集、分析、诉讼，减少被获取的证据数量，降低证据质量，隐藏或消除受害者系统和作案系统中的证据。最后一类问题是取证的协同合作问题。网络犯罪行为的实施并不仅局限于国内，在取证过程中可能涉及到不同国家或地区，需要多方密切配合才能完成取证工作。

7.2.2.5 解决思路

目前在取证领域，已经形成了一系列的取证模型，如基本过程模型、事件响应过程模型、法律执行过程模型、过程抽象模型等，并且以此为基础，形成了多种配套的取证技术，如结合入侵检测的取证技术、结合入侵诱骗的取证技术、入侵容忍技术、证据保有技术等，思路为在保证系统核心功能的前提下，尽可能多的记录、收集网络犯罪行为的痕迹。

7.2.2.6 指标

在取证能力的衡量方面，目前还没有较为完整、接受程度较高的指标体系，这仍然是今后研究的方向和难点。从取证的最终目标，即提供法律证据来看，目前可以从网络犯罪的精密程度、危害等方面来进行衡量。参照 2013 年美国国防部在 Resilient Military Systems and the Advanced Cyber Threat 技术报告中对网络威胁的等级划分，可以粗略的从两方面衡量取证能力：能成功获取证据链的网络犯罪等级；需要第三方甚至其它国家、地区开放共享的信息的数量。

7.2.3 信息起源问题

7.2.3.1 定义

个人和组织通常依赖从网络空间获取的数据做出一系列的决定，如果对数据的来源和中间的处理过程没有充分的了解，就难以评估数据的真实性和可靠性，所依赖数据做出的决策的可信度也难以评估。

信息起源（Information Provenance）是指计算机相关资源（如硬件，软件，文档，数据库，数据和其他实体）的连续监管链（包括来源和操作），包括数据的跟踪、分发和使用，能够确定资源的去向和使用情况。主要包含以下几个方面：

确定信息的来源：信息起源涉及到数据生命周期内的信息和资源的原始来源，信息可以是包括软件、文本、电子表格、图像、音频、视频、专有文档格式、数据库等的任何形式，可以确定信息来源的真实性和可靠性。

确定信息的变换和修改：信息起源还包括信息在分发、传递过程中的信息变换和修改，包括信息的编辑、标记、分析和信息介质的变换以及内容的转换和格式的改变，不仅仅确保信息内容的完整性，还涉及信息和元信息的完整性和可靠性。

信息起源的颗粒度范围采用多级安全的方式，从整个系统到文件、段落甚至是 bit，来确保信息的可靠性。为了保证信息的可靠性，必须采用可靠的系统，可靠的跟踪信息的传递过程，以便个人和组织依赖可信的数据做出相应的决策。

7.2.3.2 威胁

在当前的情况下，网络空间是个人或组织获取数据信息的最主要的途径，如果没有可信的系统来保障数据的安全，在数据的源头和传递、分发的过程中，有可能被其他个人或者组织恶意篡改或者内部人员未经授权的修改，导致做出错误的决策。这在多种大型网络攻击事件中都有发生，通过修改监控数据，欺骗控制系统和安管系统。

例如：中间人攻击（Man-in-the-Middle Attack，MITM）是一种由来已久的网络入侵手段，并且在现在仍然有着广泛的发展空间，是典型的信息篡改和信息窃取的攻击方式。随着计算机通信网络技术的不断发展，中间人攻击也越来越多样化，已经不再局限于 SMB 会话劫持、DNS 欺骗等攻击方式，现在 MITM 攻击成为对网银、网游、网上交易等最有威胁并且最具破坏性的一种攻击方式。

7.2.3.3 动机

随着计算机和网络的发展，网络成为当前获取信息的最重要的方式，网络信息的安全显得尤为重要。在网络交易、科学研究等领域，这些领域的用户需要从许多不同的来源来获取可靠的信息，由复杂的信息处理系统进行通信、分析和呈现，必须对信息源能够进行识别和跟踪，以确保获取的信息是可靠的，从而帮助用户能够完成正确的决策。

在网络快速发展的同时，网络违法行为也在呈现上涨趋势。如果对信息的来源和中间的分发传递过程进行记录，便能够帮助执法单位对网络违法行为进行有效的法律取证，打击网络违法行为，有效的遏制内部威胁问题。

7.2.3.4 挑战

随着计算机和网络终端的不断发展，信息起源主要面对以下几个挑战：

（1）信息来源问题：

在当前的网络环境下，由于网络非常庞大，网络信息的来源也非常广泛，如何在无限的信息来源中对信息进行源绑定。

（2）信息颗粒度问题：

面对如此庞大的信息量，如果对所有的信息都进行相应的处理，工作量非常巨大，这就需要判定何种数据、何种信息需要做相应的处理。

7.2.3.5 解决思路

对于网络空间的信息起源问题，我们需采用信息标签技术，来对信息进行处理，记录信息的起源、分发、转换和变化过程，为人们做出正确的决策提供有效的支撑。

为解决信息源问题，综合采用密码技术等方法，在信息产生时，在信息中内嵌可以识别信息真实起源的标签，防止在信息传输过程中，被加入、删减、更改信息内容，信息接收者可以基于信息标签验证信息是否与起源时相同。

7.2.3.6 指标

在信息起源衡量方面，目前还没有较为完整、接受程度较高的指标体系，这仍然是今后研究的方向和难点。需要从以下两个方面来衡量：从对系统增加的额外的开销；对信息的整个传递过程记录程度。

7.2.4 内部威胁问题

7.2.4.1 定义

网络安全的威胁不仅来源于外部组织的威胁，组织内部人员也对网络系统的安全构成了明显的威胁。2012 年美国 CERT（Computer Emergency Response Team）对内部威胁提出了一个完整定义[1]，基于丰富的内部威胁案例数据，明确了内部威胁中的主体与客体。内部威胁攻击者一般是企业或组织的员工（在职或离职）、承包商以及商业伙伴等，其应当具有组织的系统、网络以及数据的访问权；内部威胁就是内部人利用合法获得的访问权对组织信息系统中信息的机密性、完整性以及可用性造成负面影响的行为。

内部威胁是归因于滥用权限的内部个人的威胁，是内部人员恶意或甚至意外地滥用这些特权并危及系统安全的威胁。内部人员具有一些不授予外人的特权，他们对网络系统具有合法的最小限制的访问权限，一旦内部人员滥用权限，将会造成很大的经济损失和社会影响。

7.2.4.2 威胁

由于内部人员对信息系统有较大的访问权限，可以接触到信息系统中的大量关键数据，并且有权限快速的访问、下载、复制、篡改、损坏或者删除其中的关键数据。内部人员往往能够潜伏很长的时间，并且对信息系统的部署比较了解，一旦进行破坏性的活动，可能对整个信息系统造成灾难性的危害。内部人员实施恶意活动通常分四个步骤或阶段进行。首先，

1 The CERT Guide to Insider Threats, CERT, 2012.

破解者进入系统或网络；然后，破解者为了了解易攻击处和可以花最小力气造成最大伤害的位置而调查系统或网络的本质；第三，破解者建立工作区，恶意活动可以在其中进行；最后，实施毁灭性活动。

由内部威胁引起的伤害可能采用多种形式，包括采用病毒（virus）、蠕虫（worm）或木马（Trojan horse），偷盗信息或企业秘密，偷盗钱款，毁坏或删除数据，变更数据来产生不便捷或错误的犯罪证据，并且盗窃企业内部的个人身份，给企业、组织或国家带来严重的后果。

信息窃取是现实中较为常见的内部威胁，其窃取的目标是组织内的高价值数据，如知识产权（技术方案、产品设计、程序源码等）、客户数据（大客户联系方式、财产说明及个人喜好等）和组织数据（如组织职能结构、高层管理人员联系方式、内部安全审计机制、防火墙等安全设备型号、版本及参数等）。上述高价值数据中，知识产权与客户数据可以通过售卖直接获取经济利益，也可以作为跳槽、创业的初始知识资本；组织数据则可以作为社工的基础，也可以作为外部入侵与内部攻击的前置侦查环节。因此信息窃取的直接动机不再主要是不满引发的报复，而是一种不满状态下谋求改变的尝试。

7.2.4.3 动机

根据 IBM 2016 年网络安全情报指数报告[1]，调查覆盖的组织所经受的网络攻击中，超过 60% 是由内部人员实施的（主动或被动实施），而内部威胁中有近 75% 是怀有恶意目的的主动攻击，而这一数字在 2014 年还是 50%。恶意内部威胁的量级和损害正在上涨。在现在的网络空间中，内部威胁已经成为危害网络安全的重要因素，随着网络的发展，只有加大力度遏制来自内部的威胁，才能最大力度的保障网络安全。

因此，如果有指标或技术能够精准地预防、发现、阻止并响应内部威胁，并能够从已有的内部威胁案例中搜集、分析知识，那么将迫使大多数威胁作用于外围深度防御措施，大幅度降低数据泄露、运维扰乱等威胁，实现

1 2016 Cyber Security Intelligence Index, IBM X-force Research, 2016.

现有的网络安全水平的极大地改善。

7.2.4.4 挑战

内部人员对网络信息安全威胁不断加剧，出现了“危害大、难抵御、难发现”的特点[1]，其主要表现为，公司依赖于外围防御，防御手段对内部人员缺乏防范；内部人员容易接触敏感信息，了解信息资源分布，行动极具针对性，直接危害最核心的数据、资源；内部人员对内部运作机制、安全设置等了解，行动极其隐蔽，容易规避审查，很难被发现。

近年来，内部威胁呈递增的形式增长，内部威胁的攻击方式也越来越复杂，其复杂性主要表现在 4 个方面：

内外勾结：越来越多的内部威胁动机与外部对手关联，并且得到外部的资金等帮助；

合伙人：商业合作伙伴引发的内部威胁事件日益增多，监控对象群体扩大；

企业兼并：当企业发生兼并、重组时最容易发生内部威胁，而此时内部检测难度较大；

文化差异：不同行为人的文化背景会影响其同类威胁时的行为特征；

面对内部威胁攻击日益增长的复杂性以及内部威胁的多样性，而当前的安全机制对内部威胁的作用又是微乎其微的，我们必须发展颠覆性的技术去降低内部威胁带来的危害；内部威胁是一个永远不能消除的问题，我们只有将内部威胁的危害降低到一个可接受的风险水平。

7.2.4.5 解决思路

为应对越来越严重的内部威胁，必须从管理优化、技术分析等多角度去采取应对措施，有效的降低内部威胁所带来的危害。

（1）访问控制

访问控制技术是指防止对任何资源进行未授权的访问，从而使计算机系统在合法的范围内使用。内部威胁的归因是内部人员滥用权限所带来的

1 企业网络信息安全的内部威胁及其对策，宋静、张立厚、赵华，广东工业大学，2005.

威胁，因此，对内部信息和内部人员的权限的控制尤为重要，结合“身份管理技术”，通过安全的身份认证技术，并动态细粒度地控制内部人员访问关键信息的权限，保障系统的保密性、完整性、可用性和合法使用性。

（2）应用控制

对于可能被利用做内部的应用系统，比如邮件系统、办公系统、vpn系统等都采取严格的应用漏洞检测、行为审计、使用限制等，严格控制使用的范围以及相关文件的隔离控制等。

（3）取证技术

网络取证不同于传统的计算机取证，主要侧重于对网络设施、网络数据流以及使用网络服务的电子终端中网络数据的检测、整理、收集与分析。计算机取证属于典型的事后取证，当事件发生后，才会对相关的计算机或电子设备有针对性的进行调查取证工作，而网络取证技术则属于事前或事件发生中的取证。在入侵行为发生前，网络取证技术能够检测、评估异常的数据流与非法访问，并且采取适当的措施，阻止内部威胁的事情发生。

7.2.4.6 指标

在研究和实践中，测量减少内部威胁的进展是困难的。在研究中，需要表示“真实世界”网络活动的若干不同参考数据集，以针对各种所需属性正确测试原型内部威胁对策。对策的一些所需属性是保证低假阳性和假阴性率以及对问题空间的充分覆盖。用于评估众多方法的反措施和参考数据集可能导致在这一特别困难的问题上取得进展。

7.2.5 恶意软件遏制问题

7.2.5.1 定义

恶意软件是基于信息系统漏洞发起攻击，损害信息系统所有者或使用信息系统的用户利益的软件。

恶意软件问题主要包括的问题有：恶意软件的目的是什么？恶意软件基于哪些漏洞？恶意软件攻击路径是什么？恶意软件造成了哪些损害？如何高效分析恶意软件？如何科学应对恶意软件？

按用途分类，恶意软件主要包括如下一些：

病毒：指编制或者在计算机程序中插入的破坏计算机功能或者破坏数据，影响计算机使用并且能够自我复制的一组计算机指令或者程序代码。

木马：指那些表面上是有用的，实际目的却是危害计算机安全并导致严重破坏的计算机程序，具有欺骗性。

蠕虫：指通过网络传播自身的程序，目的是在尽可能短的时间内感染尽可能多的目标。

逻辑炸弹：指在特定事件（如时间、信息或某种特定的状态等）触发下，实施特定破坏行为的计算机程序。

间谍软件：在用户不知情的情况下，将用户的私密信息传递给控制者的软件。

流氓软件：指通过强制用户安装，强制用户接受制造者提出的无理要求。

勒索软件：新型的恶意软件，通过木马方式植入计算机，并加密锁定全部文件，以阻止用户访问重要数据，并提出勒索要求。目前，勒索软件操作简便、攻击成功率高、支付隐蔽，已经蔓延为“勒索软件即服务”的新型问题。

7.2.5.2 威胁

如果不能够解决恶意软件问题，就无法保障目前用户最基本的网络安全需求。恶意软件是网络安全最直接、最长期的问题，是信息漏洞造成的直接后果，对未来互联网 + 的社会生活造成巨大的潜在威胁，更有武器级的恶意软件会对关键基础设施安全造成威胁。根据 IBM 网络安全团队统计[1]，恶意软件是 2016 年主要威胁，攻击方式是最大部分通过恶意注入（42%）、数据结构破坏（32%，勒索软件、数据库破坏），其他包括信息恶意搜集、嗅探、概率破解等，攻击主要瞄准物联网、移动设备。根据发展趋势，未来恶意软件活动将更加融合人工智能，“自动拟人攻击”将逐渐涌现，威胁巨大。

1 IBM IBM X−Force Threat Intelligence Index 2017, IBM, 2017

7.2.5.3 动机

要应对恶意软件威胁，必须对恶意软件进行准确认识并提出应对措施，必须对恶意软件进行早期发现、高效分析、提前预防。

7.2.5.4 挑战

恶意软件目标范围越来越广泛，物联网、移动通信等技术手段给恶意软件提供了新的生态；人工智能、大数据分析使恶意软件攻击越来越精准、越来越隐蔽；目前恶意软件结合 apt 手段，越来越难被常规手段发现。

内核级感染几乎是目前恶意软件的“入门级”要求，精准地绕过各类防御机制，通过调用系统合法进程实现恶意行为，例如 windows 的“加密接口”、钩子接口等。

无法及时发现新型恶意软件；应对措施具有“滞后性”，从恶意软件出现的时间开始，一直到其被分析提取出特征码，并更新恶意软件特征数据库以供检测为止，这段时间是脆弱期窗口，在这个时间段内，恶意软件无法被有效应对。

7.2.5.5 解决思路

检测技术：通过网络行为、用户行为、系统行为等网络空间实体行为的综合分析，获得正常行为模型，基于此对恶意软件造成的网络空间实体行为变化进行快速准确判定，以近实时的方式发现恶意软件。

分析技术：自动化地对恶意软件进行分析，在较短时间内准确获得恶意软件的性质，提取其特征码。

移动目标防御技术：通过不断对信息系统的配置进行随机变化，使得信息系统对外显示多样性特征，一方面减少恶意软件设计人员对信息系统漏洞的分析机会，以此减少恶意软件被成功研制的机会；另一方面通过配置多样化，使得只针对某种漏洞的恶意软件无法大规模传播，以此减少恶意软件传播损害。

安全态势感知技术：对系统漏洞早期发现，对恶意软件引起的异常事件早期发现。

恢复技术：如果恶意软件已入侵系统造成破坏，将其从系统中移除，并对受损系统进行修复。这个过程包括自动化响应、自主恢复、功能重构等技术。

7.2.5.6 指标

（1）发现时间：

评估是否能够快速发现恶意软件。

（2）发现准确度：

评估是否能够准确发现新型恶意软件。

（3）分析速度：

评估是否能够短时间内提取出恶意软件特征码。

（4）传播限制度：

评估是否能够尽量限制恶意软件造成的损害。

（5）恢复时间：

评估是否能够快速清除恶意软件，使系统恢复到被损害前的正常工作状态。

7.2.6 僵尸网络遏制问题

7.2.6.1 定义

僵尸网络是由大量被僵尸程序所感染的主机受到攻击者所控制而形成的以恶意活动为目的的网络。攻击者可以通过控制服务器操控僵尸主机发起各种类型的网络攻击，如网络嗅探／扫描、分布式拒绝服务、大规模垃圾邮件等。

僵尸网络问题主要包括的问题有：如何迅速发现正在形成的僵尸网络？如何判别某台主机是僵尸主机？僵尸网络工作机制是什么？僵尸网络的性质是什么？如何主动遏制僵尸网络？

控制僵尸网络的攻击者与僵尸主机之间的命令控制信道是攻防双方主控权争夺的关键点。按命令控制信道的拓扑结构，将僵尸网络分为三类：

（1）纯中心结构：

采用客户--服务器（C/S）模式，所有僵尸主机主动访问有限个控制服务器，控制者通过这些服务器向僵尸主机下发控制命令及资源。

（2）纯 P2P 结构：

网络中每个僵尸主机既充当客户端又充当服务端，通信过程不依赖独立服务器资源。虽然 P2P 僵尸网络命令下发延迟高于纯中心结构，但不依赖脆弱中心节点的特性使其难以被劫持、测量和关闭。

（3）混合结构：

指僵尸网络同时具有纯中心结构和 P2P 结构的部分特性。

7.2.6.2 威胁

与传统网络攻击相比，僵尸网络攻击复杂且严重，传播速度极快，攻击源头隐蔽，攻击效果破坏大。2016 年的 ddos 攻击导致美国东部大面积断网，而发起的僵尸网络中有大量物联网设备。如果不能够解决僵尸网络问题，则无法应对造成 DDoS、大规模垃圾邮件等攻击的根源，无法应对随着移动互联网与物联网的高速发展而形成的更大规模的僵尸网络威胁。

7.2.6.3 动机

僵尸网络攻击是目前互联网企业面临的重大安全威胁，攻击效果往往非常严重，甚至可发展为武器级工具。僵尸网络遏制，可以一方面改善国家和组织网络空间安全水平，另一方面可以减低互联网无用流量，提升互联网稳定性和利用率。为应对僵尸网络威胁，必须对僵尸网络进行深入分析，必须要尽早发现、准确分析、持续监测，主动遏制。

7.2.6.4 挑战

僵尸网络出现与目前互联网溯源能力弱有必然联系，当前溯源能力如果能建立前后跳之间的信任能力，则可大幅度降低僵尸网络的攻击能力。僵尸网络发起的攻击多是无意义的嗅探或泛洪，而且流量具有机制上的相似性。这种相似性目前依赖自动化手段是难以识别和检测到的。

（1）僵尸程序分析和僵尸网络逆向工程的可扩展性问题。目前，以人工为主的僵尸程序和僵尸网络工作机制分析无法应对爆炸性增长的僵尸程序数量以及上千万规模的僵尸网络。

（2）缺少新的可实际部署的检测技术，目前所提出的新检测方法仍然达不到实际部署的准确度或性能需要。

（3）技术上缺少对大范围跨地域信息共享和协作响应的支持，使得各网络管理域及行政区域之间的信息共享和协作无法形成高效以及长效的机制。

（4）对近期出现的移动互联网僵尸网络、物联网僵尸网络等新型僵尸网络应对能力不足。

7.2.6.5 解决思路

（1）僵尸网络的早期发现技术

准确地检测出被感染的主机，以及在僵尸网络发展初期准确发现僵尸网络。通过可靠、经认证组织主动网络巡检、分区域实施网络嗅探扫描，建立僵尸机器特征库和人工智能训练体系，及时发现僵尸网络嗅探期、雏形期动向，为主动遏制提供基础。

（2）僵尸网络工作机制分析技术

对僵尸网络，尤其是近期出现的移动互联网僵尸网络、物联网僵尸网络等新型僵尸网络，研究基于机器学习方法的自动化、可扩展的僵尸网络工作机制分析技术，准确认识其是如何工作的，采用了什么样的技术，活动具有怎样的特征。

（3）可部署的僵尸网络检测技术

针对新研僵尸网络检测技术实际部署性差的问题，寻找新研检测技术与可部署性的平衡，便于新研检测技术快速部署于实际网络中。

（4）持续监测技术

进入僵尸网络内部，了解哪些入侵手段和僵尸程序是目前正在广泛流行和传播的，其传播方式、范围及攻击形式是怎样的。

（5）主动协同遏制技术

通过大范围跨地域信息共享和协作响应，主动遏制僵尸网络的发展，通过制定跨域信息共享标准，通过共享技术，促进基于信息共享的协同响应。传统的主动遏制手段是针对基于 IRC 协议的 c/s 结构僵尸网络，寻找僵尸网络服务器，切断服务器工作。而新兴的 P2P 僵尸网络是采取无中心分发式协同，通过加密通信协调彼此行动，甚至最新的僵尸网络采取了自主化、蜂群技术等新兴控制技术。

7.2.6.6 指标

僵尸网络遏制能力的衡量，可以从以下几个方面进行：

（1）发现时间：评估是否能够快速发现僵尸主机，是否能够在僵尸网络形成初期发现僵尸网络。

（2）发现准确度：评估是否能够准确确定僵尸网络的存在。

（3）分析时间：评估是否能够快速获得僵尸网络的关键性质。

（4）遏制时间：评估是否能够协同力量，快速摧毁僵尸网络。

7.2.7 隐私安全问题

7.2.7.1 定义

网络空间的隐私安全（Security with Privacy）主要是指网络隐私权不受侵犯，网络隐私权是指自然人在网上享有的与公共利益无关的个人活动领域与个人信息秘密依法受到保护，不被他人非法侵扰、知悉、收集、利用和公开的一种人格权；也包括第三人不得随意转载、下载、传播所知晓他人的隐私，恶意诽谤他人等。

个人网络隐私信息主要涉及电子邮件、个人日志、用户注册信息、QQ 聊天信息记录、网站浏览痕迹等方面，容易被黑客盗取、网站服务提供者利用用户注册渠道非法收集储存个人信息以及软件系统内含跟踪性插件对个人相关信息进行记录保存，由于网络信息传播的快捷性、难以控制性等特征，个人网络隐私信息一旦被泄露出去，可能会被非法复制、收集、利用等，甚至影响受害人正常的生活或精神状态。

隐私安全的目标是为用户创建安全的环境，在有限和受控的与他人共享信息的条件下，更好的保护和控制其隐私的机密性。

7.2.7.2 威胁

对于网络空间隐私安全的威胁主要来自两个方面，一个是信息系统本身的安全隐患，一个是人为造成的安全威胁。

（1）系统本身带来的威胁

由于目前的信息系统大都采用国外的技术或者产品，缺乏自主产权，存在未知的安全隐患。

目前信息系统的安全漏洞不可避免，恶意组织或个人对这些安全漏洞加以利用，可能造成大量的隐私数据泄露。

目前某些信息系统的安全机制并不完善，存在隐私信息泄漏的可能性，容易导致隐私信息批量泄露。

（2）人为造成的威胁

由于现有的安全机制是在之前的系统上做增量的开发，在保证安全的同时降低了效率，导致内部人员可能会绕过安全机制进行操作，造成安全隐患。

外部组织或者个人利用各种入侵技术和系统的安全漏洞入侵信息系统，窃取隐私数据。

内部人员滥用权限，窃取隐私数据并且提供给外部，造成经济损失和社会影响。

支付宝曾爆出的安全漏洞：别人可以通过识别好友、识别近期购买的物品来更改你的支付宝登录密码，在登录支付宝后就可以使用小额免密支付功能进行支付业务。通过对该事件的分析，支付宝在使用该修改登录密码的方式时使用风控系统对环境进行评估，是为了增加用户体验，但对于支付宝用户存在安全风险。支付宝已经对这一问题进行修复，提高了风控评估的安全等级，仅限在用户自己的手机上能使用该种方式修改密码。

7.2.7.3 动机

现代商业和现代社会所依赖的一些技术和程序，往往需要用户提供敏感的私人信息，如果这些信息被泄露，不仅会对个人和组织的经济和精神上造成巨大的压力和损失，而且也会破坏社会的稳定，因此必须制定隐私保护的相关战略，采用相关的隐私保护技术和管理，降低隐私泄露的风险，防止隐私的泄露，确保隐私的安全。

7.2.7.4 挑战

一方面，个人或组织对于要保护隐私安全的普遍的认知是尽量少的披露隐私相关内容或者采用安全、有效的方法保护隐私；另一方面，某些组织又希望能够多掌握隐私信息，例如医疗系统、公安系统等，医疗系统能够在危急的情况下，根据病人的病例，对病人做出正确及时的治疗；公安系统能够有效的打击犯罪，改善社会治安。这就需要隐私信息能够特定有限的共享，并且能够保护隐私数据不被窃取，老的技术无法满足隐私保护的需求，需要发展新的技术，比如：匿名化技术、数据挖掘技术、数据限制发布技术等，确保隐私信息能够在有限共享的同时得到最大程度的保护，避免隐私泄露带来不良的影响。

7.2.7.5 解决思路

为保障互联网和大数据环境中的隐私安全问题，可以采取以下手段或措施来提高隐私安全：

（1）匿名化技术

原始未经匿名化处理的数据是无法满足特定隐私需求，因此发布数据前需要对其进行必要的匿名化处理。数据匿名化操作许多种方式，典型的有泛化、抑制、置换、剖析以及扰动等。泛化和抑制操作是通过利用更加一般化或范围更广的属性值代替数据中确切的属性值来实现隐私保护；剖析和置换一般通过聚集和混乱某些准标识符组中的敏感属性值来隐藏敏感属性和准标识符原有的关联；扰动操作则是通过添加噪声、值交换、值聚集或根据原始数据的统计性质对数据进行扭曲来实现隐私保护；采用基于隐私保护密码技术在数据挖掘过程隐藏敏感数据的方法，保证个人隐私数据在现在日益先进的数据挖掘环境中的数据安全。

（2）数据挖掘技术

数据挖掘技术近年来发展迅速，随着反恐和国家安全问题的日益凸现，数据挖掘中的隐私保护愈发引起人们的注意。数据挖掘可以用来检测异常模式、恐怖活动和欺诈行为，但同时也意味着有些人可以应用这些数据挖掘工具到资料数据库或者个人档案中挖掘分析出他们感兴趣的私人信息，造成隐私泄露。我们搜集的各种个人的信息都可能被应用数据挖掘，从而数据挖掘技术可能成为个人隐私和公民自由的威胁。所以个人信息隐私保护成为数据挖掘要面对的一个重要问题。

（3）数据限制发布技术

目前人们日常生活所依赖的程序和应用，都需要链接个人隐私数据，但这些程序和应用都存在隐私数据过量披露的情况。研究数据限制发布技术，从根源上限制个人隐私数据的披露，有选择地发布原始数据、不发布或者发布精度较低的敏感数据，从而实现隐私数据保护。

7.2.7.6 指标

隐私安全能力的衡量，目前可以从以下几个方面进行：

（1）隐私保护度：是站在隐私保护的角度对隐私保护算法进行评估，该算法如何能够最大限度地防止入侵者非法获取隐私数据，对隐私进行有效地保护。

7.2.8 复杂威胁下多方力量协同问题

7.2.8.1 定义

近年发生的网络安全事件表明，网络威胁已经从单个黑客的单打独斗上升到了高度的组织配合，受害的组织机构很难在复杂威胁的环境下仅靠自身力量保障自身安全，同时对网络威胁的防范和治理也成为了政府、企业难以独自解决的难题。面向复杂网络威胁，需要联合协同多方力量，包括政府与企业的协同，企业与企业的协同，以及政府、企业与研究机构的协同；并且还包括在技术层面，不同安全技术、工具、产品的协同。

7.2.8.2 威胁

目前很多问题都不是单一一方可解决的，政府、企业都已经认识到目前的复杂情况。以简单的电信诈骗为例，尽管警方、媒体大量警告宣传，依旧有大量群众被骗，其背后反映了目前在技术体制、管理机制等方面的问题交织存在，是典型的多方协同问题。

但是，学术界很容易陷入一个误区，认为多方协同问题是仅仅停留在制度的建立，这会导致实际的合作没有开展。而美国多项计划将多方协同问题的技术驱动因素梳理。必须发展技术保障来促进多方协同问题的解决。

7.2.8.3 动机

复杂网络威胁不是某个组织或机构能够单独解决的问题，并且在网络犯罪已经形成完整产业链的形势下，相应的防护、治理、打击力量必须进行整合才能真正产生效力，为此需要畅通、高效的多方协同。

7.2.8.4 挑战

目前多方协同面临几个问题：

（1）缺乏成熟的协同机制，各方力量的职责划分不清。即使是在美国，面对复杂网络威胁，长期以来也存在九龙治水的局面。为此 2016 年 7 月，奥巴马政府出台了总统令 PPD-41[1]，旨在建立美国国家网络攻击指挥响应链，改善当前局面。

（2）缺乏高效的信息共享渠道。复杂网络威胁的相关情报有分布式、散乱性的特点，需要综合多个情报源才能勾画出网络攻击的真面目。目前在信息共享还处于初级阶段，共享哪些信息、以什么形式共享信息都还没有成熟的方案。

（3）共享信息的保护

多方协同势必需要将高价值的信息进行共享，这个过程必须保障信息的安全，预防欺诈、泄露等问题，建立高效的共享信息全程安全体系。

7.2.8.5 解决思路

面对复杂威胁，政府、企业、学术界对多方协同的重要性已经有较深的认识和认同，然而还没有行之有效的解决方案，还处于摸索阶段。美国第 41 号总统令的附件《美国网络事故协同方案》，制订了政府对网络事件调查、处置的协同原则，明确了政府各部门在网络事件响应的分工和职责以及响应流程，具有一定的参考价值。

7.2.8.6 指标

协同能力的衡量，目前可以从以下几个方面进行：

（1）协同参与方的数量；

（2）信息共享的数量、速度；

（3）协同的自动化程度。

1 Presidential Policy Directive PPD-41 United States Cyber Incident Coordination Policy, Whitehouse, 2016.

7.2.9 如何减少产品漏洞的问题

7.2.9.1 定义

漏洞是指在系统的需求、设计、实现、配置、运行等过程中有意留下或无意产生的一个或若干个缺陷，一旦被攻击者所利用，可能会对系统的机密性、完整性和可用性造成损害。

主要包括的问题有：如何高效发现已有系统中的漏洞？如何高效修复发现的漏洞？如何在新研系统中采用高安全方法从而减少漏洞的产生？

7.2.9.2 威胁

如果不能解决减少系统漏洞的问题，则从根本上无法保障系统安全性。网络攻防核心就是系统漏洞的发现、利用、修复，攻击者通过利用系统漏洞攻击系统，达到访问未授权资源或破坏系统等恶意目标；防御者则通过尽早发现系统漏洞，及时进行修复，防止漏洞被攻击者利用。

7.2.9.3 动机

应对网络空间安全威胁的基础在于减少系统漏洞被攻击者利用的机会，其中一个重要的方面就是减少系统漏洞数目。因此需要对减少系统漏洞问题进行持续研究，发现已有系统漏洞并及时修复，并在新研系统的需求、设计、实现等阶段融入高安全设计平台、安全编码等方法，减少漏洞的产生。

7.2.9.4 挑战

漏洞的产生呈现一定的统计规律，对此规律的准确掌握具有较大挑战；随着系统复杂度越来越大，系统实现代码越来越多，系统漏洞发现技术的运行效率成为明显的短板，难以应对大规模复杂系统分析需求；仍然不清楚需要在新研系统中加入哪些高安全保障方法，才能够大幅减少新研系统漏洞发生的机会。

7.2.9.5 解决思路

（1）漏洞机制分析技术

通过对现有漏洞情况进行统计分析，并借助机器学习等方法，获得漏洞发生的统计规律，辅助对现有系统的漏洞发现技术以及对新研系统的漏洞减少技术的研究。

（2）词法分析技术

通过引入基本的词汇分析，把程序划分片段，再将每个片段与安全漏洞库进行匹配。匹配成功即为安全漏洞。

（3）程序验证技术

通过综合使用模型检测技术、定理证明技术和符号执行技术等，将程序转化为形式化模型，进而使用形式化验证技术来判断程序中漏洞是否存在。

（4）信息流分析技术

基于编译技术的程序代码植入，专门监测运行时不符合安全规则的信息流，并基于此判断漏洞的存在。

（5）程序模型检查技术

在程序执行时，采用模型来匹配违反安全规则的行为轨迹，通过实际的安全攻击序列来确定安全漏洞。

（6）软件开发环境安全保障技术

对支持软件工程化开发和维护，包括软件源码编写、编译、调试、测试等过程而使用的工具和集成环境的安全性进行监控与增强，以保障软件开发过程、活动和任务中的安全性，为提升所开发软件的安全性提供基础支撑。

（7）软件安全性自动分析技术

综合采用故障树、控制依赖图、Petri 网等自动化的静态与动态分析方法，对正在开发中的软件进行自动分析，基于对软件源码静态分析得到的软件结构以及对软件运行过程动态分析得到的过程中信息，在软件正式交付使用之前，发现其中的安全漏洞并修补。

（8）安全编码技术

在基于实践总结得出的安全编码标准之上，采用人工智能方法，学习并总结出安全编码原则，对编码过程进行实时跟踪与监控，及时发现其中不符合安全编码原则的部分，给研发人员及时反馈以及提供修改建议。

7.2.9.6 指标

（1）大规模代码扫描能力

评估漏洞发现技术是否能够对大规模代码进行扫描，如是否能够在合理的时间内扫描千万级代码。

（2）漏洞发现时间

评估漏洞发现技术发现漏洞的效率高低，给定代码行数，发现时间越低的技术效率越高。

（3）漏洞发现准确率

评估漏洞发提现技术准确发现漏洞的能力，对每一个发现的漏洞，人工验证，判断是否是真正的漏洞。

（4）漏洞修复时间

评估漏洞修复技术能否高效修复漏洞，以漏洞修复完成时间与漏洞发现时间之差表示。

7.2.10 现有安全技术缺乏效率和功效的困难问题

7.2.10.1 定义

安全策略的制定往往是反应性的，通常是对已发生的问题进行响应，而不是事先计划，其并不是在明确的目标或要求，对风险进行深度理解和分析。这种反应的方式在增加系统安全的同时，对系统的可用性造成了一定的影响。因此，这里将系统的可用性与安全问题称为可用安全问题，其主要包含以下 3 个方面：

（1）现有安全技术缺乏效率和功效的问题：在资源受限、实时性高的环境下，如何进行快速有效的安全保护，确保系统正常运行的前提下，能够得到有效的防护。

（2）网络安全与业务系统的整合问题：由于网络安全技术被集成到复杂的业务系统中，响应通常具有不可预见的依赖性和耦合的交互。在集成安全机制的系统中，如何确保安全机制不对系统正常运行造成影响，避免意外事件发生。

（3）新型安全技术与旧有系统的整合问题：原有 IT 系统通常是在未考虑安全问题的情况下所设计的，随着网络安全的研究与发展，新的硬件架构和新的设计原则与遗留系统和技术进行交互，新的设计原则是否充分考虑在异构系统中实现安全能力需求。

7.2.10.2 威胁

缺乏可用安全机制是面临的最大威胁。首先，在资源受限的系统设计中，为了实现系统功能，安全机制往往被忽视或不足，导致系统存在安全风险。其次，人们使用系统来执行各种任务，以实现某些目标，除非其任务本身是与安全相关的，否则安全机制将被用户认为是其实现目标的障碍。因为安全机制通常增加了系统使用的复杂性，这往往会给用户使用造成不便。当安全控制和安全风险之间的关系不明确时，用户可能根本不了解如何在确保安全的同时与系统进行交互，即使存在一定的安全风险，也会导致用户禁用安全机制。最后，随着安全技术的发展，系统原有安全机制可能已不再适用，导致其面临新的安全威胁。

7.2.10.3 动机

缺乏可用的安全性，最终将是无效的安全性。当前，系统的可用性和安全性在实践中存在一定的矛盾，导致用户往往只关注系统可用性，而忽视了系统安全的重要性，这往往被恶意攻击者所利用，导致用户面临巨大的安全风险。

7.2.10.4 挑战

安全机制如何做到高效、无感是可用安全性面临的巨大挑战。现有大多安全机制都是基于现有系统自身功能之上，不仅占用系统资源，而且可能对系统功能造成一定影响。安全机制（包括防护、安全更新等）急需做到对用户透明，在不影响系统正常功能及效率的前提下，确保系统安全。

7.2.10.5 解决思路

可用安全性技术旨在促使安全机制高效、无感，相关技术包括高可用性安全技术、柔性设计与重构技术，跨层弹性自适应组网技术、基础网络保护技术、终端保护技术等。

（1）高可用性安全技术：为提高安全技术效率和功效，综合采用轻量化设计、高性能计算、并行计算等方法，对安全技术中所用的性能瓶颈算法进行并行化设计从而大规模提速，充分发掘安全技术实施中所用硬件性能能力，大幅提高安全技术效率和功效。

（2）柔性设计与重构技术：暴露在网络环境下的系统期望能够完全抵御各种网络攻击难度极大。现有条件下，在系统、网络的设计阶段纳入弹性设计，实现在攻击中仍能保持正常任务顺利完成。柔性设计与重构设计，包括系统、网络的协议、功能、结构、硬件虚拟化柔性设计、分布式重构设计、软件定义设计、功能自适应重构技术、资源自适应分配技术、关键功能性能维持技术等，从根本上增加系统弹性抗毁能力和环境恶化、系统降级下功能维持能力。

（3）跨层弹性自适应组网技术：跨层弹性自适应组网技术主要针对无线通信网络建立弹性抗毁机制。面对无线通信攻击的威胁，通过信道资源自适应分配技术、策略需求自适应协商技术、拓扑结构自适应调整技术、自适应组网技术等关键技术，能够实现无线通信网络攻击弹性。

（4）基础网络保护技术：防止基础网络协议、设备、服务等遭受攻击的技术，综合采用多种方法，提高基础网络自身以及网络交换时的安全性，增强协议设计中的安全性，包括基于密码的安全虚拟专网构建技术、基础网络安全增强技术、跨网隔离交换技术等。

（5）终端保护技术：防止终端遭受攻击的技术，综合采用多种方法，提高终端平台本身的安全性，保护各类不断出现的新型终端进行，包括高保障可信任终端平台技术、移动智能终端新型架构设计技术、新型专用终端保护技术、多密级终端保护技术等。

7.2.10.6 指标

可用安全性不是非黑即白的问题，需要考虑投资回报率。可用安全性需要衡量是否以及在何种程度上增加安全性的同时确保系统可用性，并能够找到可用性和安全性的平衡点。

7.2.11 大规模网络安全态势感知的问题

7.2.11.1 定义

安全态势感知获取网络空间中的各类安全数据与事件，通过归并、关联和融合处理形成对网络空间安全整体情况的理解，最后预测网络空间安全发展趋势。

安全态势感知问题主要包括的问题有：网络空间环境中发生了哪些异常事件？这些异常事件之间有什么关联？这些异常事件表明存在攻击威胁吗？攻击威胁的性质是什么？网络空间环境未来会发生怎样的攻击？

安全态势感知的原始数据包括网络空间实体、实体间联系、实体配置、漏洞、事件、威胁等。

安全态势感知分为安全态势觉察、安全态势理解和安全态势预测三个阶段．觉察阶段获取原始数据，理解阶段对这些数据进行融合分析得到网络空间安全整体理解，预测阶段是根据整体理解对网络空间安全未来趋势进行预判。

7.2.11.2 威胁

如果不能够解决安全态势感知问题，则无法对越来越复杂多样的网络攻击威胁进行准确认识，无法科学有效应对网络攻击。虽然现有的多样的监测方式和事件报告机制已经提供了多源海量的数据，但是目前却缺乏有效的方法来融合这些数据，导致这些零散的数据根本无法提供对网络攻击威胁的准确认识，无法提供决策层面的支持，因此，难以对网络攻击进行科学有效应对。

7.2.11.3 动机

为应对网络空间安全威胁，基础在于对网络空间威胁能够进行准确理解。需要在安全态势感知的觉察阶段对网络空间中所有实体进行确认，并对各类安全事件进行检测，准确与快速发现事件是觉察阶段的核心任务；在理解阶段，将各类安全事件进行归并、关联和融合，才能够将造成事件的攻击威胁分析出来，达到对攻击威胁透彻理解的目的；在预测阶段，基于对攻击威胁分析的结果与总结出的规律，结合安全数据分析，对网络空间未来可能发生的攻击威胁与安全事件进行准确预测。

7.2.11.4 挑战

感知范围无法包括深网、暗网等网络的高价值信息；现有异常检测技术的误报率和漏报率偏高；现有异常检测技术检测到的异常都是攻击过程中的单一步骤，所包含的信息质量较低；现有异常检测技术难以检测新出现的异常类型；现有安全态势评估指标体系不科学。

7.2.11.5 解决思路

（1）网络空间测绘技术

定位网络空间实体，确定实体间的关系，准确获取深网、暗网等网络的信息，极大地扩展网络空间觉察范围，获取更广范围的高价值数据。

（2）网络空间的快速精确事件发现技术

为应对现有异常检测技术的误报率和漏报率偏高的挑战，快速准确地察觉网络空间环境中正在发生的异常事件。

（3）网络空间的未知恶意行为发现技术

为应对现有异常检测技术难以检测新出现的异常类型的挑战，对未知、新型，没有行为特征定义的恶意行为进行发现，通过大数据技术与人工智能技术，对多源数据进行充分分析，学习行为模式，并基于此对网络空间中的行为进行判别，对恶意行为进行报警。

（4）基于大数据的安全态势综合理解技术

为解决现有异常检测技术检测到的异常都是攻击过程中的单一步骤，所包含的信息质量较低的问题，基于大数据技术，对网络空间复杂攻击威胁所综合利用的多种手段造成的多类型异常事件进行发现并进行综合分析，分析事件发生的原因，判断事件产生的影响，对造成事件的攻击威胁进行准确认识，由此获得对网络空间复杂攻击威胁的准确理解。

（5）安全预警技术

基于对网络空间敌我双方态势的理解，综合利用时间序列分析、攻击图分析等方法，对未来可能出现的攻击威胁进行准确预测。

（6）安全态势量化评估技术

研究可量化的态势评估技术，根据科学原则，制定科学的评估指标体系。

7.2.11.6 指标

（1）态势感知时间

评估是否能够在较短的时间内发现异常事件，形成网络空间安全态势。

（2）态势感知准确度

评估是否能够综合多方面信息，形成准确完整的网络空间安全态势。

（3）攻击分析准确度

评估是否能够对正在发生和已经发生的攻击进行分析，得到准确的攻击原因、攻击者信息、攻击路径与方法、攻击造成的损害等。

（4）攻击预测准确度

评估是否能够准确预测未来可能出现的攻击，预测攻击原因、攻击者信息、攻击路径与方法等。

7.2.12 时间关键系统的可用性

7.2.12.1 定义

本报告研究的时间敏感系统是指，运行或处理过程中必须要求极高实时性或高精度节律性的信息系统、网络信息系统，这些系统对时延、中断等极其敏感，时间方面的扰乱会导致严重后果，如工业控制系统、航空交通管理系统等。通常情况下，时间敏感系统的可用性比机密性更为关键。可用性（即系统的生存能力）是指一个系统在面临攻击、出现错误或意外事故的情况下能够及时地完成其任务的能力。

目前，现役时间敏感系统大多通过控制气隙隔离（Air gap）和隐藏的方法来实现安全性。但震网、乌克兰电网事故中的安全漏洞迫使用户开始考虑将安全性全面扩展到重要的底层控制基础设施，一些工业控制系统厂商也开始在设备控制实现系统中增加安全性模块。时间敏感系统需要安全系统透明地实现分割、性能保护和时间可组合性的安全框架。另外，对于系统受到攻击后的预警 、隔离、恢复等也非常重要。

7.2.12.2 威胁

时间敏感系统面临的威胁相比传统系统更为显著。系统、网络以及企业生存性不仅仅取决于安全性要求，而且更多需要依赖于系统的可靠性、容错性以及恢复能力（能够快速从中断或在资源受限情况下能够进行系统恢复）。因此，时间敏感系统所面临的威胁是指涵盖来自内外部且不断扩散的各类攻击事件。例如，蠕虫病毒能够在几小时内使社区服务、金融网络、核电站控制等系统/服务中断，其传播速度已远远超过了人类的响应；此外，拒绝服务攻击通常可以在没有用户特权的情况下进行外部加载，且其无法被追踪。时间敏感系统的威胁必须综合考虑硬件故障、软件故障、操作失误以及其他任何影响系统可用性的因素---如服务器、网络、人为等因素。逻辑攻击和物理攻击也都必须包含在所考虑的因素当中。特别是国家关键基础设施，若未充分解决上述威胁，其面临风险将是巨大的。

7.2.12.3 动机

人们对信息系统的可用性的依赖性越来越强，在多数系统设计中，可用性的优先级超过了安全性。若国家主要的通信系统或国家电网遭受恐怖主义袭击，其所造成的公众恐慌将是不可预测的。现已有很多事例已经给出了答案，诸如因自然灾害（暴雪或飓风）造成电力、通信以及其他通讯中断，其带来的影响是前所未有的。相比之下，敌手针对关键基础设施信息系统的脆弱性进行攻击将造成更为严重的后果。当前，国家需要一个健壮的信息基础设施来支撑军事、国家应急响应、远程医疗、SCADA等活动，即使遭受攻击，其仍然可用。对于此类信息基础设施，服务中断是不可接受的。因此，急需各类机制或措施来确保时间敏感系统的可用性。

7.2.12.4 挑战

所面临的挑战主要包含以下几个方面：

（1）明确保护对象及相互依赖关系。系统可用性所面临的最大挑战是要明确关键基础设施信息系统中所需要保护的相互依赖的全部组件，其中包括端到端通信属性、系统处理能力、及时访问时敏任务相关的存储数据等。

（2）确保时敏任务的服务质量。目前，关键基础设施信息系统加载并处理各种信息，诸如语音、视频、事务数据以及广播数据等。不同类型信息系统对延迟、抖动以及吞吐量有着不同的功能要求。从历史数据看，所有这些信息都是在不同的网络上进行的。而现在国家关键信息基础设施则是利用一个独立的、融合的网络来承载所有信息，因此需要充分确保服务质量，以满足时敏任务和特定应用对延迟和吞吐量的需求。但是，即使在有线网络中，现有技术也很难确保服务质量，更不用提无线网络了。此外，时敏任务的处理能力要求随着机器人、RFID、传感器网络等技术的应用而不断提高，这种发展趋势给时敏系统可用性带来了更为严峻的挑战。

（3）分布式应用需求。系统分布式属性使得确保时敏系统可用性变得更加复杂。可用性必须满足主机互联、资源互联以及端对端互联等相关要求。但是，有些攻击则是通过建立在互联网自身功能上的额外能力实现的。在初期的 DDoS 攻击中，少数人篡改了数千台机器的控制权，并将流量重定向少数的受害者，使其服务溢出，造成访问受限。

（4）无线应用场景需求。无线通信系统的干扰溯源通常是相当困难的。干扰源可能来自人为干扰、吞吐量饱和、通信路径上的自然变化或属性改变等方面，每种干扰因素都需要做出不同的响应。由于没有固定基站，在整个移动网络中通过设置固定通信线路来协同诊断及响应是不可行的。战场和应急响应网络由于带宽有限且多数没有冗余通信路径，使得其更容易遭受破坏。

7.2.12.5 解决思路

（1）满足网络相关时间（cyber relevant time）的时敏系统安全能力架构。

由于不同业务地点时敏系统属性不同，安全性应该首先进行针对性设计。应排查不同系统的组成依赖关系，在此基础上，设计构建支持纵深防御的可扩展、可组合的安全能力架构，其组件满足实时系统的行为要求和防御的网络相关时间约束。

架构应该包含对时间敏感系统不安全设计的改进，如控制信道隔离等，此外需要能够适应旧有系统的外围防护模式，强调隔离、访问与审计管理、加密技术；也有能够内嵌到时间敏感系统的内生式模式，需要发展灵活访问控制技术、强调安全性时敏通信协议设计技术、时敏物联网安全技术、低负载数据保护技术等。

（2）专用时敏系统软件安全

时敏系统的核心功能软件设计应该具有更高的可靠性，依靠内生安全技术、漏洞检测技术等，设计高安全软件，减少恶意病毒攻击的可能性。同时，针对业务系统等通用软件，必须进行操作系统加强、软件防御措施等。

（3）外围高敏感检测设计

目前，大多数的时间敏感系统的系统资源其实是非常充足的，能够支持附加高级别的检测系统。自诊断（心跳，挑战响应，内置关键功能监测，过程异常检测）；

（4）细粒度访问管理与独立审计

通过设置更多的约束条件，对时间敏感系统进行更细粒度的访问管理，以保障时敏系统的保密性、完整性、可用性和合法使用性。对系统进行独立审计，实现更深层次的审计，保障审计结果的私密性和安全性。

综上所述，围绕系统可生存性的需求，需要在充分考虑系统资源的情况下，从减少攻击带来的危害和提供服务可用性的角度去研究相关机制或技术，确保系统在遭受攻击的情况下，也能够提供正确服务。。

7.2.12.6 指标

衡量时敏系统可用性的关键指标是为关键任务提供充足服务能力所覆盖的应用环境因素，包括拓扑结构、空间分布以及数量、类型、受损机器位置、干扰源范围等因素。尽管已有的知识对明确环境因素起到有一定的作用，但仍需要在一些新领域对系统可用性展开深入研究。分析建模需要能够基于模拟系统；

（1）红队利用特定领域的技能评估结构的可生存性；

（2）对抗模拟，旨在了解在时间关键的系统的威胁。

7.2.13 缺乏动态评估

7.2.13.1 定义

动态评估是指在网络空间安全态势和威胁方法不断变化的情况下，面向现网已部署应用的系统组件（含应用组件、通信组件、安全组件等）的关键属性进行采集、测量和评估，以可信赖的方式评估其当前的健康状态及潜在的损害程度，从而为防御响应和系统恢复的决策和执行提供基础依据，是主动防御“检测、防御、响应”闭环中不可或缺的一个环节。

7.2.13.2 威胁

当前面向复杂系统攻击技术和工具不断演进的趋势与面向单设备、简单系统针对静态攻击手段的现有评估能力之间存在的差距带来了严重的安全威胁。典型问题是零日攻击，攻击者利用发现漏洞与打补丁之间的时间差轻易完成攻击，在缺乏动态评估能力的条件下，这一安全威胁将难以解决。

7.2.13.3 动机

通过动态评估实时获取的现网运行状态、安全态势及潜在损害程度及范围等信息，是支撑主动动态防御体系决策者进行网络防御部署调整响应的必要依据，是网络空间防御模式由被动静态防御向主动动态防御转变的基础支撑。

7.2.13.4 挑战

当前已具备一定程度的面向单设备、简单系统，针对静态、已知攻击手段的防御评估能力，但仍面临以下问题：

1）缺乏面向恶意行为进程实时获取现网运行状态，评估潜在安全风险及损害程度的能力；

2）缺乏针对新发现漏洞、新型攻击技术、未知恶意行为，及时开展模拟攻防演练，评估现网面向动态攻击手段的防御能力；

3）缺乏面向复杂系统、体系化防御手段的动态联动分析能力

4）缺乏面向多维度安全态势属性信息的综合分析评估方法论与工具，实现量化评估的能力。

7.2.13.5 解决思路

构建面向多维安全态势属性的综合分析评估方法论与工具，结合大规模安全态势感知、体系联动综合分析等能力，实现面向复杂系统的实时量化评估。

构建模拟攻击组件库，动态更新攻击模式、技术、工具，并以此为基础构建不影响现网系统运行的攻防模拟演练环境及能力，在基于新型攻击手段的恶意行为实际作用于现网前完成评估，为防御部署的主动调整响应提供依据。

7.2.13.6 指标

动态评估指标包括以下：

系统健康程度；

（2）损害程度；

（3）动态评估时间。

7.2.14 缺乏强调安全性的设计开发能力

7.2.14.1 定义

在设计开发过程中强调安全性设计，将实现“内生安全”可以大幅度降低设计和生产中引入的漏洞并系统性增强抵御攻击的能力。强调安全性的设计开发能力主要涵盖安全工程开发实践、开发语言、设计开发工具等，在设计和开发同时保证系统防御能力的信心。过去，这一领域主要集中在软、硬件开发过程中的代码的静态和运行分析。这类分析主要集中在证明在关键点上软件没有各类缺陷，同时算法的实现与预期一致。这些工程研究为强调安全性的设计开发能力奠定了技术基础，即实现任何规模系统在设计开发时同步、高效完成对安全性的加强，以免疫一定的攻击。为此，需要有与业务功能良好匹配的安全架构、需要基于安全原则的开发方法、需要安全的开发环境和工具、需要准确有效的安全评估方法和工具。

与可信安全类似，强调安全性的设计开发技术同样需要关注可组合性和可扩展性。

7.2.14.2 威胁

首先，对于大多数信息系统而言，安全性优先度排在其业务功能和性能要求之后，以至于在设计过程中甚至可能完全忽略。只有系统建设完成或业务系统完成设计后，在设计安全系统作为外挂或配套支持系统，在外围增加保护。对于现在的移动通信系统、工业控制系统等这一问题非常突出。这导致了大量安全漏洞的出现，以致于严重影响了业务的安全性。其次，补丁式的安全系统会产生与业务系统不匹配，或者业务没有预留足够资源，导致安全性下降、影响业务效率等，对后续升级也有很大问题。

7.2.14.3 动机

发展强调安全性的设计开发能力是网络空间安全的未来具备颠覆性的能力之一，未来网络空间大型基础设施都必须具有内生安全特性，将实现安全模型与编程语言的更直接交互，并支撑高保障水平。未来的软件生态系统和基础设施采用这种成本效益的方法来生产和发展高保证系统，可以为网络文明奠定一个新的，坚实的基础。

7.2.14.4 挑战

目前，内生安全能力的挑战主要集中在以下几点：首先是，在系统工程过程中支持实时验证的模型和技术设计，以及安全性追踪标记的建立；其次是数学可靠的技术以支持模型的组合和独立组件的组合（即可组合性）；分析技术（基于模型检查，抽象解释，基于语义的测试和/或验证），以实现不同模型和代码之间的可跟踪链接；开发语言设计，旨在实现高水平、高保障的模块化灵活开发能力；安全的信息管理支撑基础，能够支持配置管理和开发人员/团队互动。此外，还有对于开发者的心理学和人为因素研究以及经济学激励等。这些点的研究目前都在进行开展，但是没有确认有效的体系化解决方案。

7.2.14.5 解决思路

（1）安全编码语言设计技术

现有编码过程中，通过最佳实践或初级检查等来发现漏洞，但对于较大规模的代码来说，依然很难识别和排除全部的代码漏洞，还存在效率低下等问题，同时，现有编码方式也存在被逆向分析、代码分析等重大问题。因此需要发展编码逻辑安全生成技术、编码漏洞自动化分析技术等防止开发人员创建特定安全漏洞，高效自动化地识别和纠正，发展代码编译加密和代码混淆技术来防止应用被逆向分析和破解难题。

（2）软件开发环境安全保障技术

对支持软件工程化开发和维护，包括软件源码编写、编译、调试、测试等过程而使用的工具和集成环境的安全性进行监控与增强，以保障软件开发过程、活动和任务中的安全性，为提升所开发软件的安全性提供基础支撑。

（3）软件安全性自动分析技术

综合采用故障树、控制依赖图、Petri 网等自动化的静态与动态分析方法，对正在研发中的软件进行自动分析，基于对软件源代码静态分析得到的软件结构以及对软件运行过程动态分析得到的过程中信息，在软件正式交付使用之前，发现其中隐藏的安全漏洞并修补。

（4）安全编码技术

在基于实践总结得出的安全编码标准之上，采用人工智能方法，学习并总结出安全编码原则，对编码过程进行实时跟踪与监控，及时发现其中不符合安全编码原则的部分，给研发人员及时提醒以及提供修改建议。

7.2.14.6 指标

安全性设计作为系统性技术能力很难形成衡量该能力的定量指标。

7.2.15 网络攻防的非对称问题

7.2.15.1 定义

目前网络攻击与防御间存在严重的非对称性，表现在：攻击成本远低于防御成本，以及相同投入带来的攻击能力增长远大于防御能力的增长。造成网络攻防非对称问题的原因是多方面的：

网络基础协议及系统基础架构在设计阶段就没有考虑或只考虑有限的安全性，导致网络空间安全漏洞从“孕育”阶段就大量存在。以互联网为例，其前身 ARPANET 仅用于连接国防部信任的若干教育及科研机构，因此在网络架构设计及 TCP/IP 协议设计中并未考虑安全性问题，当大量不可信任节点接入之后大量安全问题逐渐暴露出来。而最新的例子是物联网，大量传感器终端智能化的同时却缺乏安全性设计，极易被控制，成为攻击者低成本建立僵尸网络的最佳对象。

软件，特别是软件开发过程中不可避免地引入大量安全漏洞，使得网络空间从诞生之日起即存在安全隐患。

系统日益复杂、广泛的互联、新技术的不断引入进一步加剧了网络空间攻防非对称的局面。软件系统复杂度的不断提升，安全漏洞随之大量增加，手机终端智能化后安全问题的大量涌现就是一个典型例子。广泛的互联则为安全威胁的扩散带来了便利条件。新技术，特别是缺乏安全设计的新技术的应用使得安全问题的复杂度成倍，甚至指数级增加，比如前文提到的物联网。

除以上因素外，我国还面临一个特有问题：核心技术及产业能力的欠缺导致我国在网络空间国家对抗层面上处于非对称的弱势地位。一种情况是利用其在互联网领域的统治性地位形成威慑，如美国对国际互联网 DNS 根服务器的控制能力。另一种情况是利用其技术及产业优势推广含有预置后门的技术标准及产品，如已被证实的 RSA 算法后门。

7.2.15.2 威胁

在信息化趋势势不可挡的背景下，若无法扭转网络攻防非对称的局面，将导致“信息化依赖程度越深，越是千疮百孔”的严重后果。在投入巨量资源的情况下，仍难以抵挡黑客、犯罪组织、敌对国家势力的网络攻击行动，给公民个人财产安全及国家安全造成不可估量的损失，更使得国家在战略层面进入一种“既必须发展、依赖信息化，又无法完全信赖网络空间”的进退维谷的局面。

7.2.15.3 动机

网络攻防非对称，将影响国家、组织机构网络安全发展策略的制定，可能导致相关国家、组织机构利用网络攻防非对称性，大力发展网络攻击技术，进一步恶化网络空间的生态环境。

7.2.15.4 挑战

1）安全与易用性、成本之间的“跷跷板效应”，导致新技术、新系统在设计、推广过程中有意无意地忽略安全问题，信息化利益主体与安全利益主体间的分离与对立加剧了这一问题。

2）信息安全学科设计基础缺乏完备的科学体系，只能被动的依靠攻击知识进行防御，像古代的堡垒防御一样。防守方需要设置多重防御，投入大量的资源运营防御系统，并预估攻击方所有可能的行动，而攻击方只要找到一个漏洞即可。攻防在基本上就建立了不对称性。这种不对称性体现在软件、硬件、设备、系统在天然上缺乏安全性的构建或者只具备简单安全性，无法抵御全维攻击。

3）存在固有安全缺陷的产品及网络系统已大规模部署应用，已经投入了极大量的成本和建设时间，再行替换和升级同样具有巨大的成本压力，在当前技术条件下难以摆脱“打补丁”的安全防护模式。

4）我国在核心技术国产自主方面取得一定进展，但在实用化方面仍有一定差距，同时国外标准、技术、产品在市场上的支配性地位将极大阻碍国产自主技术及产品的实用化推广。

7.2.15.5 解决思路

（1）在已有的关键网络和信息系统中，针对这一问题传统的解决思路是采用物理隔离的方式构建可信任的安全边界，在网络攻防非对称的条件下确保外部攻击进不来、内部信息出不去，保护关键网络和信息系统的安全。在当前信息交互共享需求日益迫切、攻击技术不断升级的情况下，需构建跨网跨域有限互联、可控交换、隐通道检测和阻断等能力，实现安全隔离下的信息高效流转。

（2）针对新建网络和信息系统，通过系列新技术从设计、开发、运维防御全流程扭转攻防非对称局面：研究移动目标防御、动态防御、混淆隐藏等技术，实现安全与应用融合设计；突破内生安全技术，通过安全编码语言、安全软件开发环境、安全编码、软件安全性自动分析等工具，构建确保系统开发过程安全性。

（3）研究突破网络空间恶意行为追踪溯源及取证技术，为基于法律的网络空间治理提供技术支撑，建立面向恶意黑客、犯罪集团、敌对势力及国家等各类恶意行为主体的威慑能力。

7.2.15.6 指标

网络攻防费效比是衡量网络攻防非对性程度的重要指标，如何降低网络攻防费效比将成为是否改变攻防非对称的标准。

7.2.16 缺乏灵活的可信空间构建能力

7.2.16.1 定义

在全网络空间统一建立高等级的可信空间不是可行的办法，面临极大的成本和管理压力。因此，根据业务、用户、环境的不同情况，构建相应等级的可信空间，同时保证可信空间之间的信息交换的安全是更为可行的策略。可信空间构建旨在提供灵活的、自适应的分布式信任环境，面对不断变化的各种威胁，可以支持多维度的操作功能（机密性、匿名性、数据和系统完整性、可用性等）。该项研究的目标是[1]：a）在不可信的环境中启用可信计算；b）开发一个通用框架，支持不同类型的操作和不同的可信赖的空间策略和服务；c）制定规则，可衡量的可信度指标和灵活的可信协商工具。

可信空间的构建包括但不限于可信网络构建问题、可信系统设计问题和可信身份问题，目前除了可信系统中单台设备具有初步的解决方案，其他均没有完备的解决方案。

对于灵活可信空间的定义主要包含三层含义[2]，即处理空间的可信度、可扩展性和可组合性。可信度是系统为满足完整性、可用性和生存性、数据保密性、可保证的实时性能，以及可靠性，而所需的每个方面的程度而形成的多维度量。精确定义“可信”以及可信要素的度量方式，对于开发和实施可信系统是必要的前提，目前缺乏对可信的技术尺度定义。

1 Report on implementing the federal cybersecurity research and development strategy, NITRD, 2014.

2 同引用 1

可扩展性是满足系统、网络和大系统（Sytem of systems）在容量、复杂性和信任等级要求，在安全性、可靠性、生存性和实时性能方面的扩展能力。可扩展性通常必须在设计阶段就开始考虑；经验表明，可扩展性通常无法在非可扩展设计的系统中实现。可扩展的可信赖性对于国家级和世界级系统非常重要，包括支持关键基础设施的系统来说是必不可少的。

可组合性是通过组件、子系统和其他系统创建具有可预测的令人满意的行为的系统和应用程序的能力。为了增强可信的复杂分布式应用程序的可扩展性，高可靠性系统应该从一组可组合的组件和子系统开发。组合包括在不同硬件上兼容运行软件的能力。此外，要求和评价也应相应地可组成。在将来，新系统可以逐渐增加并融合到大系统中，并具有一些可预见的结果，即所得到的系统系统的可靠性不会被削弱，或者可能被加强，即保障 1+1 大于等于 2。

7.2.16.2 威胁

对于一个系统所面临的威胁包括所有阻碍关键应用程序满足其预期需求的一切因素（包括内部人和外部人滥用、恶意软件和其他系统颠覆、软硬件故障、人为故障、物理损坏和环境中断）。事实上，由于设计、实现错误，以及错误配置和系统老化的结果，系统有时会在没有任何外部威胁时失败。关键系统及其运行环境必须是可信的，尤其是在非协作或威胁环境下时。但目前许多传统系统都是基于存在可信的计算基础的假设建立，并在此基础上执行计算任务，然而，这个假设至今没有被证明成立。因此，传统系统多数存在各式各样的问题影响了对计算结果的可信性和功能的可信性。同时，我国当前基础、核心技术严重缺乏，信息技术产业链的自主度不高，对全球产业链依赖严重，现有大量信息系统都是基于国外基础技术和产品构建的，同时在今后一段时间内这种情况还将继续存在，可信计算基础的假设存在极大不确定性。如何解决基于不可信部件构造相对可信的系统就成为一个基本的理论和工程问题。

7.2.16.3 动机

目前，建立一个比其组成组件都可信的系统已经成为可能，比如通过严谨的系统设计和细致的软件工程，可以实现一个很高安全等级的系统。一些通过不可靠组件建立更可信系统的技术已经投入使用，例如通过纠错码来在高误码率的场景实现可靠的存储和通信，或者用密码来实现在不安全场景下的高机密性和完整性保障。这些技术通过彼此依赖来实现一定的可信性，进而为未来建立可信空间提供了基本基础。所有部门的大型组织，包括政府、军队、商业、金融和能源，都需要大规模计算系统，这些系统的可靠性要么不高，要么由于成本超高。因此，灵活的可信空间构建可以为所有利益相关者提供可靠的计算基础设施。这样的系统需要是鲁棒的并且能够满足所需的信任等级要求。这些系统的中断可能是代价高昂和危险。通过构建灵活的可信计算环境能够保证计算结果的安全和可靠，不被攻击中断。

7.2.16.4 挑战

目前最大的挑战是，没有为可信设计完善的系统级架构，同时巨大的经济成本使得进行全面验证和检验变得不易实现，这阻碍了安全计算基础提供所需的功能（唯一的例外是“高代价”的政府应用程序，其中成本是国家安全的次要关注点）。而且，这种情况随着规模和复杂度的提升愈加凸显。目前的可信系统的设计特点导致，必须对改动进行长时间的验证和可信度量，这无形中减缓了补丁和升级的进程，进而可能降低系统的安全响应速度。这与传统系统进行漏洞检验相比，耗时的可信度量使其在此方面没有任何竞争力。

可信系统的最紧迫挑战是完全可信的系统架构——即最小化系统必须是可信的，目前则是对可信计算基（TCB）的可信设计。而事实上，对于弱安全性的计算系统，即使微小的漏洞也可能使全系统的可信性崩溃。但是，从头设计复杂的安全系统是一个非常困难的问题，特别是因为大型系统可能在其设计和实现中引入具有灾难性的威胁，直到开发后期，甚至在部署之后才被发现。灾难性软件漏洞甚至可能潜伏在几行任务关键代码中，并且在今天的系统中的几千万行代码中几乎是不可避免的。鉴于已经广泛验证的程序和系统的数量与规模依旧很小，而目前系统的代码量已经巨大，扩展和证明无缺陷系统似乎是一个艰巨的任务。

同时，衡量系统的可信性指标是非常困难的问题。

7.2.16.5 解决思路

围绕上述挑战，构建信任度评价指标与方法、存量系统提高信任度的方法和体系、基于不可信部件构建相对可信任系统的方法和体系等体系，突破可信路由、访问策略自动化优化配置、可信网关、信任管理、可信硬件构建、信任空间持续监管、高可信软件定制开发与部署、内部威胁检测和无线安全等关键技术，支撑我国网络空间形成可信赖的安全保障能力。

（1）可信路由设计技术

使路由器间互相认证，路由器之间通过签名机制对路由通告相互认证，收集网络状况，为相应的数据流分配流标签，同时在相应的路由器上建立流标签转发表，使数据在转发路径上快速可靠转发。

（2）访问策略自动化优化配置技术

采用机器学习方法，根据访问身份、访问权限、访问资源价值等，计算优化的访问策略，并计算得出访问策略具体实施时在系统上的具体配置参数，通过自动化的方式，将相应的配置参数告知相应的策略实施体，并使其能够具体执行。

（3）可信网关技术

基于可信计算架构设计网关，在使用不同的通信协议、数据格式的两种系统之间，对收到的信息重新打包以适应目的系统，并采用网络访问控制方法，在受保护网络系统和外部网络之间建立保护屏障，控制对受保护网络系统的访问。

（4）信任管理技术

基于信任度量与信任传递关系，对系统中涉及到的实体，根据其当时的状态，计算与分配其信任值，对涉及到的过程，根据信任传递关系计算信任值的变化，根据信任值变化对实体与过程进行管理，维持对系统信任度的管理。

（5）可信硬件构建技术

采用可信计算机，辅以外部控制逻辑和安全通信协议，对 BIOS 设计与实现、各种 ROM 代码实现、命令协议设计、算法实现、存储部件等方面进行安全性增强设计，使硬件的行为总是符合预期。

（6）信任空间持续监管技术

对系统中的实体与流程中涉及到的信任关系与信任量的变化进行监控，综合采用主动探测与被动探测方法，掌握信任关系传递过程中信任量的变化方式，对变化原因进行回溯，对变化趋势进行预测，确认信任关系与信任量的持续变化始终处于控制中。

（7）高可信软件定制开发与部署技术

采用基于构件的高可信软件建模、构造方法与代码生成方法，基于可信软件设计语言编码，用可信编译技术进行编译，并采用基于模型和规约的高可信软件测试技术验证软件，在部署时引入软件运行环境监控方法，确保软件运行行为持续可预期。

7.2.16.6 指标

衡量可信的指标是系统级的难题之一。目前，可以提及的是，传统系统失效因素避免率、可信启动时间、可信度量速度、同等业务可信增强后负载影响等弱指标。

7.2.17 企业级安全度量问题

7.2.17.1 定义

信息安全技术的度量是基本的、公认的困难问题，困难的表现在于有意义的指标难以确定，本质原因是信息技术的快速演进、攻击焦点的变换和信息安全系统设计基础不完备，进而导致对网络安全技术的认知停留在定性化、印象化范畴。因此，企业级安全度量（Enterprise-Level Security Metrics）瞄向建立企业级整体安全性的度量指标，直接瞄向这一困难问题的解决。

企业级安全度量是通过建立特定的技术指标，来建立一个组织整体的安全性宏观度量，了解安全系统对组织安全带来的提高，对不同的安全系

统进行对比，获知各类威胁造成的安全态势变化。在此基础上，企业级安全度量对一系列问题进行回答，包括

（1）组织面对变化的威胁和技术的安全等级提升多少？

（2）产品和软件对现有系统和网络的适应性如何？

（3）部署新的工具和实践对于安全水平的影响是多少？

（4）如何最大化性价比的投资安全并减小风险？

（5）现有条件下哪种需求分析手段最有效，包括自顶至下的架构、建模、细节分析、代码审查、训练等。

（6）现有条件和特定威胁下，多高的安全措施是充分的？

这些问题的特点是，关注定性分析方面而不是定量分析，这也导致了多数网络安全技术研究固有的不精确性。然而，缺乏对网络安全的定量方面的研究是根植于目前安全技术的固有特点。度量网络的整体安全性需要彻底了解主机漏洞之间的相互作用，逐步建立精确的、定量的度量分析，为决策者提供支撑。

7.2.17.2 威胁

企业级安全度量的最大潜在威胁就是“错误指标”带来的错误引导。某些无关紧要的指标会引导用户过度在意其意义，进而引导错误行为，引发一系列重大问题。这类度量分析的普遍风险点在于，它们多是基于模糊的假设、不完备的模型、有问题的工具或指标本身的错误（多维特征空间做单维投影，很容易导致错误结果）。此外，还有一个风险点就是将指标过度关注于组件级，而没有系统级的融合。这些对技术的威胁和风险会导致错误结论，进而浪费投入的资源，并且对改善脆弱性无益。

7.2.17.3 动机

企业级安全度量是对组织管理的有意义指引，没有科学的参考，安全体系的建设会没有方向。实施持续有效的企业级安全度量对于实施和改进安全度量具有基础性作用。

7.2.17.4 挑战

该领域目前挑战很大。首先，信息技术快速演进，威胁、用户、安全

技术本身无时不在变化，未来的风险可能和过去有很大不同，历史数据可能对于预测未来意义不大；第二，攻击技术的不断升级、攻击焦点不断变更，与第一点类似，信息技术同样武装了攻击者，对于攻击的评估范围在不断地扩大；第三，缺乏攻击者信息，包括其能力与意图的风险管理是非常难进行的，衡量完全未知攻击造成系统离线的潜在损失等是几乎不可能的，即对未知威胁的安全性衡量非常困难；最后，是目前安全技术设计的基本原则多是依赖于实践或定性化原则，缺乏对定量化衡量的天然支撑。

在此基础上，目前信息安全技术也面临了两大误解：第一，实际应用中的许多因素会扰乱预测方法的统计学特性，进而影响对攻击范围的预测。对于一些资源的特殊保护通常会增加其他资源被攻击的可能性，因为攻击者总是倾向于寻找脆弱的资源来实施行动。目前信息安全技术通常面临这样的窘境，为了保护最敏感信息，组织投入了最宝贵的资源来部署防御措施，但这些组织却成为攻击者最核心的攻击目标，进而导致了一个误解，防御吸引攻击。

第二，这种高级别的保护机制通常配备更先进的传感器，会更敏感、更快速地检测、捕获各类攻击，同时，攻击这种高级系统的攻击行为会更加高级。这会导致一种误解，即系统遭受了更多、更高级的攻击，尽管检测攻击会使安全性评分下降而实际上防御效果已经生效，攻击效果已经下降。即感受结果与实际安全性不匹配，组织管理者还会顾虑目前的防御是否足够应对。总而言之，这些深层次的因素使得建立科学、完备的安全性衡量指标非常困难。

7.2.17.5 解决思路

目前，信息安全领域企业级安全度量的方法基本借鉴了许多其他学科。许多学科在不确定性的决策环境中运营，但大多数学科已经证明了确定风险的方法，例如财务指标和风险管理实践、六西格玛、保险模型、复杂性理论和数据挖掘。

信息安全领域的企业级度量方法的技术核心涵盖指标定义、搜集、分析、融合和应用五大方面，按照逻辑可以分为这几类：

（1）基于最佳实践的度量

制定标准规范，包括一些理论方法，如 NIST 的网络安全框架[1]等，能够指导组织进行安全自查，一定程度地提升组织的安全性；启发性方法，如提示减少内部威胁等，由企业自行进行审查，进而启发更有效的改进方案。

（2）基于模型的度量

基于模型的度量具有可重复性强的优点，目前的主流方法能够给出概率并结合客观因素，给出安全性评估，然后做出模型推理，实现安全性的预测。

模型的建立是基于模型度量方法的基础和核心难点，具体包括攻击模型、防御模型、系统模型、人类行为模型等，目前有数值方法、人工智能方法也加入应用中。基于攻击图的研究是目前基于模型度量的主流方向之一 2&3。基于系统复杂度的评估（如代码复杂度、访问点数量等）。能够有一定的安全性评估意义，但无法给出攻击概率、威胁情况等具体指示，方法也不多。模型准确度分析是决定了模型驱动度量的可用性和准确性，准确度分析能够避免模型测量结果对组织的错误引导，但是安全人员应该时刻牢记“奥卡姆的剃刀”，过分精确地模型往往无法泛化，进而无法使用！

（3）基于知识推理的方法 基于知识推理的方法主要用来处理一些数学模型难以处理的情况。知识推理方法能够模拟人类的思 维方式，相对于传统的数学模型而言，评价过程具有一定的智能性，在一定程度上避免了人的主观因素 对态势评估客观性的影响。知识推理方法一方面借助模糊集[4]、概率论、D-S 证据理论等处理不确定性 信息；另一方面通过推理汇

1 Cyber security Framework Updates, NIST, 2017.

2 基于攻击图的分布式网络风险评估方法，方明等，2013.

3 基于概率攻击图的内部攻击意图推断算法研究，陈小军等，2014.

4 The evaluation model of network security based on fuzzy rough sets, Yaolong Qi, Haining An, Springer, 2010.

聚多源多属性信息。在知识推理方面研究的热点有基于故障图模型的安全态 势评估方法、基于攻击树的安全态势评估方法、基于特权图的安全态势评估方法、基于攻击图模型的安 全态势评估方法、基于贝叶斯网络的安全态势评估方法、基于层次化的安全态势评估方法等。

（4）基于数据 / 事件的度量

如“红队”测评（Adversary-based metrics ）。通过攻击方视角进行渗透测试，并定义安全性度量指标，目前使用比较好，可以发现系统安全措施的漏洞和完备性。

7.2.17.6 指标

研究领域关于企业级安全度量的目标是实现定量信息系统风险管理应至少与定量金融风险管理一样好。然而，目前指标体系还不成熟，多维计量经济学和金融模型或多或少是连续数学，但计算机领域几乎都是离散性的。衡量安全指标有效性的指标本身就是需要持怀疑态度的，因为指标本身就有倾向性。

对于攻击图模型技术路线，有特定的技术概率指标，包括漏洞似然概率、潜在攻击比率、攻击似然概率、K 天零日安全等。

7.3 附录 3：54 号国家安全总统令（NSPD-54）

华盛顿白宫

2008 年 1 月 8 日

54 号国家安全总统令（NSPD-54）

23 号国土安全总统令（HSPD-23）

主题：网络安全战略 （U）

7.3.1 目的

（1）明确美国网络空间安全政策、战略、方针和实施措施；加强和完善联邦政府现有的信息安全和隐私保护政策，明确相关联邦机构在网络安全方面担任的角色与职责；要求联邦政府整合技术与组织能力，以便更好地解决复杂的网络安全威胁与漏洞。（U）

（2）（a）提出一套长效的综合网络安全计划，可预测未来的网络威胁与技术，同时调动全国多方力量和影响力来保护国家在网络空间上的权益；（b）指导美国网络威胁相关信息的收集、分析和传播，明确联邦政府各个网络运营机构的任务、职能、运营和协调机制。（U）

（3）促进实施《国土安全国家战略》、5 号国土安全总统令（HSPD-5）（国内突发事件管理）、7 号国土安全总统令（HSPD-7）（关键基础设施识别、优先级和保护）、8 号国土安全总统令（HSPD-8）（国家应急准备）和 2007 年 5 月 17 日签署的第 13434 号行政命令（国家安全专业发展）。（b）（1） OGA（S//NF）

（4）根据本总统令采取相关措施，以提高国家在网络威胁方面的安全性，提高美国在制止、阻止、检测、辨别、分析、监测和阻断非法入侵国家安全系统、联邦系统、私有关键基础设施系统等行为方面的能力。（S/NF）

7.3.2 背景

（5）美国电子信息基础设施频繁遭受对手入侵，这些对手包括外国情报与军事机构、有组织的犯罪团伙、恐怖分子等，他们试图窃取敏感信息，破坏、损害或毁坏数据、信息系统和相关的关键基础设施。网络犯罪分子主要从事恶意行为，比如操纵股票价格、网上敲诈勒索、诈骗等， 每年导致美国公民和企业遭受数百亿美元的损失。黑客和内部人士们已至少在三个大陆入侵或攻陷多个国家的公用设施。一些恐怖组织甚至已经建立多种复杂的在线体系，很有可能对美国发起网络攻击。（S//NF）

（6）美国必须在全国范围内维持网络空间的无限制访问和使用， 而互联网的广泛使用将同时带来机遇和挑战。信息的快速有效传播大大提高了私营部门生产力、军事能力、情报分析能力和政府效率， 但与此同时，也产生了许多新的安全漏洞。我们必须解决这些漏洞，保护进一步信息共享所带来的利益。（S//NF）

7.3.3 定义

（7）在本总统令中：

（a）“计算机网络攻击”或“攻击”指利用计算机网络破坏、拒绝访问、损害、操纵或毁坏计算机、计算机网络或计算机和计算机网络中存储的信息；（S）

（b）“计算机网络刺探”或“刺探”指利用计算机网络实施的操作和情报收集行为，可从目标或对手的自动化信息系统或网络中收集数据；（S）

（c）“反情报”指为防止外国政府或机构、外国组织机构、外国人士或国际恐怖组织实施间谍行为、其他情报活动、破坏活动或暗杀而收集的信息和实施的活动；（U）

（d）“网络事件”指未经合法授权任何试图或成功访问、泄露或操纵数据、应用程序或信息系统，或损害其完整性、保密性、安全性或可用性的行为；（U）

（e）“网络安全威胁调查”指在美国范围内根据相关法律和总统指示，为确定一个或多个网络安全威胁团体或个人的身份、位置、意图、动机、能力、同盟、资金状况和/或手段而采取的任何行动；（U） （f）“网络安全”指保护和恢复计算机、电子通信系统、电子通信设施、有线通信和无线通信（包括其中所含的信息），以确保其可用性、完整性、真实性、保密性和不可否认性；（U）

（g）“网络空间”指信息技术基础设施构成的相互依存的网络，包括互联网、电信网络、计算机系统和关键行业中的嵌入式处理器和控制器；（U）

（h）“联邦机构”指《美国法典》第5篇第105条中定义的执行机构，包括美国邮政署，但不包括美国政府问责局；（U）

（i）“联邦系统”指所有联邦政府信息系统，但不包括（i）联邦机构的国家安全系统，和（ii）国防部信息系统；（U）

（j）“信息安全事件”指联邦政府系统（定义见美国国家标准与技术研究院出版的800-61特别出版物“计算机安全事件处理指南”）或关键基础设施系统发生的、违反或即将违反计算机安全政策、许可使用政策或标准计算机安全惯例的“计算机安全事件”；（U）

（k）“信息系统”指用于收集、处理、维护、使用、分享、传播或处置信息的一系列信息资源；（U）

（l）“入侵”指非法访问联邦政府或关键基础设施的网络、信息系统或应用程序；（U）

（m）“国家安全系统”指任何机构、机构承包商或机构代表使用或运营的信息系统（包括电信系统），系统的功能、运营或使用涉及以下内容：（i）情报活动，（ii）国家安全相关的密码逻辑活动，（iii）军事力量的指挥控制，（iv）作为武器或武器系统组成部分的设备，或（v）对于直接完成军事或情报任务至关重要的系统；且出于国防或外交政策考虑，将始终按照行政命令或国会法案确定的机密信息保护程序对此类功能、运营或使用施以保护。此定义不包括专用于工资、财务、后勤等日常行政业务应用和个人管理应用的任何系统；（U）

（n）（b）（1）OGA（S//NF）

（o）“安全”指保卫和保护政府拥有的军事和民用网络；（U）

（p）“州”和“当地政府”：从地理意义上而言，具有 2002 年《国土安全法》第 2 条（《美国法典》第 6 篇第 101 条）规定之含义；（U）

（q）“US-CERT”指美国国土安全部（DHS）国家网络安全处的计算机应急响应小组。（U）

7.3.4 政策

（8）各联邦机构应根据本总统令的指示，加大力度协调和增强保密网络和非保密网络的安全性，加强对网络数据的保护，提高制止、检测、预防、保护和应对信息系统与数据威胁的能力。（U）

（9）各联邦机构应依法保护其信息系统中所存储、处理或传输信息的保密性、完整性和可用性，按规定对系统执行身份验证访问管理。联邦机构还应采取适当措施降低系统风险，防止、减少和限制国家安全、国家经济安全或公共卫生安全相关的关键信息系统发生信息丢失和性能下降。（U）

（10）联邦政府应增强关键基础设施部门信息网络的安全性。（U）

政策协调

（11）根据 1 号国家安全政策指导（NSPD-1）（国家安全委员会组织机构）和 1 号国土安全总统令（HSPD-1）（国土安全委员会组织机构与运营），在网络安全机构间政策协调问题上，总统国家安全事务助理和总统国土安全及反恐事务助理应对总统负责。（S）

（12）CSC PCC 应负责协调网络安全相关的美国政府政策、战略和措施，监督总统令的实施，并向第（11）段中提及的总统助理告知本总统令的内容。（U）

（13）美国国家网络应急协调小组（NCRCG）成员由联邦机构高级代表组成，主要负责防止、调查、抵御、应对和缓解网络事件与网络攻击并协助网络恢复。一旦发生网络事件，国家网络应急协调小组将根据 5 号国土安全总统令和《全国响应框架》组织协调响应工作，促进信息共享。适当情况下，国家网络应急协调小组将向 CSC PCC 提供建议。（U）

7.3.5 角色和职责

（14）（b）（1）OGA（TS）

（15）在特殊情况下，除非总统另有指示，国土安全部长应带领全国保护、保卫并减少联邦系统的安全漏洞；国防部长应在分配上给予协助。国土安全部长应：

（a）通过 US-CERT 管理和监督联邦系统的外部接入点，包括互联网接入点；

（b）具备综合入侵检测、事件分析和网络响应能力，以保护联邦系统的外部接入点，包括互联网接入点；

（c）与管理与预算局局长协调，设置联邦政府网络运营中心（NOC）和安全运营中心（SOC）的最低运营标准，以使国土安全部能够通过 US-CERT 指导联邦系统外部接入点（包括互联网接入点）的运营和防御，具体由国土安全部长确认和实施；

（d）根据 7 号国土安全总统令，通过《国家基础设施保护计划》流程发布网络威胁、漏洞、缓解和警告信息，以加强联邦机构、州、地方及部落政府、私营企业、学院和国际合作伙伴拥有或运营的关键基础设施网络的安全性和保护。（U）

（16）管理与预算局局长应：

（a）在切实可行并符合国家安全规定的情况下，指导削减及合并联邦政府系统外部接入点（包括互联网接入点）；（U）

（b）在与国土安全部长协调后，每年对联邦机构的网络安全最佳惯例进行一次评估，对联邦政府政策和架构提出修改建议，确保联邦机构遵守管理与预算局局长通过的标准和政策；（U）

（c）在本总统令生效后 180 天内，在与国土安全部长协调后，起草一份机构问责流程的实施计划，确保各联邦机构遵守并维护强制性的网络安全措施。（U）

（17）国务卿经与国防部长、财政部长、商务部长、国土安全部长、总检察长和国家情报总监协调后，应在网络安全的国际事务上与其他国家

和国家组织机构合作。（U）

（18）商务部长应依法制定联邦系统的信息安全标准和指导方针。（U）

（19）在美国 1954 年《原子能法》授权下，在与国防部长和国家情报总监协调后，能源部长应制定适用于所有联邦机构受限数据（定义见《原子能法》）相关的信息安全标准和指导方针。（U）

（20）对于源于美国以外的威胁，国防部长和国家情报总监应向国土安全部提供相关指示和警告信息。（U）

（21）国家情报总监应负责分析并整合美国政府掌握或获得的网络安全相关情报。作为情报体系的负责人，根据《情报改革和预防恐怖主义法》（公法 108-458）第 1018 条规定，国家情报总监应在法定预算、任务和情报资料共享权限范围内在整个情报体系落实本总统令中规定的政策和措施，以确保整个情报体系内实现网络安全资源的适当分配和整合。（U）

（22）（b）（1）OGA（S//NF）

（23）国防部长负责指导国防部信息服务企业的运营和防御，包括监测国防部网络中的恶意行为。国土安全部长负责保护联邦系统，支持联邦机构信息保障战略：编制并分析联邦政府的安全事件信息；向联邦、州、地方及部落机构、私营关键基础设施部门和国际合作伙伴告知威胁和漏洞信息，并与之合作；提供漏洞缓解指导；支持公共和私人事件响应工作；作为保护美国网络空间的中心。（U）

（24）在 US-CERT 支持下，国土安全部长及行业部门特定机构负责人（定义见 7 号国土安全总统令）应在私营部门中宣传网络安全威胁及漏洞信息。（U）

（25）在法律允许范围内，为有效执行网络安全任务而必要的情况下，各联邦机构负责人应支持并配合国土安全部长。此外，各联邦机构应调整自己的网络运营和防御能力，以便国土安全部观察和监督联邦系统状态，同时还应响应国土安全部作出的网络安全指示，以使国土安全部能够有效地保护联邦政府网络企业。各联邦机构应继续履行保护网络安全的职责。（U）

（26）国土安全部长应成立国家网络安全中心并设一名主任，以负责协调和整合信息，保护美国网络和系统安全。为综合保证网络安全，预测未来可能存在的威胁，还应根据本总统令第 28 段中所述的实施计划组织其他网络活动，以实施和完善网络安全活动。（S）

（27）国防部长、国土安全部长、总检察长和国家情报总监应从各自所在的网络安全组织机构派代表入驻国家网络安全中心。其他联邦政府网络组织机构 （b）（1） OGA 应根据具体情况派驻代表或通过虚拟方式连接网络安全中心。{TS//NF）

（28）在本总统令发布后 90 天内，国土安全部长在与国防部长、总检察长、管理与预算局局长和国家情报总监协调后，应通过总统国家安全事务助理和总统国土安全及反恐事务助理提交一份实施计划，计划内容应包括网络安全中心的权限分配、运营概念和基础资源分配。（U）

（29）中心总监应：

（a）咨询总检察长和国家情报总监的意见并征得国防部长同意之后，由国土安全部长指定，并由国土安全部长进行监督，（U）

（b）有权对参与到中心的各网络安全组织的主管进行协调，这就意味着，中心总监有权要求中心内配置的或通过虚拟方式与中心连接的各办公室、部门或机构之间进行磋商，但此项权利并不允许中心总监强迫他人同意或执行命令，而是建立一种咨询磋商式结构；（U）

（c）支持国防部长和国土安全部长、总检察长、以及国家情报总监执行他们的网络安全任务，包括（b）（1）OGA 以及调查和检举网络犯罪；（TS//NF）

（d）确保各联邦机构能够访问和接收执行各自网络安全任务所需的信息和情报，并确保这些信息和情报符合适用法律以及保护国家安全的需求；（U）

（e）在行政部门内提出相关建议，使各部门的网络程序建议和预算提案符合相应的网络安全优先级；

（f）在适当情况下，建议并促使在所有网络任务区域采用共同的准则、

规划和程序；以及（U）

（g）不指示或妨碍执法以及情报、反情报、反恐怖主义的执行（b）（1）OGA（S//NF）。

（30）操作或控制国家安全系统的各联邦机构应在符合国家安全系统相关标准和指南以及保护资源和方法所需的情况下，与US-CERT共享信息安全事件、威胁和易损性方面的相关信息。（U）

（31）国家网络调查联合特遣部队（NCIJTF）应作为一个跨机构的国家协调中心，利用中央情报局（CIA）、国家安全局（NSA）、美国特勤局（USSS）以及其他相关机构提供的信息来协调、整合以及分享与网络威胁调查有关的信息， 在总检察长的授权下，联邦调查局（FBI）局长应负责国家网络调查联合特遣部队的作战行动。此项授权并不允许联邦调查局局长指示其他机构的行动。联邦调查局局长应确保参与者根据第32和33款的规定，在参与国家网络调查联合特遣部队的各执法机构之间分享与网络犯罪入侵调查有关的方法以及（若适用）案例信息。（U）

（32）在与其他相关行政部门和机构的负责人协商之后，总检察长应于2008年3月1日之前，编制并发布一份初始版本的总检察长关于国家网络调查联合特遣部队的指南。（U）

（33）在本总统令发出之日后90天内，总检察长应向总统国家安全事务助理和总统国土安全及反恐事务助理提交一份国家网络调查联合特遣部队作战计划。（U）

国家网络安全综合倡议

（34）为实现本总统令中提出的目标，联邦政府需要一种完整的综合性国家级方法，该方法将立足于目前网络安全实践中的已有力量和地址易损性。这项工作应包括采取第35至46款中指定的行动。（U//FOUO）

（35）管理与预算局局长应在本总统令发出后90天内，与国土安全部长协商后，向总统国家安全事务助理和总统国土安全及反恐事务助理提交一份详细计划，说明在2008年6月30日之前削减及合并联邦政府外部接入点（包括互联网接入点）的相关情况。（U）

（36）国土安全部长应加快“爱因斯坦”计划在所有联邦系统中的开展进度，并且应在咨询总检察长之后，强化“爱因斯坦”计划使其包括全包内容检测和协议特征检测。国土安全部长应在咨询管理与预算局局长的意见后，于2008年12月31日之前，将上文所提及的符合本总统令第16（a）款要求的系统部署到单个网络企业中。（S/NF）

（37）在本总统令发布后120天内，国防部长就国防部信息系统以及国土安全部长就联邦系统与总检察长和管理与预算局局长进行协商之后，应编制一份在联邦系统部署主动响应传感器的实施计划，并通过总统国家安全事务助理和总统国土安全及反恐事务助理将该计划提交给总统。该计划还应处理与主动响应传感器能力有关的法律和政策问题。（TS）

（38）在本总统令发出后90天内，国家科学和技术政策办公室（OSTP）主任应在咨询国家科学技术委员会（NSTC）和国家情报总监后，于本总统令生效日期后90天内，编制一份详细计划，用于协调保密和非保密进攻性和防御性网络研究。（U//FOUO）

（39）在本总统令发布后45天内，国家情报总监应在与国防部长、国土安全部长和总检察长进行协调后，向总统国家安全事务助理和总统国土安全及反恐事务助理提交一份详细计划，计划的内容包括连接以下网络中心的标准操作与通知程序：国家网络调查联合特遣部队、国家安全局/中央安全局威胁行动中心、联合特遣全球网络作战部队、国防网络犯罪中心、US-CERT、以及情报委员会事故反应中心。在本总统令发布后180天内，上述中心应作为国家网络安全中心的组成部分相互连接。（S//NF）

（40）在本总统令发布后180天内，国家情报总监和总检察长应编制一份网络反情报计划，其内容应包含综合反映网络威胁范围和程度所需的各种资源。该计划应符合《美国国家反情报战略》的要求。（U//FOUO）

（41）在本总统令发布后180天内，国防部长和国家情报总监应编制一份详细计划，用于处理联邦政府保密网络的安全问题，包括能够大大增强保护保密网络不受全频谱威胁的特殊建议措施。（S/NF）

（42）在本总统令发布后 180 天内，国土安全部长应与国防部长、人事管理办公室主任、国家科学基金会会长进行协调，然后于本总统令生效日后 180 天内，向管理与预算局局长、总统国家安全事务助理和总统国土安全及反恐事务助理提交一份报告，报告中应包含优化和重定向当前相关教育工作所需的战略和建议，以打造一支技能卓越的网络安全大军。报告需考虑国家基础架构指导委员会、总统科技顾问委员会、以及国家安全电信咨询委员会等群体提出的建议。报告应聚焦于具备特殊技能的现有网络安全人员的培训，以及确保技能超群的网络安全人员在未来能够受雇于联邦政府。（U//FOUO）

（43）在本总统令生效日后 120 天内，国家科学和技术政策办公室主任应在咨询国家科学技术委员会和国家情报总监后，编制一份在高风险、高回报领域扩大网络安全研究和发展的计划，以便更好地保护美国的关键国家利益不受灾难性损害，以及保持美国在网络空间的技术优势。（U//FOUO）

（44）在本总统令发布后 270 天内，总统国家安全事务助理和总统国土安全及反恐事务助理应定义和制定一份关于防止网络空间干扰和攻击的综合协调战略，并提交总统审批。（S/NF）

（45）在本总统令发布后 180 天内，国防部长和国土安全部长应按照国家基础设施保护计划与国家安全第 42 号令（简称“NSD 42”）（《国家安全电信与信息系统安全政策》）的要求，在与财政部长、能源部长、商务部长、总检察长、国家情报总监、以及联邦总务署署长进行协调后，编制一份详细的战略与实施计划，以便更好地管理和缓解供应链易损性，计划中应包括关于以下内容的具体建议：

（a）向联邦政府和国防采办流程人员提供相关渠道以访问所有源情报界供应商威胁信息；

（b）改革联邦政府和国防采办流程及政策，从而允许在采购风险管理流程内以及在做采办决策时使用威胁信息；以及

（c）确立并广泛实施产业全球采购风险管理标准和最佳惯例、采购

生命周期工程、风险检测和风险缓解评估技术。（S）

（46）在本总统令发布后180天内，国土安全部长应在咨询HSPD-7中指定的行业部门特定机构的负责人后，按照国家基础设施保护计划的要求，通过总统国家安全事务助理和总统国土安全及反恐事务助理向总统提交一份报告供总统审批，报告中应详细说明加强保护私有性质的美国关键基础设施网络的政策和资源要求。报告还应详细说明联邦政府如何与私营部门合作才能更好地利用入侵保护能力和技术方面的投资，在程度和严重性方面增强人们对关键基础设施所面临网络威胁的意识，增强实时网络安全态势意识，以及鼓励对关键信息技术基础设施提供特定程度的入侵保护。（U//FOUO）

（47）国家网络安全综合倡议的实施需要以下各关键领域关键促进者的参与才能确保成功。

（a）国家情报总监，与国务卿、财政部长、国防部长、商务部长、能源部长、国土安全部长、总检察长、以及管理与预算局局长（视情况而定）进行协调后，应：

（i）监督和协调本总统令第35至47款（“国家网络安全综合倡议”或“倡议”）的实施；

（ii）就实施倡议所需的相关行动，向以下人员提供国家情报总监认为必要的建议：

（A）总统；和

（B相关联邦机构的负责人、管理与预算局局长，向他们提供关于各自权限范围内的行动建议；以及

（iii）通过总统国家安全事务助理和总统国土安全及反恐事务助理，每个季度至少向总统报告一次倡议实施情况，同时提供国家情报总监认为恰当的建议。（U）

（b）国土安全部长和总检察长应确保对代理机构、分析机构和技术基础设施提供充分支持，以压制、缓解和中断国内的非法计算机活动。（S）

（c）国防部长、总检察长、国土安全部长、国家情报总监、以及其

他联邦机构的负责人（若适用）应加大预测、行为、信息和趋势分析，以便更好地了解和预测国外网络技术发展。（S//NF）

（d）（b）（1）OGA（S//NF）

（e）（b）（1）OGA（S//NF）

（f）（b）（1）OGA（TS）

（g）国防部长和国家情报总监应通过防御方式增强信息保障，从而保护国家安全系统不被入侵和攻击，大大减少目前的恶意活动，使网络防御者更有效地关注更为复杂的威胁。此外，通过强化全企业、跨领域防御能力，以及利用强有力的身份保护等方式，联邦政府还将开始在关键网络组织之间实现更大程度的信息共享。（U//FOUO）

（48）在本总统令发布后180天内，管理与预算局局长应在与各行政部门和机构负责人进行协调后，针对目前联邦政府非保密网络中的所有数据进行综合性的丢失、篡改和被盗风险评估。评估时，建议假定对手具有获取非保密网络中相关数据或中断任务应用程序的能力和意图。评估后，将针对需转移至更安全网络的数据和应用程序提供优化说明建议。（S/NF）

（49）在本总统令发布后120天内，国务卿、国防部长、国土安全部长、总检察长以及国家情报总监应向总统国家安全事务助理和总统国土安全及反恐事务助理提交一份关于协调和运用防御能力的联合计划，以此保障美国信息系统的安全。（U//FOUO）

（50）在本总统令发布后120天内，总检察长和国土安全部长应在与国防部长和国家情报总监协调后，向总统国家安全事务助理和总统国土安全及反恐事务助理提交一份关于协调和运用执法能力的计划，以便更好地支持美国网络的网络事件调查。（U//FOUO）

7.3.6 预算

（51）对于未来的所有预算，所有执行部门和机构的负责人均应按照管理与预算局局长做出的指示，向管理与预算局局长提交一份关于执行本总统令中所述网络安全行动的综合预算方案以及预算提交资料。（U）

一般说明

（52）如果本总统令与《保障网络空间安全国家战略》（2003年）之间有任何不一致，以本总统令为准。（U）

（53）本总统令：

（a）应根据适用法律的规定以及法律（包括保护情报来源及方法的法律）授予各执行部门和机构或其负责人的权限执行，并且应按照拨款的可用情况执行；

（b）不得解释为损害或影响管理与预算局局长在预算、管理和立法建议方面的相关职权；

（c）不得解释为更改、修改或撤销任何现行有效的其他国家安全总统令或国土安全总统令；

（d）不得解释为适用于1982年12月4日第12333号行政命令第3.4（h）条中定义的特殊活动；

（e）应按照规定方式实施，以确保美国人的隐私权和其他合法权利均能够得到保障；

（f）仅旨在改善对联邦政府行政部门的内部管理，未打算并且也不会对美国及其部门、机构或其他实体以及他们的高管、雇员或任何其他人士设置任何权利或利益，无论是实质性的还是程序性，也无论是可在法律上强制执行的还是基于衡平法的。（U）

7.4 附录 4：网络空间安全国家行动规划（CNAP）

总统在任期初就明确表示网络空间安全是美国面临的最重要挑战之一 。在过去的 7 年多时间里，总统全面应对了这一挑战。通过与国会合作，我们在此方面又向前迈进了一步，于 2015 年 12 月通过了《2015 网络空间安全法案》，为加强国家网络空间安全提供了必要工具，特别是为私营部门与政府部门之间的网络空间威胁信息共享提供了便利。

然而总统认为还需要做更多工作，以便公民能够拥有保护自身的工具、公司能够保护其行动和信息、政府能够在保护美国人民及其信息方面起到应有的作用。这就是总统命令政府实施网络空间安全国家行动规划（CNAP）的原因。CNAP 在开展短期措施的同时，将落实长期战略，以加强网络空间安全感知和保护，保护隐私，维护公共、经济与国家安全，使美国人民能够更好地掌控数字安全。

7.4.1 挑战

从购买产品到经营公司，再到与我们所爱的人沟通交流，网上世界已经彻底改变了我们的日常生活。数字时代日新月异的改变为经济、商业和个人带来无限机遇的同时也带来了新的威胁，迫使我们不断调整应对。犯罪分子、恐怖分子，以及试图伤害美国的国家都意识到网络空间攻击通常比物理攻击更简单。随着越来越多的敏感信息被储存在网络上，网络空间攻击的后果也日益严重。身份窃取是目前美国发展最迅速的犯罪形式。创新人士和企业家巩固了美国的全球领导地位，发展了美国经济，但每发生一起知名企业入侵事件或是有身边的邻居遭到诈骗时，都会有更多的美国人民思考这样一个问题：技术上的获益换来如此大的代价是否值得?

总统认为必须应对全新的威胁，并且这种趋势已经迫在眉睫。但我们必须对处理数字时代安全问题的方法进行大胆地重新审视。在这样一个互联的世界，我们必须受到保护。政府、商业和个人必须联合起来，将美国的伟大精神延续下去。

7.4.2 方法

这就是为何，本届政府要宣布一系列在联邦政府和全国开展的加强网络空间安全能力的近期行动。但是鉴于该问题的复杂性和严重性，总统还要求美国政府外界的权威战略、商业和技术专家研究并报告在加强网络空间安全感知与保护，保护隐私，维护公共安全以及经济与国家安全，以及让美国人民更好地掌控数字安全方面的额外举措。若想保护我们的数字社会，维持美国在全球数字经济中的竞争力，就必须采取大胆措施。

CNAP 汇聚了其政府七年坚定不移的决心，是建立在无数网络空间安全趋势、威胁和入侵事件的教训之上。该计划指导联邦政府采取新措施，为处理联邦政府、私营部门和个人生活的网络空间安全方法创造长期改善的良好条件。CNAP 的重点包括：

建立“国家网络空间安全增强委员会”。该委员会由来自政府外界的权威战略、商业和技术人士组成，包括由国会两党领导指定的成员。委员会将提出未来十年中建议采取的措施，以加强公共和私营部门的网络空间安全并保护隐私；维护公共安全以及经济与国家安全；促进新技术解决方案的发现与发展；巩固联邦、州以及地方政府和私营部门在发展、促进和使用网络空间安全技术、政策以及最佳实践方面的合作伙伴关系。

促进政府信息技术的现代化，并演示政府将如何利用 31 亿美元的信息技术现代化资金管理网络空间安全问题。该项资金将用于实现难以保障且维护费用高昂的遗留 IT 系统的退役、替换以及现代化；建立全新的职位——联邦首席信息安全官，以推动政府内部的相关改变。

通过超越单一的密码保护，增加额外的安全层，保护美国人民的网上账户。将密码与额外因素相结合，如指纹认证或通过文字信息发送的一次性密码，人们能够更加有力地保护其账户安全。这种多因素认证是国家网络空间安全感知行动的中心理念。该行动由国家网络空间安全联盟发起，旨在以简单、可操作的信息武装消费者，使其能够在日益数字化的世界中保护自己。国家网络空间安全联盟将与类似谷歌、脸书、DropBox 和微软等领先技术公司合作，使数百万用户能够更轻松地保护其网上账户；还与

MasterCard、Visa、PayPal以及Venmo等金融服务公司合作，以保障网上交易安全。此外，联邦政府还将采取行动保护政府与公民网上交易中的个人数据，包括新行动计划，以促进联邦政府使用有效的身份证明和有力的多因素认证方法；同时进行系统化审查，以减轻联邦政府在公民身份认证中对社会保障号码的依赖程度。

在总统2017财年预算中为网络空间安全投入190多亿美元。与2016财年联邦政府在网络空间安全方面投入的全部资源相比增加了35%，是保护美国未来安全的一项必要投入。

通过上述方法，和下文中即将介绍的新举措，以及其他联邦政府的政策努力，本届政府描绘出了加强美国长期安全，巩固美国在发展数字世界技术方面领导力的道路。

7.4.3 举措

7.4.3.1 设立国家网络空间安全增强委员会

在过去的四十多年中，计算机技术和因特网为美国、美国公民以及美国的盟友提供了战略优势。然而，如果基本的网络空间安全和身份问题无法得到解决，美国对数字基础设施的依赖将变成其战略负担。为了解决上述问题，我们必须诊断并解决网络空间弱点的根源，而不是只关注其表象。应对这一挑战需要长期、举国上下的坚定决心。

为了实现在此方面的审查，总统正在着手组建国家网络空间安全增强委员会。委员会由来自政府外界的战略、商业和技术人士组成，包括由国会两党领导指认的成员。委员会的任务是为未来十年中在私营部门和各级政府中加强网络空间安全感知和保护的举措提供详细建议，以维护公共安全以及经济与国家安全，以便美国人民能够更好地保护其数字安全。国家标准与技术研究所将为委员会提供支持，以便其完成任务。委员会将于2016年底前向总统报告其详细结论和建议，将CNAP中包括的行动绘制成路线图，以保护美国的长期网络空间安全。

7.4.3.2 在全国范围内提升网络空间安全级别

在委员会进行前瞻性评估的同时，我们将继续提升全国范围的网络空间安全级别。

（1）加强联邦网络空间安全

联邦政府在加强其网络空间安全能力方面取得了显著进步，但还远远不够。为了实现不断进步并解决联邦网络空间安全方面的长期、系统化挑战，我们必须重新审视政府以往处理网络空间安全和信息技术问题的方法，这就需要各机构打造并防御其自己的网络。这些措施的基础来自于《网络空间安全跨机构优先目标》以及《2015 网络空间安全战略以及实施计划》。

总统 2017 财年预算中包括 31 亿美元的信息技术现代化资金，作为接下来数年中全面改革计划的首期资金。该循环资金为各机构提供预先投资所需的资金，对维护成本高昂、功能缺失且难以保障的老旧 IT 基础设施、网络和系统进行退役、替换或现代化。

本届政府设立联邦首席信息安全官一职，以促进联邦政府内部网络空间安全的政策、计划和实施。这是首位专门负责在整个联邦领域发展、管理和协调网络空间安全战略、政策和行动的高级官员。

本届政府要求各机构确定其最高价值以及最具风险的 IT 资产，并且采取额外的具体措施保护上述资产。

国土安全部、总务管理局以及其他联邦机构将提高 IT 与网络空间安全政府范围共享服务的可用性，目标是为各机构提供更高效、有效且安全的选择，使其免于自行建造、享有以及操作 IT 系统，同时也确保各机构不会孤军奋战地应对复杂威胁。

国土安全部正在通过扩展“爱因斯坦”计划和持续诊断与减缓计划，加强联邦网络空间安全。总统 2017 财年预算为所有联邦平民机构采用上述能力提供支持。

国土安全部通过从联邦政府和私营部门招募最佳网络空间安全人才，显著增加了联邦民用网络空间防御小组的数量，总数已达到 48 支。这些长期小组将通过入侵检测，主动追踪入侵者以及提供事件响应和安全工程专家等行动，保护整个联邦政府的网络、系统和数据。

联邦政府通过网络空间安全教育国家倡议等举措，继续加强全国网络空间安全教育和训练；雇用更多网络空间安全专家，保护联邦机构。作为 CNAP 的一部分，政府预算在网络空间安全人才领域投入 6200 万美元，以：

建立网络空间军团预备役计划，从而扩展军种计划中的奖学金。该计划将为希望获得网络空间安全教育并在平民联邦政府服务的美国公民提供奖学金。

制定网络空间安全核心课程，以确保希望加入联邦政府的网络空间安全毕业生具备必要的知识和技能。

加强网络空间安全计划学术卓越国家中心，以促进学术机构和学生的参与；为目前参与到计划中的机构提供更好的支持；增加在上述机构中学习网络空间安全的学生数量；通过计划和课程改革，扩展学生的知识。

总统预算中扩大网络空间安全力量的其他举措：

为加入联邦力量的网络空间安全专家提供学生贷款免除计划。

通过总统《计算机科学全部倡议》，鼓励在网络空间安全教育方面的投资，将其作为计算机科学课程的一部分。

（2）赋予个人权利

每一位美国公民日常生活中的网络隐私和安全日益成为了美国国家安全和经济不可分割的一部分。以下来自总统《2014 购买安全倡议》的措施旨在加强消费者的数据安全。

政府呼吁美国人民在登陆网上账户时不要采取单一的密码保护，而是利用多因素认证。私营公司、非盈利机构和联邦政府正在通过一个全新的公共认识行动帮助美国公民实现网络安全。该行动的重点是促进广泛采用多因素认证方法。在“停下，思考，连接”活动以及网络空间可靠身份国家战略的基础上，国家网络空间安全联盟将与领先技术公司和民间团体合作，促进该方面的成果，以便数百万用户能够更轻松地保护其网上账户安全。该举措还将广泛提升公众对个人在网络空间安全方面作用的认识。

联邦政府正在为采用联邦政府数字服务的公民加速采用更加有力的多因素认证和身份证明。总务管理局将发起新计划，更好地保护公民在联邦政府服务交互过程中的数据和个人信息，包括税务数据和福利信息。

本届政府正在开展系统化评估，以减轻联邦政府在认证公民身份时对社会保障号码的依赖程度。

联邦贸易委员会近期重新上线了 IdentityTheft.Gov 网站，为受害者提供一站式资源，使其可以报告身份盗窃，制定个人恢复计划，打印出需要寄给信用社、公司和债主的预先填好的信件和表格。

小企业管理局（SBA）将与联邦贸易委员会、国家标准与技术研究所（NIST）以及能源部合作，为 1400 万小企业提供网络空间安全培训，并通过 68 个 SBA 地区办公室，9 个 NIST 制造业扩展合作中心，以及其他全国区域网络，为小企业股东提供相关服务。

本届政府将宣布《总统安全购买倡议》的新里程碑，以保障金融交易。至今为止，联邦政府已经提供了 2500 多万个更加安全的芯片与密码支付卡，并且已经将该技术转化到由财务部管理的所有读卡机中。在政府和私营部门的合作领导下，美国发放的安全芯片卡多于世界其他国家。

（3）加强关键基础设施安全与弹性

美国的国家和经济安全取决于国家关键基础设施的良好运转。与关键基础设施所有者和操作人员维持良好的合作关系能够提高网络空间安全，加强国家的弹性。该措施来源于之前的网络空间安全相关总统行政指令《2013 关键基础设施》和《2015 信息共享》。

国土安全部、商务部以及能源部正在整合资源和能力，用于建立网络空间安全弹性国家中心，使公司和各部门组织能够在封闭环境中测试系统的安全，例如对模拟电网发起攻击。

国土安全部将提供更多网络空间安全顾问，协助私营部门组织，为其提供亲身、定制的网络空间安全评估，并实施最佳实践。

国土安全部与工业伙伴合作，发展网络空间安全保障计划，以测试并验证“物联网”中互联的设备。在今后，每当你购买了新产品时，无论是冰箱还是医疗输液泵，都可以确定其是否满足了安全标准。

国家标准与技术研究所将征求反馈意见，用于进一步发展其网络空间安全框架，以改善关键基础设施的网络空间安全。两年后，全国乃至世界的组织将采用该框架。

昨天，商务部长普利兹克为国家网络空间安全卓越中心剪彩。这是一个公私研发合作成果，使工业和政府能够为高优先级的网络空间安全挑战合作发展并部署技术解决方案，并共享成果以便更广泛的群体受益。

本届政府呼吁主要医疗保险公司与医疗利益相关者提供帮助，采取全新、重要措施，加强其数据管理实践并使消费者相信其敏感医疗数据安全、有保障，并且能够及时用于临床决策。

（4）安全技术

我们在不断加强防御的同时也意识到美国必须在未来加大对科学、技术、工具和基础设施的投入，以确保我们在思想上对安全的重视。

今天，本届政府发布了《2016 联邦网络空间安全研发战略计划》。该计划在《2014 网络空间安全加强法案》中提出，表明了美国在效应与效率科学证据的驱使下促进网络空间安全技术发展的战略研发目标。

此外，政府将与 Linux 基金会的《核心基础设施倡议》以及其他组织合作，为互联网上普遍使用的“工具”，如开源软件、协议及标准，提供资金和保障。就像我们的道路和桥梁需要定期修补与维护，用于实现信息超级高速公路流通的技术联接也需要。

7.4.3.3 威慑、阻止、挫败网络空间中的恶意活动

更好地保障我们的数字基础设施只是解决方案的一部分。我们必须领导国际社会建立负责任的国家行为准则，甚至是在我们采取行动威慑并挫败恶意活动时。我们仅凭自己的力量无法实现这些目标，因此必须与盟友和世界各国的合作伙伴共同努力。

2015 年 G20 与美国一起确定了重要规范，包括国际法在网络空间的适用，以及各国不应实施网络空间知识产权盗窃以获得商业利益的行为；欢迎联合国政府专家组的报告等理念（包括一系列促进国际合作，阻止对民用关键基础设施的攻击，以及支持计算机应急响应小组提供重建和减缓服务的规范）。本届政府希望通过进一步的双边和多边承诺和信任建立措

施，将这些规范实施和制度化。

司法部，包括联邦调查局，在网络空间相关活动领域投入的资金提高了 23%，以加强其识别、挫败、逮捕恶意网络空间行为者的能力。

美国网络空间司令部正在建立包括 133 支小组，6200 名军人、平民和承包商在内的网络空间任务部队。网络空间任务部队将于 2018 年具备全部行动能力，并且目前已经开始将其能力用于支持网络空间行动领域的政府目标。

7.4.3.4 加强网络空间事件响应

我们在阻止和威慑恶意网络空间活动的同时必须保证事件发生时的弹性。在过去一年中，美国遭遇了一系列入侵事件，从犯罪活动到网络空间间谍活动。通过吸取过往事件中的经验教训，我们可以加强未来网络空间事件的管理，加强美国的网络空间弹性。

本届政府将于今年春天公布一个国家网络空间事件协调政策，以及相应的严重程度判定方法，用于评估网络空间事件，以便政府机构和私营部门能够进行有效沟通，并提供恰当且协调的响应级别。

7.4.3.5 保护个人隐私

为了呼应上述信息技术和网络空间安全成果，本届政府在联邦政府保护个人隐私及其信息方面提出了具有开创性的建议。自美国存在之初，隐私就是其核心理念，在如今这个数字时代，保护隐私更是前所未有的重要。

今天，总统签署了一项行政指令，将永久建立联邦隐私委员会。该委员会将政府上下的隐私官员聚集在一起，为实施更具策略性以及更全面的联邦隐私指导方针提供保障。像网络空间安全问题一样，隐私问题也是美国必须不断关注和有效解决的重点，只有这样，美国才能欣然接受新技术，促进创新，享受大数据带来的成果，并防范不断发展的威胁。

7.4.3.6 网络空间安全投资

为了使以上彻底的变革成为现实，联邦政府需要在网络空间安全领域投入更多资源。这也是为何 2017 财年预算在网络空间安全领域拨款 190

亿美元，与2016财年的实施水平相比提高了35%。这些资源将用于提高各机构的网络空间安全级别，帮助私营部门组织和个人更好地保护自己，挫败对手活动，以及实现更有效的事件响应。

备注：《网络空间安全国家行动规划》于2016年2月9日由美国联邦政府发布。

7.5 附录 5：2016 年联邦网络空间安全研发战略计划

7.5.1 执行摘要

计算机和计算机网络为现代社会带来巨大福利，但是网络空间恶意活动开支的日益增长，大大削减了这些福利。为了维持互联网的社会和经济福利，急需通过打击敌人和加强网络空间系统公共可信性，改进网络空间安全。

2014 年 12 月 18 日，总统签发了《2014 网络空间安全加强法案》。该法案要求国家科学技术委员会、网络和信息技术研发项目组开发并维持网络空间安全研发战略技术，使用风险评估的方法，对联邦资助的网络空间安全研发进行全面指导。本《规划》满足了这个要求，并为联邦网络空间安全技术研发指明了方向，维持和扩展了互联网的广泛利益。

本《战略规划》是对 2011 年 12 月《联邦研发规划（可信网络空间）》的更新和扩展。2011 版《规划》设定了联邦机构一系列相互关联的突破性目标，执行或资助网络空间安全研发。本《战略规划》涵盖并扩展了 2011 年版《规划》的优先项，并且更加聚焦研发。正式证据和实验式测量结果等可以体现出网络空间安全效力和效率，驱动着网络空间安全研发的进步和网络空间安全实践的改进。

本《规划》的基础是四个假设：对手——只要对手觉得网络空间攻击行动具有一定性价比和可观效果，就会开展恶意网络空间活动；防御者——防御者必须在资源有限且威胁技术不断发展的情况下，阻断针对高价值和关键系统的恶意网络空间活动；用户——合法的个人和企业必须杜绝不相关、无效、低效率或过于繁杂的网络空间安全实践；技术——技术横跨物理世界和网络空间，因此对这两个世界产生的福利和风险也是相互关联的。

在这些假设的基础上，《规划》定义了三个研发目标来提供网络空间安全所需的科学、工程、数学和技术。其中科学和工程发展本质上是社会学技术，包括基础和应用学科，在时间维度上的区别很大：

近期（1~3 年）：通过有效和经济的风险管理实现科技进步，对抗对手的非对称优势。

中期（3~7 年）：通过持续安全系统开发和运行实现科技进步，对抗对手的非对称优势。

长期（7~15 年）：通过拒止和溯源实现科技进步，从而形成对网络空间恶意行动的有效和经济威慑。

近期目标不断聚焦于对现有科学的开发和提炼，中期和长期目标则强调对现有科学和基础研究的提炼和改善，尤其是现有研究领域之外具有变革潜力的新领域。

为了实现这些目标，《规划》聚焦于开发科技支持四个防御要素：

威慑：阻碍对手开展恶意网络空间活动的能力，主要通过提高活动成本、减少活动成果以及增加活动的风险和不确定性。

防护：组件、系统、用户和关键基础设施可有效抵抗网络空间恶意活动的能力，从而实现可信性、完整性、可用性和问责。

检测：有效发现、甚至预测对手意图和行动的能力，因为没有无懈可击的安全，系统都存在漏洞，因此可能会遭受恶意网络空间攻击。

适应：防御者针对网络空间恶意活动进行防御和基础设施动态调整的能力，包括对破坏的有效响应、灾后重建、维持运行，以及完整恢复并阻止类似事件的发生。

在描述了各要素及相关研究挑战之后，《规划》确定了实现各要素的近、中、长期研究目标。目标虽不全面，但为实施规划的可测过程建立了基础。这些要素适用于网络空间，虽然有些目标仅在特定条件下有意义，如物联网或云计算。

本《规划》确定了网络空间安全研发的六个关键领域：科学基础、增强型风险管理、智力要素、研究成果的成功应用、人员招募和增强型研究基础设施。

《规划》最后给出了五条建议：一是优先进行联邦网络空间安全研发基础和长期研究。二是降低门槛并加强激励，进一步扩大公私机构在网络空间安全研发中的参与程度。三是估算边界并确定激励手段，以加速有价值的网络空间安全研究成果转化，形成可应对不断技术和威胁发展的可用技术。四是加强网络空间安全研究界专家的多样性。五是扩大网络空间工作环境的多样性。

实施《规划》和建议，将使网络空间安全研发有效和经济地进行网络空间防御，使互联网越来越安全。

7.5.2 前言

1946 年公开宣布将电子数字积分计算机（ENIAC）用于计算火炮射击表，标志着现代计算机时代的到来。1969 年，阿帕网（ARPANET）节点的建立标志着人们俯冲进了因特网时代。1993 年，马赛克浏览器将因特网变革为互联的信息网络。之后十年中社交媒体的爆炸将网络空间变成社会网络不可分割的一部分，并加速了智能移动设备的使用，使人们在任何地点都可以访问互联网。计算和网络是关键基础设施的基础，也是现代军事系统的支柱。如今，信息技术（IT）交织在现代生活的方方面面；21 世纪的新兴技术，如物联网（IoT）和智能城市，预示着无论社会如何发展，网络空间都将继续为其带来超乎想象的福利。

计算机作为一门学科只有 70 年历史，网络空间的历史则更短。早期计算机使用数据中心的大型系统，由警卫、枪支和大门保护。互联网虽然消除了许多物理界限，但在早期也只是将学术界和政府实验室的小规模可信人群连结在一起。由于只有小部分同僚具有访问权限，并且互联网的资源相对有限，所以当时安全并不是太重要的问题。

1988 年，莫里斯蠕虫（Morris）造成互联网停滞，网络空间的重要性才开始明确。如今的互联网比 1988 时无疑强大了许多，但网络空间威胁也在不断增加。如今，知识产权遭到盗窃，关键基础设施岌岌可危，商业和政府计算机系统遭到黑客攻击，消费者担心隐私被侵犯。就目前的情况来开，在互联网上，公共和私营部门与网络空间犯罪分子和其他恶意对手相比处于劣势。社会越是依赖于信息技术的福利，对手通过网络空间活动造成破坏、转移和毁坏的可能性就越大。

当前的利益与风险轨迹是不可持续的。近期的报告表明，2030 年网络空间成本就会超过收益。就像刹车可以使驾驶更加安全，网络空间安全是实现经济发展和网络空间快速创新的基础。当务之急是发展网络空间安全，通过为网络空间系统和专业人士建立保障、力量和信任，保护互联网的社会和经济利益。就像从前，联邦资助的研发是电子数字积分计算机、阿帕网和因特网浏览器得以出现的关键，如今的战略联邦研发投资也将推动网络空间安全的发展并维护因此创造的利益。

2014 年 12 月 18 日，总统签署《2014 网络空间安全改进法案》（公法 113-274），使其正式成为法律。该法律五个标题中的第二个标题要求 NSTC 和 NITRD 计划在风险评估的基础上发展并维持《网络空间安全研发战略规划》，以指导联邦资助研发的整体方向。《规划》由白宫科技政策办公室（OSTP）领导，由来自 NITRD 计划和 NSTC 的跨机构各领域专家制定。委员会通过 NITRD 发布《信息请求》，向工业和学术界咨询，并参与工业召开的公共会议，以确保联邦资助的研发活动不会与私营部门投资重叠。

《规划》呼吁将网络空间安全的重点放在证据型科技上。证据的效力和效率不仅能够指导网络空间安全研发的进步，还可以促进更好的网络空间安全实践。

《规划》更新并扩展了 2011 年 12 月的战略规划——《可信网络空间：联邦网络空间研发计划战略规划》。2011 年版《规划》为美国开展或资助网络空间安全研发的机构明确了一系列技术突破目标。2015 版《规划》更加全面，纳入并扩展了 2011 年《规划》的重点。两个版本的《规划》都证明了美国对有效和高效网络空间安全需求不断增加的同时，联邦在网络空间安全研发方面的方法也在不断成熟。

网络空间安全是共同的责任。私营部门、政府和学术界在网络空间安全研发中都起到了作用。政府为长期、高风险研究和特定任务研发提供资金。学术界和研究机构主要负责开展高风险研究。私营部门为近期研究以及将研究成果转化为商业产品提供资金。该文件为由联邦资助，政府机构和美国研发企业实施，与商业和学术界不断交流的研发活动提供了研究纲领。

该文件概括的研发战略由当前事件、近期行政指令（EO）、总统顾问委员会的报告以及其他国家政策和倡议组成。具体的政策重点包括强调关键基础设施的网络空间安全；将可靠的隐私保护纳入国家安全倡议；政府与私营部门之间的信息共享；以及保护消费者免受金融诈骗。

总统意识到美国技术依赖性带来的危险，在 2013 年将国家关键基础设施的网络空间安全确立为当务之急，发布了《EO 13636——改善关键基础设施网络空间安全》和《总统第 21 号政策指令——关键基础设施安全与弹性》（PPD-21）。网络空间安全也成为了国家防备目标的重点，在《总统第 8 号政策指令——国家防备性》（PPD-8）中强调，该文件确定了针对为美国带来巨大风险的威胁和危害，加强安全与弹性的五个任务领域。（《规划》与《PPD-8》之间的关系见附录 C。）

2013 年，总统科学技术咨询委员会（PCAST）发布了题为《加强网络空间安全先机》的报告。报告中的一项重要发现反映出了信息技术基础的脆弱性："未来架构的前提是系统各部分的设计必须使其能够在恶意环境中操作。研究方向是建立动态、实时防御的系统，以辅助传统强化手段，如防火墙和病毒扫描器。"

在 2015 年的《NITRD 计划审查》中，PCAST 建议开展广泛的功能研究以及更多应用型任务调查，进一步表明了信息技术的脆弱性："……实现可信系统端对端结构的方法，特别是用于新兴应用域名，以及预测和防御攻击的方法，不仅仅是设计计算机科学，还要引入其他工程学科和行为与社会学科。"

另外一个主题是网络空间安全在隐私方面的作用。政府和公司系统中泄露的机密情报活动和个人信息引发了国家安全和网络空间安全背景下对隐私和机密的广泛讨论。2013 年 1 月，PCAST 关于 NITRD 计划的报告指出，隐私与泄露保护是一个交叉的主题："……对所有机构和任务来说都非常重要，因为个人的各种信息都可以以电子形式大批量获得。"

2013 PCAST 网络空间安全报告的另外一个重要结论与信息共享有关："为了提高实施响应的能力，网络空间威胁数据应在私营实体之间实现更广泛的共享，并且在适当情况下，通过可共同理解的界面，实现私营部门实体与政府的信息共享。"

《PPD-21》中也强调了关键基础设施信息共享的重要性，政府也鼓励立法机构关注其他部门的信息共享问题。

认证是近期政策提议中反复出现的主题。《2011 网络空间可靠身份国家战略》（NSTIC）中强调了隐私、安全和敏感在线交易易用性认证的重要性；《联邦信息处理标准 201-2》为联邦雇员建立了通用的认证标准。2013 年，《EO 13681——加强消费者金融交易安全》将可靠认证作为消费者保护的基础工具。涉及网络空间—物理空间系统的政策倡议，如国家安全电信咨询委员会（NSTAC）2014 年 11 月的报告《NSTAC 关于物联网提交给总统的报告》证明了对于网络设备更安全认证的需求。

本《战略规划》在上述事件和政策背景下产生。《规划》中布置的战略研发组合将增加信息技术网络空间安全措施的广度和鲁棒性，并且为上文强调的政策重点提供支持。《规划》提出的框架和重点应随着威胁、改变和解决方案的变化，以及新政策的实施而不断发展。

以下是《规划》的核心内容，主要分为五个部分。第一部分，战略框架，包括远景陈述，挑战明晰，《规划》试图建立的网络空间安全要素，以及一系列关键依赖关系。第二部分，防御要素，扩展了每个防御要素的研发挑战，以及各要素的近期、中期和长期目标。第三部分，新兴技术及应用，将上述要素与新兴技术领域相结合，如物联网，并提供具体技术研究重点的实例。第四部分，关键依赖关系，详细介绍了六个交叉问题的挑战和目标。第五部分，规划实施，概括了联邦机构、私营部门、高校及其他研究机构的作用和责任；确定了政府内部以及政府与私营部门之间的合作机制。应《2014 网络空间加强法案》的要求，《规划》最后以建议结束。

7.5.3 战略框架

网络空间安全研发的战略框架以当前和未来风险环境分析以及网络空

间安全研发机遇为基础，以便妥善处理风险问题。战略的重点是挫败恶意网络空间活动，通过发展科技，利用社会科学手段，支持四个防御要素——威慑、防护、检测与适应。该战略由基于证据的评估和网络空间安全科技解决方案效力与效率措施推动。上述措施的效力体现在实现预期的安全成果，效率体现在措施的收益高于最小成本。这些标准将为在进化和变革性创新中探寻不断改善的解决方案提供指导。

本章将以现有和新兴网络空间安全风险，基本假设以及主要科技挑战为基础，阐述分析框架，以确定《规划》的远景和目标。之后框架将确定防御要素以及对于实现本质上更安全的网络空间系统至关重要的关键依赖性领域。

7.5.3.1 风险

《规划》考虑到了当前存在以及未来十年即将出现的网络空间威胁。现有信息系统和基础设施被越来越多地用于关键任务中，例如控制关键基础设施。但众所周知，这些系统和基础设施存在很容易被挖掘，但很难被修补的漏洞。而实施补救措施价格高昂，尤其是大规模实施。新创建的系统和基础设施存在同样的脆弱开发流程，进而带来了新一代漏洞。与此同时，互联网和网络空间在价值、复杂性、多样性和规模方面不断发展，传统公司都在向 IT 型公司发展。固有且易于利用的人为弱点加剧了网络空间的技术漏洞，导致在线和离线社交工程操纵行为频频发生，例如网络钓鱼。当前可用的许多安全机制和流程大多不可靠并且需要大量资源才可执行。网络空间安全力量在规模、多样性、能力和灵活性方面不断增加的差距使人力资源受到限制。

对手包括国家行为者和非国家行为者。他们掌握的技巧和能力范围广泛，从使用简单工具的业余黑客到具备谍报技术、技术高超的操作人员。他们的动机和攻击目标利用的资源级别多种多样。由于易攻击的目标数量较多，他们势必会抓住这些机会，继续开展恶意网络空间活动，攻击脆弱系统，并且攻击的复杂程度也将增加。

考虑到上述风险，《规划》提出四个关键假设：

对手：对手将继续开展恶意网络空间活动，只要他们认为潜在成果将大于成本和代价。

防御者：防御者必须挫败针对高价值关键系统的恶意网络空间活动，无论资源是否有限，技术和威胁情景如何发展。

用户：合法的个人和企业应避免无关、无效、效率低或负担过重的网络空间安全实践。

技术：技术将物理和网络空间世界联系在一起，这两个世界的风险和利益也将交织出现。

7.5.3.2 挑战

基础研究面临的挑战是减轻网络空间安全繁重任务的同时提供更有效的防御。《规划》力求改善现有技术和实践，以形成安全的系统；与此同时，发掘并应用成本、人力资本投入、部署与操作成本较低，能够提供较高易用性、有效性和延展性的创新。这样，用户就可以受益于信息技术，提高生产力，在为个人和组织带来较少风险的同时加速创新。

《规划》的实施需要网络空间安全效力与效率的证据；研发界需要建立并实现可测量的网络空间安全目标。要求效力与效率的证据并不是要建立对网络空间安全的定量测量。基于证据的方法要求开展大量工作，以回答各种问题，例如哪些数据是可测量的，哪些数据可以被收集，以及网络空间安全背景下评估的特性等。基于证据的网络空间安全方法对于确定真正变革性的创新至关重要，也是有效反馈的基础。上述证据可以应用于所有网络空间安全社会技术解决方案研发。

尽管不是《规划》重点，但网络空间安全研究人员应考虑并记录网络空间安全新技术和机制的隐私影响，以便确定隐私风险，并在所有新网络空间机制寿命周期开始以及整个过程中减缓风险。没有网络空间安全的机密、访问控制和认证机制作为基础，就没有隐私，草率地实施网络空间安全控制会对隐私产生负面影响。正在制定的隐私与机密研发战略将于2016年发布。

网络空间安全加强政策可能与安全关键系统的操作不协调。安全关键系统是指必须持续操作的系统，例如空中交通控制系统、航班控制系统、精炼厂、电网以及医疗设施。在许多情况下，完整性和可用性应该是最主要的考虑。在降级的系统中（例如，由于任意故障导致），应优先考虑可用性。但注重安全的政策认为机密性应优先于完整性和可用性。系统发展框架必须处理好安全与保障考虑之间的平衡。随着具有分布式控制权利的网络空间—物理系统成为流行趋势，处理上述平衡的难度也随之增加。这也强调了联邦 IT 界经验丰富的专业人士必须基于证据和关于对手战略、技术以及流程的情报，持续评估并适应不断发展的网络空间威胁局势。

7.5.3.3 远景

如果《规划》能够成功，网络空间安全研究、发展和操作界将快速设计、开发、部署和操作有效的网络空间安全新技术与服务，同时用户的网络空间安全任务也将减少并且很容易完成。在这样的环境下，许多对手的恶意网络空间活动将被慑止，试图继续发起恶意活动的对手也将失败，或是无法对用户或组织的任务产生任何影响。

当前的一大挑战是不能将网络空间安全强加于人，而是凸显其有效性。如果不这样做，对手就会占据一定优势。对于网络空间对手来说，确定漏洞和开发漏洞利用方法所需的时间要少于开发并部署漏洞补丁的寿命周期，因此对手总是能够在系统受到保护前捷足先登。目前存在的一个典型的不对称优势是：如今防护网络空间系统所需的投入、资源和时间远远多于对手实施恶意活动所需的投入、资源和时间。

网络空间安全研发远景的一个必要组成部分是确保新技术和应用程序能够及时、高效地付诸实践，以便安全措施能够与对手部署的新兴战术、技术和流程保持同步。由于《规划》远景包括为完整的研发寿命周期（研究、开发、试验、评估与转化）提供资金，因此《规划》的一个目标是确定在缩小关键系统差距方面具有较高成功可能性的技术，促进将研究成果快速转化到潜在用户的技术，包括宣传最佳实践等。了解防御者、用户和对手的不同角色是网络空间安全的一个重要方面（但经常被忽视），特别是在 IT 密集型企业和生态系统中。《规划》展望研究界与联邦政府、工业和终端用户之间的合作关系，以便构建起研究与最终使用之间的桥梁，并避免公共和私营领域之间不必要的重复投入。

除了强调对技术解决方案的投入，《规划》还强调对网络空间力量投入的重要性。远景的实现需要多样化的网络空间专业力量，他们能够设计、开发并实施合适的网络空间安全措施，并且评估和管理风险。

7.5.3.4 目标

《规划》确定了三个研发目标，以便根据上述假设提高网络空间安全提供必需的科学、工程、数学和技术支持。所需的科学与工程发展属于社会技术学科，范围包括基础与应用学科，在时间维度上的区别较大。近期目标为单个组织提供先进科技。中期目标可用于不同组织，但不包括整个网络空间生态系统。长期目标可用于整个网络空间生态系统。

近期目标（1~3 年）：实现科技进步，通过有效和高效的风险管理抵消对手的不对称优势。

为了实现这一目标，组织需要详细了解网络空间的各种漏洞和威胁。这涉及到基于证据的风险管理，即确定、评估和响应风险的流程，包括开发有效、可测量的控制。组织必须获得上述控制的效力和效率证据，并考虑与用户、开发者、操作者、防御者和对手有关的人力要素。实现这一目标能够加强对恶意网络空间活动有效措施的了解，从而降低恶意网络空间活动发生的可能性和整体网络空间安全风险。

中期目标（3~7 年）：实现科技进步，通过可持续保障系统开发与操作，逆转对手的不对称优势。

该目标分为两个部分：第一个是设计并部署对恶意网络空间活动具有较高抵抗能力的软件、固件和硬件（例如，软件缺陷非常普遍并且可能造成许多漏洞）；第二个是开发有效、可测量的技术和非技术安全控制，这些控制考虑到了与网络空间有关的人类行为和经济动力（例如，许多系统入侵都是由用户的无意行为引起的）。组织必须在不给用户造成过多负担的情况下将其防御的效力和效率提高几个数量级，为恶意网络空间活动的实施增加难度，从而削弱此类活动的动力。

长期目标（7~15 年）：实现科技进步，通过抵消攻击成果和可能的溯源，更加有效和高效地威慑恶意网络空间活动。

威慑是通过提高成本、降低收益并且为对手增加风险的方式挫败恶意网络空间活动的能力。中期目标为增加对手实施恶意网络空间行动成本、降低收益奠定了基础。衡量恶意活动所需的投入和可能的后果对于理解威慑的程度至关重要。

为对手增加风险需要准确的溯源，这是很难实现的，因为在网络空间中很容易伪装个人行为的来源，并且恶意网络空间活动的可验证证据通常无法及时获得。高度可信的取证能力可以在可行动的时间框架内确定犯罪分子，并且不会影响言论自由和匿名性，因此提高了发现犯罪分子的可能性，也为他们增加了负面后果，从而迫使他们自行放弃恶意活动。

7.5.3.5 预期防御要素

根据上述目标，《规划》重点发展科技以支持以下四个防御要素：

威慑：通过衡量并增加对手实施恶意网络空间活动的成本，降低收益，为潜在对手增加风险和不确定性，有效慑止恶意网络空间活动的能力。

防护：组件、系统、用户和关键基础设施有效抵抗恶意网络空间活动并确保机密性、完整性、可用性和问责的能力。

检测：有效检测甚至预测对手决策和活动的能力，因为绝对安全是不存在的，所以应假设系统无法抵抗恶意网络空间活动。

适应：防御者、防御和基础设施通过有效应对破坏，从破坏中恢复，在完全恢复的过程中持续操作以及适时调整以挫败未来类似活动，动态适应恶意网络空间活动的能力。

这四个要素与国家标准与技术研究所（NIST）《改善关键基础设施网络空间安全框架》中的五个核心功能相似但不完全相同。《规划》旨在指导网络空间安全研发，因此范围更广，而五个 NIST 核心功能用于操作性网络空间安全风险管理。《规划》将风险管理作为一个关键依赖关系。

7.5.3.6 关键依赖关系

以下六个领域的进步对于发展支持四个要素的科技至关重要：

科学基础：联邦政府应支持为解决未来威胁建立理论、经验、计算和数据挖掘基础的研究。稳固、缜密的网络空间科学基础能够确定测量方法，可验证的模型以及正式框架，并且预测能够代表网络空间系统和流程基本安全动力的技术。这种基础性理解是发展有效网络空间防御技术和实践的首要基础。

风险管理：一个组织的网络空间安全决策应该基于对该组织资产、漏洞和潜在威胁的共享评估，以便为安全投资提供风险依据。即使无法掌握组织资产、漏洞、曝光和潜在威胁的完整信息，也必须进行风险评估。有效的风险管理手段要求能够评估恶意网络空间活动发生的可能性以及可能产生的后果，并正确量化成功漏洞攻击和风险减缓的代价。及时并且与风险相关的威胁情报信息共享能够提高组织评估和管理风险的能力。

人力因素：研究人员负责开发创新技术解决方案，保护网络空间系统，但如果他们没有意识到用户、防御者、对手和机构如何与技术互动，这些解决方案也不会奏效。社会科学家在网络空间安全研究中的合作参与不仅有助于解决人员—系统互动面临的挑战，还可以增加对网络空间安全社会学、行为学和经济方面的了解以及如何提高合作的风险管理。

转化为实践：明确、协作的研究成果转化流程对确保联邦网络空间安全研发高影响力至关重要。研究界的重点是开发并验证新兴和创新技术；操作界需要将解决方案整合到现有工业产品和服务中。两个领域总是无法被良好地结合起来。有效的技术转化计划必须成为所有研发战略的一部分，并且依赖于可持续、重要的公私合作关系。

网络空间安全力量：发展一支能够满足《规划》要求的网络空间安全力量是一个重大挑战。人员是网络空间系统的重要组成部分，能够对安全（或不安全）产生多种影响。《规划》的成功与否在很大程度上来说取决于能否扩展并保留充足的多样化、高技能网络空间安全研究人员，产品开发人员以及网络空间安全专业人士。此外，研发提供的工具提高了网络空间力量的生产力，因此是力量倍增器。

研究基础设施：网络空间安全研究中的可靠科学必须以受控和实施良

好，并且具备操作和可行性的实验为基础。这就需要相关工具和试验环境，能够以适当的规模和保真度访问数据集，确保试验流程的完好，并且支持广泛的互动、分析和验证方法。联邦政府应鼓励为研究共享高保真数据集，并为主动与研究人员共享敏感数据的组织提供保护。在研究基础设施方面的投入不仅应该支持计算机科学家和工程师的需求，还应为其他存在网络空间安全研究挑战的领域提供支持，如能源、交通和医疗等关键基础设施领域。

7.5.3.7 预期成果

计算和网络创造的价值将继续被寻求非法利益的不法分子破坏。因此，必须假设 IT 系统无法抵御恶意网络空间活动，并且不存在绝对的安全。因此，有效的威慑必须增加恶意网络空间活动的成本，降低收益，并使对手相信这种活动会被追踪到。系统在遭受恶意活动时的生存能力也非常关键，以便在遭到攻击的情况下继续提供关键服务。当网络空间安全解决方案和技术能够使当前手段的效力和效率实现数量级的提高时，就说明该战略是成功的。这将消除对手当的现有优势，特别是其在多个系统中重复使用同一恶意方法的能力，因为防御者减缓漏洞的速度永远不及对手发现并利用漏洞的速度快。此外，对手还会对当前的市场动力加以利用，因为成本和上市时机比安全意识更具市场价值。《战略规划》的网络空间框架包括威慑、防护、检测和适应，这四个防御要素覆盖了网络空间安全需求的范围，同时为合作研究和以共同目标为重点提供了框架。这些成果将使全世界的互联网和网络空间系统在整体上、本质上更加安全。

备注：《2016 年联邦网络空间安全研发战略计划》于 2016 年 2 月由美国联邦政府发布。

7.6 附录6：2018年美国国家网络空间战略

美国同胞们：

保护美国的国家安全，促进美国人民的繁荣是我的首要任务。确保网络空间安全是美国国家安全和人民繁荣的根本。网络空间是美国人民生活基本组成部分，包括我们的经济和国防领域。然而，我们的私人和公共实体仍在努力保护系统的网络安全，而竞争对手也增加了恶意网络活动的频率和复杂性。美国创造了互联网，并与全世界分享。现在，我们必须确保网络空间的安全，并为了子孙后代保护好它。

在过去的18个月里，美国政府已经采取行动来应对网络威胁，已经对恶意的网络行动者进行了制裁，并已经起诉了那些网络犯罪的人。我们公开将恶意活动归咎于竞争对手，并公布了他们使用工具的细节。同时，我们要求相关部门和机构删除易受各种安全风险影响的软件。我们已经采取行动，要求部门和机构负责人对他们控制的系统的网络安全风险进行管理，同时为他们提供足够的安全保障。此外，去年，我签署了行政命令13800，加强联邦网络和关键基础设施的网络安全。当时为履行行政命令进行的工作和产生的报告，为今天国家网络战略奠定了基础。

随着国家网络战略的发布，美国15年来首次全面阐述了网络战略。这一战略解释了本届政府将如何：

通过保护网络、系统、功能和数据来保卫家园；

通过培育安全、繁荣的数字经济和强大的国内创新，促进美国的繁荣；

通过加强美国的网络能力来维护和平与安全——与盟国和伙伴合作——阻止并在必要时惩罚那些出于恶意目的使用网络工具的人；

扩展开放、可互操作、可靠和安全的互联网的关键原则，扩大美国在海外的影响力。

国家网络战略表明了我对加强美国网络安全能力和保护美国免受网络威胁的承诺。我号召所有美国人和强大的网络安全公司采取必要的措施来加强我们国家的网络安全。我们将继续领导这个世界，确保一个繁荣的网络未来。

唐纳德·特朗普 总统 白宫 2018年9月

引言

美国的繁荣和安全取决于我们如何应对网络空间中的机遇和挑战。关键基础设施、国防以及美国人的日常生活都依赖于计算机驱动和相互连接的信息技术。随着美国生活的各个方面越来越依赖安全的网络空间，新的漏洞将被暴露出来，新的威胁也将不断涌现。《国家网络战略》以国家安全战略以及新政府在其最初18个月的进展为基础，概述了美国将如何确保美国人民继续从反映了我们原则、保护我们安全和促进我们繁荣的安全网络空间中受益。

我们将如何实现?

互联网的兴起以及网络空间在现代世界各个方面的日益中心化，与美国作为世界唯一超级大国的崛起相对应。在过去的25年里，美国人的智慧推动了网络空间的发展，而网络空间又成为美国财富创造和创新的基础。网络空间是美国金融、社会、政府和政治生活不可分割的组成部分。同时，美国人有时理所当然地认为，美国在网络领域的霸主地位将保持不变，美国欲建立一个开放、互操作、可靠和安全的互联网的愿景将不可避免地成为现实。美国人相信，互联网的发展将在全世界实现自由表达和个人自由的普遍愿望。美国人认为扩大交流、商业、自由交流的机会是不言而喻的。世界上大部分地区都接受了美国共享和开放的网络空间，以实现各方利益。

然而，我们的竞争者和对手采取了相反的做法。他们受益于开放的互联网，同时限制和控制自己的人民访问它，并积极破坏国际论坛中开放的互联网原则。他们隐藏在主权观念的背后，同时通过从事有害的经济间谍和恶意的网络活动，肆无忌惮地违反其他国家的法律，对个人、商业和非商业利益以及政府造成重大的经济破坏和损害。他们认为网络空间是一个战场，在那里，美国压倒性的军事、经济和政治力量可以被抵消，美国和其盟友和合作伙伴都很脆弱。

俄罗斯、伊朗和朝鲜进行了不计后果的网络攻击，伤害了美国和国际商业以及美国的盟国和伙伴，却没有付出可能阻止未来网络侵略的代价。包括恐怖分子和罪犯在内的非国家行为者利用网络空间来牟利、招募、宣传和攻击美国及其盟国和伙伴，他们的行动常常受到敌对国家的保护。随着对手恶意网络活动的频率和复杂性的不断增加，公共和私人个体一直在努力确保他们的系统安全。美国公共和私人个体在有效识别、保护和确保其网络、系统、功能和数据的弹性以及检测、响应和从事故中恢复等方面都面临着网络安全挑战。

前进的道路

新的威胁和战略竞争的新时代要求一种新的网络战略，以应对新的现实，减少脆弱性，阻止对手，并保障美国人民繁荣兴旺的机遇。确保网络空间安全对我们的战略至关重要，需要联邦政府和私营部门的技术进步和行政效率的配合。政府还认识到，网络空间中纯粹技术官僚制的方法不足以解决我们所面临的新问题。如果美国希望阻止恶意网络行为者并防止进一步升级，那么就必须进行政策选择以施加成本。

政府已经采取行动，积极应对这些威胁，并适应新的现实。美国已经对恶意网络行动者实施惩罚，并起诉那些网络犯罪者。我们公开把恶意活动归咎于负有责任的对手，并公布其使用工具和基础设施的细节。我们要求政府部门和机构删除其易受各种安全风险影响的软件，并已经采取行动，使部门和机构负责人负责管理他们所控制的系统的网络安全风险，同时赋予他们足够的安全保障。

政府对网络空间的态度是由持久的美国价值观所决定的，比如对个人自由、自由表达、自由市场和隐私权的信仰。我们仍然致力于建立一个开放、互操作、可靠和安全的互联网，以加强和扩展我们的价值观，保护和确保美国劳动者和企业的经济安全。如果没有一个崭新的、推进我们在网络空间利益的承诺，我们所期望的未来将难以实现。

美国政府认识到，美国正在与战略对手、流氓国家、恐怖主义和犯罪网络进行持续的竞争。这些对手利用网络工具破坏我们的经济与民主，窃取我们的知识产权，在我们的民主进程中制造不和。在和平时期，我们容易受到针对关键基础设施的网络攻击，而且这些国家对美国进行网络攻击的风险正在增加。他们正在不断地开发新的、更有效的网络武器。

《国家网络战略》概述了未来我们该怎么办：（1）通过保护网络、系统、功能和数据来保卫祖国；（2）通过培育安全、繁荣的数字经济和强有力的国内创新来促进美国的繁荣；（3）通过加强美国与盟国和伙伴的协调能力，阻止及必要时惩罚那些使用网络工具进行恶意活动者，从而维护和平与安全；（4）扩大美国在海外的影响力，以扩展开放、互操作、可靠和安全互联网的关键原则。

该战略的成功将通过网络、系统、功能和数据的识别和保护以及对事件的检测、抵御、响应和恢复来有效地管理网络安全漏洞；减少或防止针对美国利益的毁灭性、破坏性或其他破坏稳定的恶意网络活动；通过网络和非网络手段来施加成本以威慑与网络空间中负责任行为相反的活动；着眼于利用网络能力实现国家安全目标。

国家网络战略的制定是按照国家安全战略的支柱组织的。国家安全委员会工作人员将与政府各部门、机构以及管理与预算办公室（OMB）协调制定适当的资源计划，以实施这一战略。各部门和机构将按照以下战略指导执行任务。

支柱 1：

保护美国人民、国土和美国生活方式

保护美国人民、美国生活方式以及美国利益是国家安全战略的核心。保护美国政府或私人的信息网络是实现这一目标的关键。因此，需要将诸多相互协同的行动集中到保护政府网络、保护关键基础设施和打击网络犯罪上。美国政府、私营企业和公共部门必须采取立即、果断的行动来加强

网络安全，通过相互控制、相互支持，一起致力于网络的安全保护。

目标：管理网络安全风险，提高国家信息和信息系统的安全和弹性。

保护联邦政府网络和信息

保护联邦政府网络安全（包括联邦信息系统和国家安全系统）的职责由联邦政府承担。管理部门将明确各机构和部门在保护联邦信息系统方面的相关权力、职责和义务，同时制定高效网络安全风险管理的标准。作为该项行动的一部分，管理部门将把某些权力集中在联邦政府内，提高跨部门间的透明性，改进联邦供应链管理，并提升美国承包商系统的安全性。

优先项行动

· 将联邦政府民用网络安全的管理和监管进一步集中：

除国防部、国家安全系统和情报部门外，管理部门将采取措施，让国土安全部进一步实现对联邦政府和机构网络的保护。包括确保让国土安全部有访问机构信息系统的合法权限，达到实现网络安全的目的，同时采取行动来保护系统不受网络威胁。在 OMB 的监管下，管理部门将依据行政条令（E.O.）13800，优先实施网络安全从机构间向共享服务和基础设施的过渡。国土安全部还将有权监控这些服务和基础实施，提高美国的网络安全态势。在适当的时候，我们还将继续在国土安全部内部署一体化的能力、工具和服务，并遵守相应的法律、政策、标准和指令。这将需要有新的政策和体系结构，使政府能够更好地实施创新。国防部和情报部门都将重视这些行动，因为它们可以在恰当的时候，更有效地保护好国家安全系统、国防部系统和情报系统。

· 管控风险管理及各种信息技术行动：

《E.O.13833》、《提高机构首席信息官的效率》让首席信息官（CIO）们能够利用更有效的技术来实现机构的目标任务、消除冗余，同时使 IT 投资更有效。各部门和机构的负责人将授权 CIO 们承担起调整网络风险管理决策、IT 预算和采购的职责。OMB 和 DHS 的管理部门将继续指导和领导联邦政府民用部门和机构的风险管理行动，并授权 CIO 在 IT 采购决策、保护网络和信息方面的领导职能。

·改进联邦供应链风险管理：

管理部门将按照联邦部门的要求把供应链风险管理集中到采购和风险管理过程中，联邦部门的要求符合行业最佳实践，能够确保联邦政府所部署技术的安全性和可靠性。其中包括：确保机构和部门之间能够实现信息共享，提高对供应链威胁的感知能力，减小政府内部供应链行动的重复性；建立供应链风险评估共享服务；改进联邦采办系统的缺陷，比如提供直接的授权，将有风险的供应商、产品和服务排除在外。这一行动与国家基础设施供应链风险的管理行动是一致的。

·加强联邦承包商的网络安全：

美国政府不能把敏感的政府信息或系统让不能进行安全保护的承包商来保护。联邦承包商为美国政府提供了重要的服务，同时必须充分保护这些系统的安全。联邦政府通过评估承包商的风险管理措施，同时对承包商提供的系统进行测试、捕获、感知和做出响应，进一步分析其数据的安全性。承包商与联邦政府和各部门的合同将保证这些行动能够达到提高网络安全的目的。其中最重要的问题就是要重视为国防部各重要系统研发提供服务的那些承包商的安全职责。按照《E.O.13800 联邦 IT 现代化总统报告》的建议，管理部门支持采用加强型采办策略，以提高网络安全并减少因联邦政府合同条款的不一致性而造成的成本开销；同时还可以确保联邦承包商能够接收到和使用所有相关的、可共享的威胁和脆弱性信息，提供他们的网络安全。

·确保政府领导最佳和创新性实践：

联邦政府将确保其拥有和运行的系统满足它向行业所推荐的标准和网络安全最佳实践，同时受到联邦政府资助的项目也必须符合这些标准。联邦政府将利用其采购权力推进各部门在产品和服务商的改进。联邦政府还将领导标准和最佳实践的制定和实施。例如，公钥加密基础设施安全运行的基础。为了防止量子计算机（能够破坏公钥加密）可能带来的威胁，商业部通过美国国家标准与技术研究院（NIST）将继续对抗量子的公钥加密算法进行研究、评估和标准化。在政府基础设施中尽快采用 NIST 标准并推广到全面，可以保护好美国的通信。

保护关键基础设施：

私营部门和联邦政府共同承担着保护国家关键基础设施并管理好网络风险的职责。在与私营部门的合作中，我们将共同使用一种风险管理方法，降低网络脆弱性并提高整个关键基础设施的网络安全水平。我们还将利用一种结果驱动的方法来优化这些行动，减小拥有最先进攻击手段的对手可能对基础设施造成的大规模、持久的破坏。我们还将阻止恶意的网络攻击者通过众多的攻击手段，包括且不限于作为网络威慑战略一部分的起诉和经济制裁手段，来增加我们和合作方的成本。

优先项行动：

· 改进角色和职责：

除对私营部门提出与网络安全风险管理和事件响应有关的期望外，管理部门还将明确联邦机构的角色和职责。这种明确性将使风险管理能够全面地解决威胁、脆弱性和造成的后果。它还将指出我们在对联邦和非联邦政府事件响应上的差距，并解决这一问题，同时加强日常训练、演习和协调。

· 根据风险来优化各种行动：

联邦政府将与私营部门共同管理关键基础设施面临的风险。政府部门将能够全面了解国家关键基础设施面临的风险，并使网络安全进一步走向完善。管理机构将在以下 7 个重要领域对能够降低风险的行动进行优化：国家安全、能源和动力、银行和金融、卫生与安全、通信、信息技术和交通领域。

· 利用信息与通信技术提供商作为网络安全的推动者：

信息和通信技术（ICT）是美国每个部门的基础。信息和通信技术提供商在风险影响到其客户之前，具有发现、预防和减轻风险的独特能力，联邦政府必须与这些提供商合作，以有针对性和透明的方式改进信息和通信技术的安全及弹性能力，同时保护隐私和公民自由。美国政府将加强与通信技术提供商的信息共享能力，使他们能够在网络级上应对和补救已知的恶意网络活动。这将包括与已许可的ICT运营商共享涉密的威胁和漏洞信息，并尽可能将信息降至非机密级别。我们将促进建立一个适应性强、可持续和安全的技术供应链，支持以最佳做法和标准为基础的安全。美国政府将召集各利益攸关方，针对网络、设备和网关层的挑战制定跨部门解决方案，我们将鼓励由行业驱动的证书制度，确保解决方案能够适应迅速变化的市场和威胁格局。

·保护我们的民主：

确保我们的民主进程对美国和我们的民主盟友来说是至关重要的。州政府和地方政府在美国境内拥有并经营多种选举基础设施。因此，在必要时，我们将提供技术和风险管理服务，支持培训和演习，保持对这一部门面临的威胁的态势感知，并加强与这些部门的威胁情报共享，更好地准备和保护选举基础设施。联邦政府将继续协调网络安全标准和指南的制定工作，以保障选举进程和提供安全系统工具的安全。如果发生重大网络事件，联邦政府将提供威胁和资产响应，以恢复选举基础设施。

·激励网络安全投资：

针对关键基础设施的大多数网络安全风险是源于对已知漏洞的利用。美国政府将与私营和公共部门实体合作，促进对网络安全风险的了解，以便它们作出更全面的风险管理决定，进行恰当的针对安全措施的投资，并从这些投资中获益。

·优先考虑国家研究和发展项目投资：

联邦政府将更新国家关键基础设施安全和弹性研究与发展计划，以确定解决关键基础设施的网络安全风险的优先事项。各部门和机构将根据优先事项调整其投资，这些优先事项将侧重于建立使用新兴技术的新的网络安全办法，改进与跨部门相互依存有关的信息共享和风险管理，并建立针对大规模或长期中断的一种弹性恢复能力。

·改善运输和海上网络安全：

美国的经济和国家安全建立在全球贸易和运输的基础之上。我们保证货物自由和及时流动、公海和空中交通线、获得石油和天然气以及提供相关重要基础设施的能力，对我们的经济和国家安全至关重要。随着这些部门的现代化，它们也变得更容易受到网络利用或攻击。海上网络安全尤其令人关切，因为货物丢失或延误会造成战略经济混乱和对下游产业的潜在外溢效应。鉴于海上运输对美国和全球经济的重要性，以及迄今为止为防范网络利用而进行的最低的风险减少投资，美国将很快明晰海上网络安全的作用和责任；促进加强国际协调和信息共享机制；加速发展下一代具有网络弹性的海事基础设施。美国将确保货物在面临所有威胁的情况下不受阻碍地运输货物，而这一固有的国际基础设施都可能通过网络手段受到威胁。

· 改善太空网络安全：

美国认为自由进入和在太空活动对促进国家的安全、经济繁荣和科学知识至关重要。政府对空间资产和支持基础设施所面临的与网络有关的威胁日益增加表示关切，因为这些资产对定位、导航和定时（PNT）、情报、监视和侦察（ISR）、卫星通信和天气监测等职能至关重要。政府将强化各种手段来保护我们的空间资产并支持基础设施，使其免遭不断变化的网络威胁。我们将与业界和国际伙伴合作，加强现有和未有空间系统的网络弹性。

打击网络犯罪并改进网络事件报告

各联邦部门和机构与各州、地方、部落和地区政府实体合作，在侦查、预防、干扰和投资于我们国家的网络威胁方面发挥着关键作用。美国经常成为包括国家和非国家行为者及其代理人和恐怖分子在内的犯罪分子利用美国境内和境外的网络基础设施所实施的恶意网络活动的受害者。联邦执法部门致力于逮捕和起诉犯罪分子，破坏犯罪的基础设施，限制邪恶网络犯罪的传播和使用，防止网络犯罪分子及其国家资助者从事非法活动，并没收他们资产。政府将努力确保我们的联邦各部门和机构拥有必要的法律权威和资源，以打击跨国网络犯罪活动，包括查明和摧毁僵尸网络、黑暗市场以及用于启动网络犯罪的其他基础设施，并打击经济间谍活动。为了从外部阻止、破坏和防止网络威胁，执法部门将与私营行业合作，应对匿名化和加密技术等技术壁垒带来的挑战，以便根据适当的法律程序获取时间敏感的证据。通过威慑犯罪活动来打击网络犯罪，这种执法行为可以作为一种国家权力工具。

优先项行动：

· 改进安全事件报告和响应：

美国政府将继续鼓励所有受害者，特别是重要的关键基础设施合作伙伴对入侵和数据被窃取事件进行报告。向联邦政府迅速报告网络事件，对于采取应对措施、将相关事件联系分析、查明人员身份以及防止今后发生此类事件至关重要。

· 电子监控及计算机犯罪法：

政府将与国会合作，更新电子监控和计算机犯罪法，以加强执法部门合法收集必要的犯罪活动证据的能力，通过民事禁令扰乱犯罪基础设施，并对恶意网络行为者实施恰当的处罚后果。

· 减少跨国犯罪组织在网络空间的威胁：

跨国犯罪集团的计算机黑客行为对我们的国家安全构成了威胁。拥有大量资金的有组织犯罪集团在国外使用了复杂的恶意软件、鱼叉式网络钓鱼活动以及其他黑客工具。其中一些在复杂程度上可以与民族国家相抗衡，比如，侵入敏感的纳米系统、进行大规模的数据泄露、传播勒索软件、攻击关键基础设施以及窃取知识产权。政府当局将提倡执法部门拥有调查及检控这类团体的法律工具，以及应对这类威胁的关于有组织犯罪的现代化法规条例。

· 提高对国外犯罪分子的认知：

打击网络犯罪需要对威胁具有可预见性，即识别犯罪分子并逮捕和绳之以法。但是，一些国家选择不配合引渡请求，进行不合理的限制，或主动干预执法。美国将继续找出漏洞和潜在的机制，将外国网络犯罪分子绳之以法。美国政府还将增加与各国的外交和其他方面的往来，以促进合法引渡请求方面的合作。我们将推动其他国家加快协助调查，遵守所有双边或多边协议或义务。

· 加强伙伴国家的执法能力打击网络犯罪活动：

美国还应该帮助有意愿的伙伴国家建设其应对网络犯罪活动的能力。网络犯罪的无国界性，包括国家资助的犯罪和恐怖主义活动，需要强有力的国家间执法伙伴关系。这种合作要求外国执法机构具备必要的技术能力，在美国执法部门提出要求时予以协助。因此，持续构建反网络犯罪的能力、促进更有力的国际执法合作，这符合美国的国家安全利益。

美国将努力改善国家间在调查恶意网络活动方面的合作，包括制定解决收集和分享证据的潜在障碍的办法。美国还将带头开发互操作性和互利性的系统，以鼓励为执法目的进行跨界信息交流，并减少协调方面的障碍。政府会促进现有国际工具的积极利用，比如，《联合国打击跨国有组织犯罪公约》和G7 24/7国集团的网络联络点。最后，我们将努力扩大有利于《欧洲委员会网络犯罪公约》（《布达佩斯公约》）的国际共识，包括支持更多国家通过该公约。

支柱 2：

促进美国繁荣

如今，互联网已经在国内外产生了巨大的经济效益，它将有助于推广美国自由、安全和繁荣的三大价值观。互联网扩张所带来的挑战时刻威胁着美国的国家安全。在这个日益数字化的世界里，美国试图通过一种连贯且全面的方式来应对这些挑战，捍卫美国的国家安全和利益。

目标：维持美国在科技生态系统与网络空间发展中的影响力，使其成为经济增长和创新的开放引擎。

建立充满活力和弹性的数字经济时代

经济安全与国家安全息息相关。如今，经济时代的发展越来越依赖数字技术的进步，美国政府将推动标准的制定，保护国家经济安全，加强美国市场和技术创新的活力。

优先项行动：

· 激励具有适应性、安全性技术市场的形成：

为了增强网络空间弹性，美国政府希望技术市场能够支持和激励创新安全技术和流程的持续发展、采用与演进。美国政府将与包括私营部门和民间社会力量在内的利益相关方合作，克服市场障碍，鼓励最佳实践和战略在研发过程中使用相关安全技术。美国政府将提高网络安全实践的意识和透明度，以建立市场对安全产品和服务的需求。最后，美国政府将与国际伙伴合作，在政府的支持下制定开放的、行业驱动的标准，并适时采用基于风险的方法，以应对网络安全挑战。这些挑战包括平台和托管服务方法等，这些方法能够在整个生态系统范围内帮助研究人员减少阻碍，保证最佳实践的应用实施。

· 优先创新：

美国政府将推进标准和最佳实践的实施及持续更新，从而遏制和预防网络生态系统中所有领域所面临的当前威胁和次生灾害。这些标准和实践应该以结果为导向，并基于健全的技术准则，而不是那些以时间点为导向的公司规范。美国政府将尽全力打造一个强大的网络安全市场，并借助市场力量研发、共享创新技术，以减少网络威胁的发生。

· 投资下一代基础设施建设：

美国政府将促进下一代电信和信息通信基础设施的加速发展与推出，同时利用联邦政府的购买力鼓励向更安全的供应链方向发展。美国政府将与私营部门合作，促进 5G 安全技术的发展，研究基于技术和频谱的解决方案，并为下一代先进技术之外的创新奠定基础。美国政府将考量新兴技术（如人工智能和量子计算）的使用情况，同时，解决这些技术在使用过程中自身所存在的风险。我们将与私营部门和民间社会组织合作，了解技术的发展趋势，以保持美国在互联技术方面的技术优势，并确保从研发一开始就采取了安全的做法。

· 促进跨境数据的自由流通：

越来越多的国家开始在国家安全的名义下，以数字保护主义为借口，并出台相关规定，期望限制数据的本地化。这些行为对美国公司的竞争力产生了负面影响。美国将以身作则，抵制阻碍数据和数字贸易自由流通的行为。美国政府将继续与国际同行合作，促进开放、行业驱动的标准制定，推动创新产品和基于风险方法的研发，在满足美国合法安全需求的同时，实现全球数据的自由流通。

· 保持美国在新兴技术领域的领导地位：

美国在网络空间的影响力与其技术领先地位息息相关。因此，美国政府将共同努力保护尖端技术，包括免受对手的攻击技术的研发，并支持这些技术的成熟发展，尽可能减少美国公司进入市场的阻碍。美国将通过与贸易相关的活动，提高对创新网络安全工具和服务的认识，揭露和打击压制性政权使用这些工具和服务破坏人权的活动，并减少建立全球网络安全市场的壁垒，从而在全球范围内促进美国的网络安全创新。

· 推进全生命周期的网络安全：

美国政府将推进全生命周期的网络安全，要求在产品交付时要求预置有强大的默认安全设置、自适应、可升级的产品和其他最佳的实践实施。我们将探索一条通向自适应、可持续，且安全的技术市场的清晰路线，鼓励制造商根据安全特性的质量来区分产品。美国政府将推动基础工程的实践，以减少系统脆弱性，并开发设计在遭受攻击时能够有效降级和恢复的方法。美国政府还将利用前沿行业的最佳实践，在开发过程中促进对产品和系统的网络安全弹性的定期测试与演练。这包括使用类似的公开漏洞、众包测试和其他创新评估方法，以在攻击或攻击之前提高网络弹性。美国政府还将对如何改善数字身份管理的端到端生命周期进行评估，包括过度依赖社会安全号码等。

培养和保护美国的创造力

培养和保护美国的发明和创新能力对保持美国在网络空间的战略优势至关重要。美国政府将通过促进机构和项目的创新能力来提高竞争力。美国政府将打击掠夺性的并购和知识产权窃取行为。我们还将提高美国在新兴技术方面的领导地位，推进政府对新兴技术的识别和支持，包括人工智能、量子信息科学和下一代电信基础设施等。

优先项行动：

· 更新外国在美投资机构和业务的审查机制：

美国电信网络的机密性、完整性和可用性对我们的经济和国家安全至关重要。我们必须保持警惕，保护我们在日常生活中所依赖的电信网络，使其不被对手所利用，危害美国的国家安全。美国政府将通过对联邦通信委员会所提交的电信许可证进行审查，并在审查流程上进行规范和简化来平衡这一目标。美国政府将形成一个透明的流程，以提高审查的效率。

· 维持强大、平衡的知识产权保护体系：

数字时代下，强大的知识产权保护能够确保经济的持续增长和创新。美国政府已经并将继续帮助建立一个全球知识产权体系，该体系通过保护诸如专利、商标和版权等知识产权为创新提供激励。美国政府还将促进对敏感新兴技术和商业秘密的保护，我们将努力防止敌对国家以牺牲美国的研发力量为代价获取不公平的优势。

· 保护美国思想的机密性和完整性：

十多年来，恶意行为者对美国的商业网络进行入侵，目标是美国公司所持有的机密商业信息。来自其他国家的恶意网络行动者窃取了大量的商业机密、技术数据和敏感的内部通信信息。美国政府将努力打击外国竞争者非法批准公司部门的技术和技术知识，同时保持投资者友好的竞争环境。

培养优秀的网络安全员工队伍

高技能的网络安全员工是国家安全的战略优势。美国将充分发挥其巨大的人才库，同时吸引那些与我们有共同价值观的海外人士中最优秀，最聪明的人。

优先项行动：

· 建立和维持人才渠道：

我们的竞争对手正在实施有可能损害美国网络安全的开发项目。美国政府将继续投资和加强建设国内人才渠道的项目，从小学到高等教育。

政府将利用总统提出的基于价值的移民改革，确保美国拥有最具竞争力的技术领域。这可能需要更多的立法来保障。

· 扩大美国工人的再教育和教育机会：

政府将与国会合作，促进和重振教育，以发展强大的网络安全人才队伍。

这包括扩大联邦招聘，培训，重新培养来自各种背景的人员，并为他们提供重新培训网络安全职业的机会。

· 加强联邦网络安全工作：

为了改善联邦政府招聘和保留高素质的网络安全专业人员，政府将继续使用国家网络安全教育倡议（NICE）框架来支持政策，允许采用标准化方法来识别、雇用、发展和留住有才能的人才。此外，主管部门将探讨在DHS 管理下建立分布式网络安全人员的适当方案，以监督联邦各部门和机构的网络安全人员的开发、管理和部署，但国防部和 IC 除外。行政当局将根据竞争激烈的私营部门环境，为美国政府工作人员提供适当的经济补偿，以及有效招聘和留住关键网络安全人才的独特培训和机会。

· 运用行政权力突出和奖励人才：

美国政府将通过突出网络安全教育者和网络安全专业人员来促进和扩大优势。美国政府还将利用公共和私营部门的合作，开发和推广 NICE 框架，该框架提供了识别网络安全人才差距的标准化方法，同时还将采取行动，准备、发展和维持一支能够保卫和加强美国关键基础设施和创新基础的人员队伍。

支柱 3：

以实力维护和平

来自国家和其他群体的对美国安全和经济利益的挑战现在越来越多地出现在网络空间中，这些挑战曾长期存在于未联机的世界。现在，这种挑战在网络空间持续发生已经改变了战略力量平衡。本届政府将发布反映当今现实社会的变革性政策，并指导美国政府实现保护美国人民和我们生活方式的战略成果。网络空间将不再被视为与国家权力部门人员脱节的单独的一类政策或活动。

目标：识别，反击，破坏，降低和阻止网络空间中破坏稳定和违背国家利益的行为，同时保持美国在网络空间中的优势。

通过国家责任行为规范提高网络稳定性

美国将推动建立在国际法基础上的网络空间国家责任行为框架，遵守和平时期适用的自愿、非约束性国家责任行为准则，并考虑采取切实可行的建立信任措施，以减少恶意网络活动引发冲突的风险。

这些原则应成为合作应对的基础，以应对与该框架不一致的不负责任的国家行为。

优先项行动：

· 鼓励普遍遵守网络规范：

国际法和网络空间国家责任行为的自愿非约束性规范提供了稳定、增强安全的标准，为所有国家定义可接受的行为，并促进网络空间的可预测性和稳定性。美国将通过加强外联和参与多边论坛，鼓励其他国家公开肯定这些原则和观点。越来越多的公众对美国和其他政府的肯定，将使得国家行为达到公认的预期，从而有助于提高网络空间的可预测性和稳定性。

对网络空间中的不可接受行为进行定性和威慑

在美国继续推进在网络空间中什么是负责任的国家行为达成共识的同时，我们还必须惩罚对美国和我们的伙伴造成损害的不负责任的行为。所有国家权力工具都可用于预防、应对和遏制针对美国的恶意网络活动。这包括外交、信息、军事（包括动态和网络）、财政、情报、公共属性和执法能力。美国将使我们与志同道合的伙伴合作的方式正规化，并使之成为例行程序，以综合战略的方式确定和制止恶意网络活动，这些战略在恶意行为者伤害美国或我们的伙伴时，迅速让其付出惨重代价。

优先项行动：

· 目标导向，协作智能：

IC 将继续在全源网络情报的使用方面引领世界，以推动识别和定性威胁美国国家利益的恶意网络活动。美国政府和主要伙伴将共享客观和可采取行动的情报，以确定敌对的国家，以及非国家的网络计划、意图、能力、研发工作、战术和业务活动，这样可以告知政府做出反应，以保护美国国内外的利益。

· 影响后果：

美国将迅速产生行动，我们将根据我们的义务和承诺来阻止未来的恶意行为。行政当局会就实施后果前、期间及期间之后进行跨部门政策规划，以确保在回应及遏止恶意网络活动时，采取及时与一致的程序。美国将在适当的时候与合作伙伴合作，对恶意网络行为者实施严惩。

· 建立网络威慑倡议：

如果与更多的志同道合的国家联合起来，成果将更有影响力。美国将启动一项国际网络威慑倡议以建立这样一个联盟，并制定量身定制的战略，以确保对手了解其恶意网络行为的后果。美国将与志趣相投的国家合作，配合和支持对方对重大恶意网络事件的反击，包括通过情报共享，支持归因索赔，采取响应行动的公开声明，以及联合对恶意行为者施加严惩等行动。

· 反恶意的网络影响力和信息操作：

美国将利用一切适当的国家权力工具，揭露和反击网络恶势力开展虚假信息散播。这包括与外国政府合作伙伴以及私营部门、学术界和民间社会合作，在尊重公民权利和自由的同时，识别、对抗和防止利用数字平台进行有害的活动。

支柱 4：

支柱推进美国影响力

当今互联网的许多创新都起源于美国，全世界都把目光投向美国，期待美国在互联网上领导广泛的跨国网络问题。美国将保持积极的国际领导地位，以提高美国的影响力，并应对网络空间利益面临的一系列威胁和挑战。与盟友和合作伙伴的合作对于确保我们能够继续从互联网开放、可互操作的体系结构所产生的跨界通信、内容创建和商业中获益也至关重要。

目标：维护互联网的长期开放性、互操作性、安全性和可靠性，这一点与增强美国的利益一致。

推进互联网的开放、可互操作、可靠和安全

全球互联网促成了自工业革命以来最伟大的进步，使商业、卫生、通信和其他国家基础设施取得了巨大进步。同时，关于人权和精神自由的历史悠久的战争正在网上上演，言论自由、和平集会、结社自由以及隐私权都受到了威胁。尽管出现了前所未有的增长，但互联网的经济和社会潜力继续受到网络审查和压制的破坏。美国坚定维护促进开放、互操作、可靠和安全的互联网的原则。我们将努力确保开放互联网成为国际标准。我们还将努力防止那些将开放的互联网视为政治威胁的威权国家，把自由开放的互联网变成它们控制下的威权网络，打着安全或打击恐怖主义的幌子。

优先项行动：

· 保护和促进互联网自由：

美国政府将互联网自由概念化为在线行驶人权和基本自由，如言论自由、结社自由、和平集会自由、宗教或信仰自由和网络隐私权，而不考虑国界或媒介。此外，互联网自由也支持自由网上信息流动、促进国际贸易和商业、促进创新、增强国家和国际安全，因此，美国的互联网自由原则与我们的国家安全密不可分。互联网自由也是美国外交政策问题的重要指导原则，比如网络犯罪和反恐行动。鉴于其重要性，美国将鼓励其他国家通过自由网络联盟（freedom online coalition）等平台推进互联网自由。美国是自由网络联盟的创始成员国之一。

· 与志同道合的国家、行业、学术界和民间社会合作：

美国将继续与志同道合的国家、行业、民间社会和其他利益攸关方合作，在全球范围内促进人权和互联网自由，并打击作者审查和影响互联网发展的努力。美国政府将继续通过对技术开发、数字安全培训、政策宣贯和研究的综合支持来支持民间社会。这些项目旨在提高公民个人、活动人士、人权捍卫者、独立记者、民间社会组织和边缘人群安全接入未经审查的互联网的能力，并在地方、地区、国家和国际各级促进互联网自由。

·推动互联网治理的多方利益相关者模式：

美国将继续积极参与全球努力，以确保互联网治理的多方利益相关者模式在对抗创建以国家为中心的破坏开放和自由、阻碍创新和损害互联网功能的构架方面中占上风。互联网治理的多方利益相关者模式以透明、自下而上、共识驱动的过程为特色，使政府、私营部门、民间社会、学术界和技术团体能够平等参与。美国政府将通过积极参与如互联网名称与号码分配公司、互联网治理论坛、联合国和国际电信联盟等重要组织，来捍卫互联网在多边和国家间论坛中开放、可互操作的性质。

·促进可互操作和可靠的通信基础设施和互联网连接：

美国将促进开放、互操作性、可靠和安全的通信基础设施和互联网连接。这种投资将为美国公司提供更大的竞争机会，同时抵消中央集权、自上而下的政府干预在战略竞争领域的影响。它还将通过加强美国在全球数字经济中的竞争地位来保护美国的安全和商业利益。政府还将支持和促进基于可靠技术的开放的、行业主导的标准活动。

·促进和维护美国在世界范围内的独创性市场：

美国的创新者和安全专家在设计产品和服务方面做出了重大贡献，这些产品和服务提高了我们在全球范围内进行社区交流和互动的能力，并保护了全球范围内的通信基础设施、数据和设备。美国将继续推动美国在海外的独创性市场，包括能够降低安全成本的新兴技术。美国还将为基础设施部署、创新、风险管理、政策和标准提供建议，以进一步扩大全球互联网的覆盖面，并确保互操作性、安全性和稳定性。最后，美国将与国际合作伙伴、政府、工业、民间社会、技术专家和学术界合作，在全球范围内提高对网络安全最佳实践的认识和接纳。

建设国际网络能力

能力建设使合作伙伴能够保护自己，并帮助美国应对针对共同利益的威胁，同时为更广泛的外交、经济和安全目标服务。通过网络能力建设倡议，美国建立了战略伙伴关系，通过一个开放、可互操作、可靠和安全的互联网的共同愿景，促进网络的最佳实践，鼓励投资和开放新的经济市场。此外，能力建设为共享网络威胁信息提供了更多机会，使美国政府和我们的合作伙伴能够更好地保护国内关键的基础设施和全球供应链，并将重点放在政府的整体网络合作上。我们在建立合作伙伴网络安全能力方面的领导地位，对于保持美国对全球竞争对手的影响力至关重要。建立合作伙伴网络能力将增强国际合作伙伴执行政策和实践的力量，使他们成为美国主导的网络威慑行动的有效伙伴。

优先项行动：

· 加强网络能力建设：

美国的许多盟友和伙伴拥有独特的网络能力，可以补充我们自己的能力。美国将努力加强这些盟国和伙伴的能力和互操作性，以提高我们优化技能、资源、观察和应对共同威胁的能力。合作伙伴还可以帮助发现、制止和击败网络空间中的共同威胁。为了国际伙伴有效地保护他们的数字基础设施和打击共同的威胁，在实现从互联网和信息通信技术中获得的经济和社会收益的同时，美国将继续解决组织国家在网络安全方面的力量的基本问题。我们还将积极加大共享自动化和可操作的网络威胁信息的力度，加强网络安全合作，促进分析和技术交流。此外，美国将努力减少跨国网络犯罪和恐怖主义活动的影响，与我们的合作伙伴建立伙伴网络能力，并加强其安全和执法能力。

7.7 附录 7：美国网络空间体系概貌

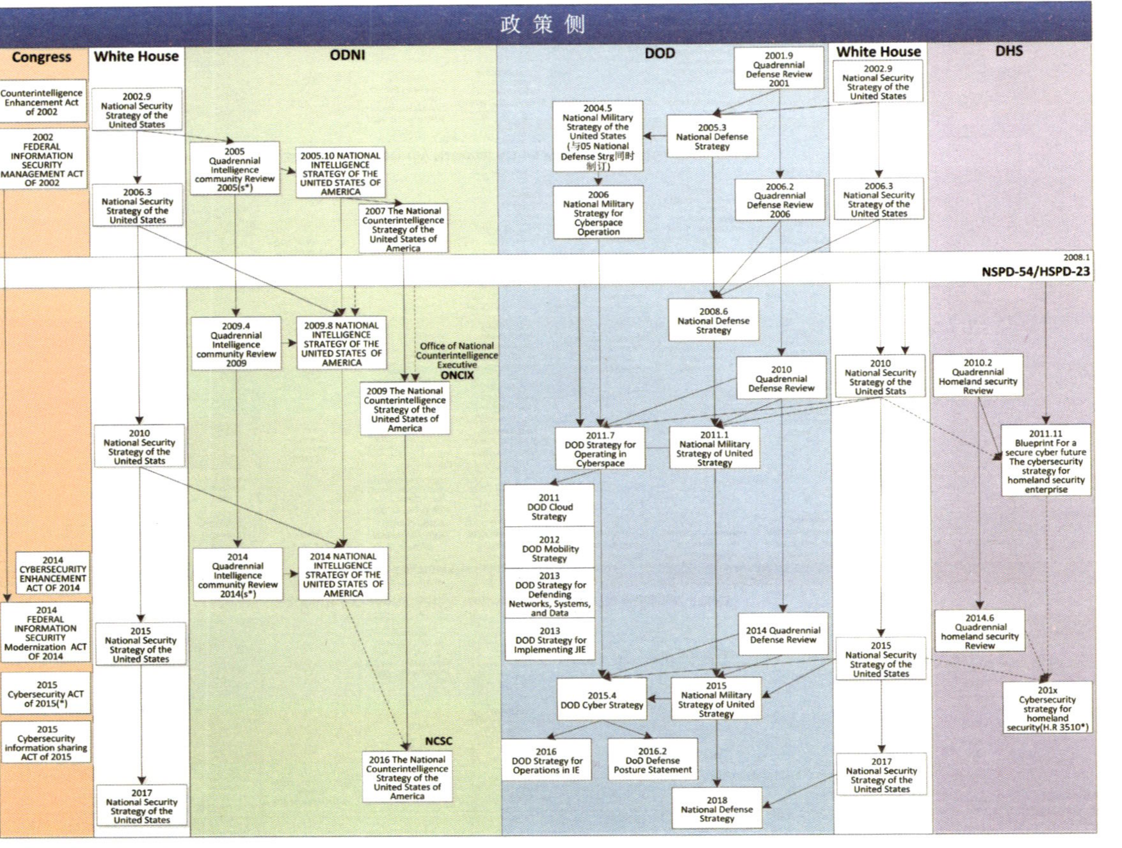

图 7.1 美国网络空间体系概貌：政策侧

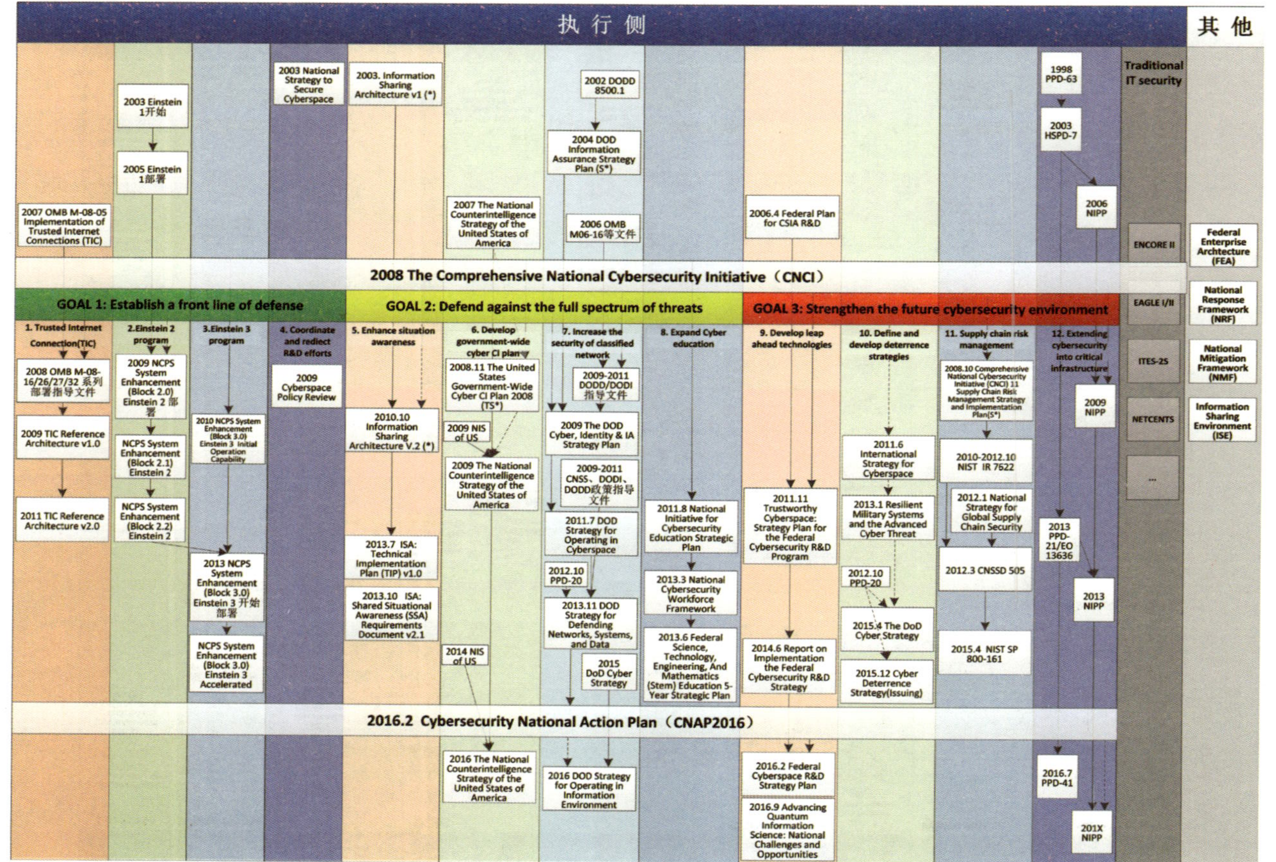

图 7.2 美国网络空间体系概貌：执行侧